EL PENSAMIENTO LATINOAMERICANO: DIÁLOGOS EN ALAS. SOCIEDAD Y SOCIOLOGÍA

EL PENSAMIENTO LATINOAMERICANO: DIÁLOGOS EN ALAS
Sociedad y Sociología

Alberto L. Bialakowsky
Marcelo Arnold Cathalifaud
Paulo Henrique Martins
(Compiladores)

Eduardo Aquevedo Soto
Marcelo Arnold Cathalifaud
Alberto L. Bialakowsky
Daniel Camacho Monge
Gerónimo de Sierra
Theotonio dos Santos
Marco A. Gandásegui, hijo
Nora Garita Bonilla
Pablo González Casanova
Paulo Henrique Martins
Jaime Antonio Preciado Coronado
Anibal Quijano Obregón
Jordán Rosas Valdivia
Luis Suárez Salazar
José Vicente Tavares dos Santos
Pablo Uc
Eduardo Antonio Velásquez Carrera

teseo

CLACSO

ALAS
Asociación Latinoamericana
de Sociología

El pensamiento latinoamericano : diálogos en alas : sociedad y socio-logía / Alberto Bialakowsky ... [et al.] ; compilado por Alberto Biala-kowsky ; Marcelo Arnold Cathalifaud ; Paulo Henrique Martins. – 1a ed . – Ciudad Autónoma de Buenos Aires : Teseo, 2015. 386 p. ; 20 x 13 cm. ISBN 978-987-723-056-7

1. Sociología. 2. Sociedad. 3. Pensamiento Crítico. I. Bialakowsky, Alberto II. Bialakowsky, Alberto, comp. III. Arnold Cathalifaud, Mar-celo , comp. IV. Martins, Paulo Henrique , comp.

CDD 301

Imágenes

Sofía Trobbiani: "Picaflor y agapanthus" (fotografías), 2015

Guillermina Victoria: "Composiciones: Los 43 de Ayotzinapa" y obras plásticas de la Serie "Pájaros perdidos" (http://wilhelmina18.wix.com/arte-victoria)

Para sugerencias o comentarios acerca del contenido de esta obra, escríbanos a: **info@editorialteseo.com**

www.editorialteseo.com

ISBN: 9789877230567

Compaginado desde TeseoPress (www.teseopress.com)

"... Nuestro llamado es renovarnos y posicionar, en forma más efectiva, nuestras producciones, sin dar la espalda a la ciencia moderna ni desentendernos de la necesidad del conocimiento para la transformación de nuestras actuales condiciones regionales, considerando a su contexto global. Sería lamentable que la sociedad del `conocimiento' o de la `información´ no dispusiera de este tipo de sociología para (auto) conocerse o (auto) informarse. Para ello disponemos, como se conoce, de investigadores, estudiantes, buenas universidades y centros académicos, asociaciones académicas regionales, como ALAS e iniciativas Sur-Sur, que amplían las fronteras de lo global y la despojan de su hegemonía angloeurocentrista..."

Marcelo Arnold Cathalifaud, Lima, 2015.

Índice

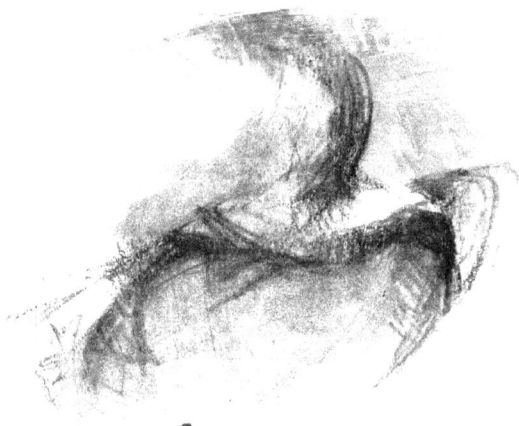

C

Presentación

Ha sido el empeño colectivo lo que ha posibilitado la aparición de este libro, cuyo propósito es el de entregar a las nuevas generaciones de ALAS un compilado de textos escritos por varios de sus destacados expresidentes. Como su nombre indica, se trata de diálogos en plural, algunos inéditos, otros publicados ya. Su principal valor reside justamente en eso: en reflejar la pluralidad de nuestra Asociación, con la misma diversidad de la sociología latinoamericana.

Inaugura el libro un texto colectivo de algunos expresidentes, a modo de panorámica de la coyuntura actual y de invitación al Congreso ALAS 2015 en Costa Rica, el cual ha sido convocado con el tema: *Pueblos en movimiento: un nuevo diálogo en las ciencias sociales.*

El siglo XXI ha arrancado con formas diversas de lucha social, en las escalas comunal, regional y global, y la reaparición de demandas comunales, territoriales, aparecen como fuertes resistencias a los embates del neoliberalismo. En algunos países del Sur del continente se construyen alternativas sociales (Ecuador, Bolivia). Los movimientos estudiantiles en Paraguay, las tomas del espacio público en Guatemala, o las tomas de las calles en Brasil y Chile "apuntan hacia preocupantes desfases entre la gobernabilidad y sus nuevas demandas sociales" (Martins). Todas estas luchas se dan en un contexto de restricción de la satisfacción de las demandas. Esto sucede porque, por un lado, el neoliberalismo impactó en la relación Estado-sociedad, al restringir la acción distributiva e interventora del Estado y, por otro lado, el modelo económico conlleva prácticas neo-extractivistas que atentan contra la vida comunitaria de muchas poblaciones originarias de la región.

Hoy día el extractivismo es tan exacerbado y de tal imposición, que el sociólogo Gudynas considera que debe emplearse una palabra más impactante: la "extrahección", pues la apropiación de recursos naturales sólo es posible si se quiebran los derechos de las personas y de la naturaleza. Ante la imposibilidad del Estado de responder a múltiples demandas de la población, se ha implementado una estrategia de control social represivo que pretende inmovilizar las luchas por los derechos, la cual ha venido acompañada por la legitimación que han orquestado las empresas de los medios masivos de comunicación, en desmedro de los procesos democráticos de comunicación e información. Así, su estrategia consiste en presentar cualquier lucha por derechos como si fuese un delito y mostrar a quienes promueven o lideran esas luchas, como delincuentes. Es la criminalización de la protesta social. Pero también la forma de pretender acallar el reclamo de los pueblos que se levantan. Y es este marco de realidad el que convoca a las ciencias sociales a repensarse y entrar en nuevos diálogos.

En su reflexión sobre la sociología en América Latina, señala José Vicente Tavares dos Santos:

"Los elementos del pensamiento sociológico –investigación científica, participación política e imaginación sociológica– fueron forjando una tensa y estimulante inserción en la perspectiva del espacio-tiempo social, uniendo el rigor investigativo y el pensamiento crítico a los procesos de transformación social, acompañando e incorporando las rupturas epistemológicas del tiempo presente".

José Vicente dice: "no existe una sociología latinoamericana, sino una sociología en América Latina", y considera que "no es posible comprender el pensamiento sociológico contemporáneo sin la lectura de los sociólogos latinoamericanos", pese a su ausencia en los libros de *social theory*.

El trabajo de Paulo Henrique Martins corre el velo sobre los términos "sistema-mundo" y "globalización", mostrando cómo, pese a que ambos apuntan a la sociedad global, connotan, enfatizan y se refieren a aspectos y ámbitos diferentes. Señala la estrecha vinculación entre el pensamiento crítico latinoamericano y la noción de sistema-mundo, para avanzar en la crítica a la colonialidad.

Jaime A. Preciado Coronado y Pablo Uc plantean un análisis de los obstáculos y las potencialidades que genera la proyección geoeconómica y geopolítica de China en los procesos de integración regional. Complementariamente, Gerónimo de Sierra centra su mirada en el interior latinoamericano reflexionando sobre el dilema de la unidad / diversidad de la región.

Siguen dos trabajos sobre la integración latinoamericana. En el primero, "A integração sulamericana e a economia mundial: perspectivas", Theotonio dos Santos reflexiona sobre los cambios en la economía mundial y de qué manera se ha insertado América Latina.

En el otro texto, Luis Suárez Salazar hace énfasis en las tendencias centrífugas de los proyectos genéricamente llamados "de integración" y analiza las implicaciones de la política hemisférica de la segunda administración de Obama en dichos procesos de integración.

El libro presenta dos artículos de Pablo González Casanova. En el primero, se pregunta "¿Por qué resiste Cuba?", no en términos laudatorios, dice, sino como pregunta científica; en él destaca la contribución del pensamiento martiano a la capacidad de resistencia de los cubanos. En el otro, comenta el discurso del subcomandante Moisés, destacando la articulación de las luchas de los pueblos originarios con las luchas nacionales y mundiales, y afirmando: "la sabiduría humana se expresa por la boca de los zapatistas".

Siguen dos trabajos del fallecido Eduardo Aquevedo Soto: uno sobre el movimiento estudiantil chileno y otro sobre la crisis del modelo educacional mercantil chileno.

Luego Daniel Camacho Monge presenta una discusión conceptual sobre los movimientos sociales, planteando la necesidad de una cronología y una tipología de movimientos sociales.

La segunda parte del libro contiene reflexiones que atañen al quehacer de la sociología. Abre esta sección una esperanzadora apuesta de Theotonio dos Santos sobre el reencuentro de las ciencias sociales latinoamericanas con la experiencia de los pueblos, lo cual marca, a decir de Theotonio, el renacer de las ciencias sociales latinoamericanas. Le sigue un texto de Jordán Rosas Valdivia en el que se pregunta por qué el sistema educativo prioriza la formación en ciencias y minimiza la formación artística. El trabajo de Eduardo A. Velásquez Carreras recorre las publicaciones sobre Jacobo Arbenz.

Marco A. Gandásegui, hijo señala los debates medulares de los últimos cuarenta años de la sociología latinoamericana. Luego, hace una caracterización de la crisis del capitalismo actual, para lanzar la pregunta sobre la posibilidad de llegar a constituir un bloque histórico ente trabajadores pauperizados, pueblos originarios y capas medias que defina los derroteros de la región.

Cierra el libro el artículo de Aníbal Quijano Obregón, "'Bien Vivir': entre el 'desarrollo' y la descolonialidad del poder", en el que reflexiona sobre el Bien Vivir como existencia social alternativa a la colonialidad/modernidad/eurocentrismo. Sitúa la propuesta del Bien Vivir en el contexto de los procesos de reconfiguración de la colonialidad global del poder. La ferocidad con la que el capitalismo colonial/global enfrenta la explotación de la naturaleza es cada vez mayor, y es una de las expresiones medulares de la crisis civilizatoria por la que atraviesa. Si América Latina ocupa un lugar fundante en la historia de la colonialidad del poder, no es entonces casual su papel en la subversión del patrón de poder ni es casual que surja desde acá el Bien Vivir como propuesta alternativa a nivel mundial. No se trata de un nuevo "movimiento social", no es uno más, sino que se trata del movimiento que podría llevar a la descolonialidad del poder.

La convocatoria del congreso ALAS 2015 se inserta en ese movimiento: el desafío para las ciencias sociales latinoamericanas es el de comprender mejor la particular naturaleza de las nuevas luchas sociales y deconstruir dogmas. Descolonizar la mirada, para vernos con ojos propios (Quijano). Esto se hace más urgente por cuanto la teoría social pareciera encontrar límites a la hora de interpretar las nuevas realidades. Uno de estos límites ha sido señalado por el intelectual aymara J.J. Bautista, quien, citando a Marx, nos recuerda que conforme el capitalismo fue avanzando, construyó sociedad, pero destruyó comunidad. La teoría de los movimientos sociales, como otras, encuentra un límite para entender los movimientos comunales o las resistencias indígenas.

Sin embargo, más allá de esta categorización de esas luchas como movimientos sociales, aún resuenan en nuestros oídos las palabras de Gladys Tzul, maya quiché de Totonicapán, Guatemala, al considerar que las teorías de los movimientos sociales no dan cuenta de lo que sucede; por eso proclama: "¡No somos un movimiento social, somos pueblos en movimiento!". Este libro que hoy presentamos, compila reflexiones desde América Latina, abriendo paso a nuevos mundos solidarios.

Nora Garita Bonilla
Vicepresidenta ALAS

Prefacio

En la narrativa del escritor Jorge Luis Borges, reparamos en las siguientes líneas de su prólogo dedicado al *El informe de Brodie* de 1970, allí escribe:

"He intentado, no sé con qué fortuna, la redacción de cuentos directos. No me atrevo a afirmar que son sencillos; no hay en la Tierra una sola página, una sola palabra, que lo sea, ya que todas postulan el universo, cuyo más notorio atributo es la complejidad. Sólo quiero aclarar que no soy, ni he sido jamás, lo que antes se llamaba un fabulista o un predicador de parábolas y ahora un escritor comprometido. No aspiro a ser Esopo. Mis cuentos, como los de *Las mil y una noches,* quieren distraer o conmover y no persuadir. Este propósito no quiere decir que me encierre, según la imagen salomónica, en una torre de marfil. Mis convicciones en materia política son harto conocidas, me he afiliado al Partido Conservador, lo cual es una forma de escepticismo, y nadie me ha tildado de comunista, de nacionalista, de antisemita, de partidario de Hormiga Negra o de Rosas." (Borges, 2013: 363).

A modo de epígrafe de nuestro prefacio, esta confesión del autor nos dispara múltiples metáforas. Recalar en ellas nos permite dirigir la proa a otras sucesivas metáforas. Borges, autor de espejos y laberintos, sedicente conservador, en su confesión trasluce aquello que asoma en clave en el proceso de producción científica. ¿Acaso no queda invadida por su condición política de partida la neutralidad sobre el objeto narrado, como su supuesta operación fundante: la separación entre el autor, su locución y su hacer social? El logro, pensamos, consiste en solapar una presentación ficcional a la ficción, liberando con ello "en apariencia" al relato de su alfarero.

Con distancias y en cercanías, acaso –nos preguntamos– la práctica científica no encierra esta imposibilidad y esta búsqueda de desatar lo ligado inexorablemente, todo aparato locutor queda impreso por la locución de sus actores. A la complejidad del objeto se integra la complejidad de la autoría y el horizonte que aquel porta, ya se trate del simple goce o de la búsqueda científica de la verdad, a la cual la belleza queda siempre tentada, sus reglas y sus métodos no la liberan, sino –y en todo caso– la ajustan. He aquí, volviendo a las líneas borgeanas, que la dualidad se aplica sin disimulo y acudimos a la idea exponencial de Aníbal Quijano (2014) para comprender que la dinámica de extremar dualidades sujeto-objeto, obra y autor agreguemos, son fabricaciones discursivas en la "colonialidad del saber".

Este libro es un común de intento y de acción por transformar la realidad social que nos circunda y el diálogo está prestado a dilucidar dilemas de la sociología y la sociedad latinoamericana. En este solo enunciado aquella metáfora citada retorna, pues entre sociología y sociedad se libra el conflicto de la complejidad en la complejidad del conocimiento y del distanciamiento para recalar contemporáneamente en una ciencia de la "praxis", ya mentada en la célebre filosofía impulsada por Karl Marx en sus "Tesis sobre Feuerbach". Ciertamente queda en desafío e interrogación cuáles serán las condiciones científicas que aseguren el cambio social, las vertientes van desde el escepticismo hasta el radicalismo para subvertir el orden capitalista. Las ciencias sociales, más precisamente la sociología, han trasegado entre estos extremos. Desde su nacimiento europeo ha impuesto su método clásico de validación científica frente a lo que Zygmut Bauman (1976) ha postulado como la necesidad de "autenticación" social. Nadie desconoce que las ciencias resultan siempre un ensayo de verdad. Parafraseando a Michel Foucault, se trata de *un juego de verdad*, y por lo tanto su límite queda establecido en ese real social, que siempre se escapa a la interpretación o al curso del cambio sociológico propuesto. Y en ello encontramos una ventaja Sur, no hay clásico entonces que haya acertado aún a completar su insuficiencia. Más aún puede recordarse aquella versión de Rosa Luxemburgo acerca de la barbarie social como regresión, para descubrir que se trata –desde aquí– en realidad de una progresión, así los métodos racionales la han perfeccionado de un modo instrumental inimaginable antes[1].

Toda ciencia resulta escasa, por ello desde su origen es insaciable. Quizás, una clave de nuestro tiempo es la sintonía y convergencia subsistentes entre ciencia y sociedad capitalista, las que se han enlazado como nunca en siglos pasados. Con lo cual el desafío de una ciencia con conciencia no se reduce a las ciencias sociales, sino que abarca a todas, se añade entonces el debate sobre el curso mismo del futuro de las "fuerzas productivas". De ahí que el conocimiento científico, como "bien común", no puede ser planteado sino con descubrimiento de la unidad metodológica que eslabona sus productos al "marco epistémico"[2]. Es decir, nos encontramos en la necesidad científica de develar la unidad que enlaza los contenidos temáticos a sus metodologías y a su base productiva. Esta base contiene lo que se "ignora", lo colocado en oscuridad, sus idearios y horizontes de sentido, como la dinámica social, que configuran los procesos de trabajo creativos, como el tipo de composición colectiva de sus productores.

Esta obra justamente da cuenta de la lectura de lo social y lo sociológico en el pensamiento latinoamericano y caribeño, sobre todo –y esto debemos destacar–, se trata de autores que, a la vez que arquitectos de pilares de la sociología crítica,

---

[1]   Boaventura de Sousa Santos ha realizado recientemente el ensayo de una observación del sistema mundial actual desde el futuro. Esta configuración queda perfectamente esbozada a través de su relato (2015 "Una reflexión sobre la utopía" en *Página 12*, Buenos Aires, 25 de septiembre). También en esta línea pueden consultarse los desarrollos de François Houtart sobre las crisis planetaria (2014 "De los bienes comunes al bien de la humanidad" en *Ágora USB*, Medellín, Vol. 14, Nº 1, enero/junio). Eduardo Grüner, con sus contribuciones ha alcanzado a definir esta tendencia del sistema en su (ir)racionalidad autodestructiva (Grüner, Eduardo (Coordinador) 2011 Capítulo: "Los avatares del pensamiento crítico. Hoy por hoy" en *Nuestra América y el pensar crítico. Fragmentos de Pensamiento crítico de Latinoamérica y el Caribe* (CLACSO: Buenos Aires).

[2]   Debemos este descubrimiento a los aportes de Jean Piaget y Rolando García (1982).

han fortalecido el colectivo de creación ALAS. Sendos atributos son necesarios, pues la ciencia sin comunidad de pares resulta inexistente. Cada uno en su tempo, cada uno en su contexto, han bregado por la consistencia de su producción crítica, cada uno se ha entregado sin otra compensación que su vocación por lo común, creando las bases asociativas para el encuentro cognoscitivo. Así lo había observado tempranamente Orlando Fals Borda[3]:

"El VII Congreso Latinoamericano protocolizó la marcada transición que se venía operando hacia una sociología independiente y autóctona de la región. Se buscó articular una voz propia de los científicos sociales de nuestros países. El éxito en este sentido fue tan estimulante que a partir de ese congreso cristalizó un gran movimiento intelectual latinoamericano y latinoamericanista, que llevó a renovar parcialmente la anticuada asociación regional y que dio ánimo a los sociólogos locales para producir obras de envergadura que enaltecen la ciencia sociológica". (Fals Borda, 1987: 71).

Aquí deseamos tentar al lector de este ensayo, para hacerlo profuso, interactivo y actuante. Pensamos entonces emprender su recorrido puntuando, a modo de mojones a largo de un recorrido, con el ánimo de sembrar expectativas, sin redundarlo, como quien ha avistado sendas y resuelve dibujar sus meandros, inventando una cartografía de cursos para impulsar al (co)lector para crear otras interpretaciones, muchas otras, para comprender lo necesario de nuestros pueblos siendo parte de ellos.

Este recorrido parte de un diagnóstico facturado colectivamente, esta función sociológica de recalar en el análisis de lo presente, a la vez que urgente, tópica y utópica ante la inminencia del XXX Congreso ALAS en Costa Rica 2015. América Latina y el Caribe mestizas han sido y son fusión social, como sus ciencias, pero para ser apropiadas requieren autonomía y que sus enunciados se ajusten a su praxis lo

---

[3] Expresidente ALAS, VII Congreso, Bogotá, 1964.

más estrechamente posible. Señalemos aquí que lo gestual de reunión de autorías ya es un signo de pensamiento colectivo. Más adelante volveremos sobre ello y ahora nos dirigiremos a la proa para avistar los mojones que se destacan en esta ruta de escalamientos.

El siguiente arribo tratase nada menos que hacer pie en el concepto de *sistema*, más precisamente sobre el *"sistema-mundo"* (Paulo Henrique Martins). La concepción de sistema resulta ineludible, las variantes de su abordaje son múltiples, en la propia disciplina va de extremo a extremo, desde la comprensión de su funcionamiento para detectar y conservar el orden social a la crítica de su metabolismo para denunciar su dominación. Su captura aquí refiere especialmente a esta unidad de relaciones en lo global, el economicismo, como la pretensión del implante utilitarista y la extensión de una cultura única, el propio *finisterre* del pensamiento norte y la necesidad del giro para abrevar en los movimientos sociales altermundistas, aquella alteridad que se gesta en fronteras como opción alter-sistémica.

En la continuidad de este tránsito, el análisis recala en la dominación planetaria, que de suyo con su solo enunciado recuerda un debate conceptual acerca de si conservar frente a la posible multipolaridad los significados de imperio e imperialismo, según se acentúe o no el dominio nacional polar o multipolar sobre el resto del mundo. El análisis geopolítico, que se había abandonado, actualmente es llevado al centro de la escena científica y emerge, oceánica, *"China"* (Jaime A. Preciado Coronado y Pablo Uc), y todo queda reformulado geo-políticamente. Hasta no hace mucho para el continente americano era una sociedad ausente, "pueblos del lejano oriente". Así, en el espacio y la política latinoamericana, se abren compuertas, irrumpe en este siglo XXI, aviene naciente la multipolaridad frente a los bastiones hegemónicos europeos y estadounidense. ¿Se trata de una apertura para generar equilibrios entre poderes internacionales y mercados o acaso de la sustanciación de una nueva dominación con sus consecuencias sociales subalternas? Se construye aquí una interrogación de envergadura e inédita.

He aquí que resulta complementario en este contexto de América Latina comprender su unidad en su "diversalidad" (Gerónimo de Sierra), si bien el continente ha quedado históricamente troquelado por el dominio colonial en sus semejanzas transversales, ha quedado a la vez marcado por fronteras y estratificaciones sociales diferenciadas. Quedan abiertos así y en necesidad de problematizarse los caracteres sociales diversales. Se hace preciso investigar estos dos órdenes enlazados de lo uno y lo diverso, cuyas interioridades revelan singularidades como sus necesarias potencialidades federativas.

No queda sino avanzar, trazar un significado que es rumbo a la vez, porque este siglo marca una iniciativa que aguardaba, como los grandes ciclos históricos la gesta de *"integración sudamericana"* (Theotonio dos Santos). Habría que remitirse a las luchas por la independencia bolivarianas, sanmartinianas y artiguistas o a los esbozos post Segunda Guerra Mundial para encontrar semejanzas con los ímpetus de integración continentales de fines e inicio de siglo, tales como se concretan con el Mercosur, ALBA o CELAC e incluso acuerdos de integración extracontinentales con los países BRICS. Sin embargo, y al mismo tiempo por su vitalidad, se trata de un desafío "atrevidamente incorrecto" para la dirección que ha impreso desde los años ochenta la hegemonía neoliberal, que en reacción insufla su "espacio vital" e instala en los espacios geográficos potenciales de integración sudamericana, así como en México y países centroamericanos y caribeños, *"sus tendencias centrífugas"* (Luis Suárez Salazar) para generar el *apartheid* regional por medio de la Alianza del Pacífico y todos otros violentos artefactos divisorios como las políticas financieras desestabilizadoras, fracturas en las democracias representativas, bases y disputas fronterizas.

Por ello queda, en eslabón hilado, repensar en holograma persistente la gesta de "la resistencia cubana" (Pablo González Casanova), tan "insularizada", sustraída como aquella otra, legendaria, como lo que fuera la rebelión independentista de Haití, para interpretar que su protagonismo social, contra todo bloqueo, va triunfando con la inclusión de su presencia, largo tiempo negada, en el concierto político latinoamericano y mundial sin haber arreado sus convicciones sociales socialistas. Éste no es el caso de ninguna potencia contemporánea, pues el capitalismo neoliberal con su violenta radicalidad las ha *recolonizado* internamente, des-haciendo paso a paso sus reminiscencias, ya sean colectivistas o socialdemócratas.

Y una memoria *martiana*, que nos alcanza en este recorrido, hace de lo sugerido razón de ser, la noción y voluntad epistémica, en palabras del autor:

"El rico legado de Martí corresponde a una estrecha vinculación entre el concepto, la palabra y la acción. Sin esa vinculación, lo que Martí dice no se entiende bien, se entiende a medias, se entiende mal. El legado, en su versión escrita y vivida, no sólo alcanza una gran belleza, sino una gran fuerza. El pensamiento estrechamente vinculado a la acción le da otro sentido a la palabra. Funde la palabra con la cosa. Quien escucha la palabra sabe quién la dice. Y por quién la dice entiende que como promesa va a ser cumplida, y que como descripción o explicación de lo que pasa corresponde a hechos ciertos sobre lo que ocurre y sobre lo que es necesario hacer para lograr un objetivo".

Así se esparce la memoria, una memoria que es praxis, y todo queda enhebrado para que nos detengamos en el siguiente peldaño: *el movimiento indígena zapatista* (Pablo González Casanova). Se trata de evitar todo lenguaje elusivo y acertar en el encuentro del lenguaje alterno, en sus múltiples e insoslayables claves, tales las enseñanzas de los ausentes presentes y señalar la corrosión del *individualismo* del intelecto neoliberal, asentado en todos los frentes, y el *ser colectivo* como razón de pensar y hacer. Emerge esa dialéctica que coloca la visión en su punto de mira: los desposeídos extinguibles por siglos, los arrojados al olvido, toman la palabra y se pronuncian, producen con su cuña una fractura en el discurso único. ¿Cuál ciencia –nos preguntamos–, ya desnuda su base epistémica, será ciencia si no se produce en inter-lenguaje con la sabiduría?

De la presencia vigente de los *43 de Ayotzinapa*, estudiantes normalistas mexicanos, que se recoge en este discurso del zapatismo, nos lleva en puente para dirigirnos al análisis de las *movilizaciones estudiantiles* de Chile, que en los últimos años colocan en actualidad la reivindicación del acceso gratuito y universal a la educación pública. Los que se proyectan ininterrumpidamente cada día –en sus rebeldías– con la crítica al *modelo educacional excluyente y a la reducción cognoscitiva* (Eduardo Aquevedo Soto, *in memoriam*). Este cotejo implica también un desafío para alejarse de conceptos acerca de que estas movilizaciones juveniles tienden sólo a efectos de movilidad social, para pasar a interpretarlos como protagonistas intelectuales, quienes colocan en cuestión la criba sistémica que establece límites para nutrir masivamente el intelecto social como patrimonio de bienes públicos en común.

Estas y aquellas movilizaciones populares siempre han motivado la reflexión sociológica, de hecho se han abierto grandes debates sobre la naturaleza de lo popular y los renovados estudios sobre los *populismos* latinoamericanos emergentes que dividen al pensamiento crítico. Cabe con oportunidad así colocar en análisis los *movimientos populares* (Daniel Camacho Monge), que nos exigen desarrollar encadenamientos conceptuales más rigurosos que permitan acceder tanto a una comprensión más precisa sobre su composición social como sobre sus tendencias políticas para contrastarlas histórica y comparativamente desde la perspectiva del poder de las clases subalternas, sus potencialidades y fragilidades para el cambio.

El campo queda trazado en la primera parte del volumen y en nuestro avance con la obra quedamos en la apertura del saber "Sociedad" para acceder en esta segunda al quehacer sociológico.

Dejamos la última estancia sobre el estudio de los movimientos sociales y en esta etapa del recorrido los paisajes conceptuales se van enlazando para dirigirnos a las fuentes del conocimiento social: aquello que advertíamos entre la sintonía del objeto y las condiciones científicas contextuales. Así, se vuelve y se renace a la vez críticamente –y no de otra manera– a los inicios clásicos, al redescubrimiento de dos cursos posibles en las ciencias sociales, por un lado construcción de tabiques, por otro, la fusión de conexiones interdisciplinarias. La marca aquí consistirá en capturar el artefacto "economía", colocarlo en la órbita de la economía política y dar por fin, materialidad a lo social determinante, y finalmente desenmascarar las representaciones de la economía neoliberal, una suerte éstas de *geometrías de la dominación*, y el renacer de la *teoría de la dependencia y la creatividad intelectual* (Theotonio dos Santos).

Y aquí no hay salto sino significado, porque en estas avenidas también el *arte tiene su palabra* (Jordán Rosas Valdivia), y debiera resultar complementaria a las ciencias sociales, juego de verdad y belleza. De hecho, se trata siempre de un recurso frecuentemente no confesado, de hecho también se torna necesario no escabullir esta vital relación y afrontar que el conocimiento científico, además de validarse debe autenticarse, además de demostrar conmueve. La historia latinoamericana ha probado justamente estos fructíferos vínculos como íconos de la cultura, tales a modo de muy fugaces ilustraciones aquí, la arquitectura y los monumentos de los pueblos originarios, el muralismo mexicano, la estética "antropofágica" brasileña o la narrativa "real maravillosa" cubana y latinoamericana. Así, este enlace puede retornar y multiplicarse, como aquella mencionada teoría de la dependencia, puede re-emerger y, de hecho, surgen nuevas conjunciones de las expresiones latinoamericanas del arte social, entre arte y política, entre arte y ciencia.

En este punto del relato, asoma en foco un holograma sociológico, girando ante nosotros sus caras, al parecer se trata de historiar *la vida y obra de Jacobo Arbenz Guzmán* (Eduardo A. Velásquez Carrera), pero en realidad queda a la par revisitar la historia de Guatemala, la historia reticular de la lucha por recuperar la memoria, la biografía, el registro visual, el arte, la literatura y el bregar comprometido de una sociología "presencial". Queda en rúbrica las marcas del deshacimiento centroamericano y las escarnecidas intervenciones del norte. El relato, la memoria, análisis e historia de vidas en paralelo se conjugan y traducen los hechos, pero, y al mismo tiempo, exigen el rigor metodológico puesto en juego cita a cita, vivencia a vivencia, una clase de autonomía.

Cabe en estos pasos detenerse en la atención a la recursividad en el montaje de pensar lo social como el paradigma elaborado por el movimiento intelectual en ALAS, desde el cual justamente ha germinado la *sociología latinoamericana* (Marco A. Gandásegui, hijo), secuenciada desde inicios de los setenta hasta hoy. Irrupciones encarnadas por las camadas juveniles para desbordar y contradecir los moldes funcionalistas y modernistas para culminar de comprender en el cauce crítico bifronte, las crisis del orden de acumulación y la "colonialidad del poder". Y notar que la pregnancia del capitalismo global neoliberal no cesará de perpetuarse si no se acude a la interrogación sobre las fuentes de su reproducción, si no se acude también a sostener un nuevo bloque histórico de clases subalternas para prestar atención, en convergencia de interrogaciones, a los ensayos de resistencias y avances que se producen en países de la región.

El trayecto se dirige en pleno al derecho de la sociología latinoamericana materialmente existente. En esta etapa de mundialización, anudamos en este escalamiento, que *la hipótesis que nos guía es la siguiente: no es posible comprender el pensamiento sociológico contemporáneo sin la lectura de los sociólogos latinoamericanos* (José Vicente Tavares dos Santos). Si el nacimiento de la sociología remite a la autoconciencia social crítica y, a la vez, en la esfera de la praxis sociológica, se enmarca unidireccionalmente al norte, quedan expuestas así sus contradicciones y fisuras de soberanía. Por lo tanto, la existencia de la sociología de América Latina debiera ser tan reconocida *urbi et orbi* en la *social theory*, con ejercicio de equidad, con el mismo status que tienen las sociologías anglosajona, alemana o la francesa. Su ausencia en este concierto teórico revela mutuas deficiencias para su alcance universal.

Tomamos conciencia de que hemos inventado una cartografía y que la ruta tomada no es una sino muchas avenidas que se bifurcan a elección del viajero. De eso, justo es afirmarlo, se trata, porque lo volcado está listo a germinar a condición que el lector lo tome en sus manos y haga suya su interpretación. La obra brindada por estos obrantes culmina con un invitado, Aníbal Quijano, a quien consideramos en consenso nuestro preciado par, por sus protagonismos en ALAS, por sus luchas, su sabiduría y, por sobre todo aquí, por su nuestra sociología.

En una sola síntesis pudiera quizás quedar plasmado todo el compromiso hoy en esta etapa crucial para la praxis de una sociología emancipada: *radicalmente alternativa a la colegialidad global del poder y a la colonialidad/modernidad/eurocentrada y que el Bien Vivir adquiere sentido alternativo como descolonialidad del poder* (Aníbal Quijano Obregón). La historia de los últimos cinco siglos es un interminable gobelino desplegado de dominación, aquel ayer persiste en las huellas actuales sin desembarazarse de sus estigmas de raza/etnicidad, género y racionalidad instrumental. Colonialidades que no cesan luego de las sucesivas crisis capitalistas a partir de los años setenta, con dominio del capitalismo financiero, sus mascarones de proa: la flexibilidad laboral y el individualismo social, *sumas* del fundamentalismo de mercado neoliberal. Se trata de transformar lo reificado por un retorno, que es una réplica, una resistencia, a la "indigenidad" y ciertamente una renovación del ser social subyugado, en ese punto en que la dialéctica negativa reconoce la contracara de la colonialidad del poder como alternativa, alter-mundo posible y necesario. Agreguemos, como bifurcación de senderos de futuro.

Finalmente, como ya de algún modo se ha expresado todo este volumen, nos deja conmovidos y reflexionando, y como sus agradecidos editores invitamos con fervor a su atenta lectura, pues va de seguro tanto el valor de su contenido social y sociológico como de su disfrute. Cerramos aquí el círculo al volver a las líneas dadas a inicio de este prologar, memorando aquel gesto con que se inicia lo compilado para hacer del hoy latinoamericano y caribeño un pensamiento y una praxis asociada. Por todo ello, agradecemos inmensamente a todos y todas por la voluntad puesta en juego para llevar adelante esta obra contando con sus invalorables contribuciones en escena intelectual de horizonte compartido.

Buenos Aires, septiembre de 2015.
Alberto L. Bialakowsky[4]

Bibliografía

Bauman, Zygmunt 1976 Capítulo 3: "Crítica de la no-libertad" en *Para una sociología crítica. Un ensayo sobre el sentido común y la emancipación* (Buenos Aires: Ediciones Marymar).

Borges, Jorge Luis 2013 *Cuentos completos* (Buenos Aires: Debolsillo – Contemporánea).

Fals Borda, Orlando 1987 *Ciencia propia y colonialismo intelectual. Los nuevos rumbos.* (Bogotá: Carlos Valencia Editores).

Piaget, Jean y García, Rolando 1982 *Psicogénesis e historia de la ciencia* (México: Editorial Siglo XXI)

Quijano, Aníbal 2014 *Cuestiones y horizontes. Antología esencial. De la dependencia histórico-estructural a la colonialidad/descolonialidad del poder* (Buenos Aires: CLACSO).

---

[4] Expresidente de ALAS, XXVII Congreso, Buenos Aires 2009.

Introducción

La memoria

Cuando la cuantía y diversidad de sucesos que experimentamos cotidianamente desbordan nuestras posibilidades de memoria, se hace necesario resguardar lo que queremos preservar. Consecuentemente, la presentación de los diálogos desarrollados durante el último encuentro de los expresidentes de la Asociación Latinoamericana de Sociología (ALAS) y de las aportaciones de otros de sus miembros ilustres, con motivo de su último congreso, no pueden obviar una relación, al menos sintética, de su contexto.

ALAS se fundó el año 1950, en la misma época de fundación de ISA (Asociación Internacional de Sociología) (1949), constituyéndose así como la primera organización regional de la disciplina. El denominado "Grupo de Zürich", fundador de la asociación, estuvo compuesto por Alfredo Poviña, figura central y primer presidente de ALAS hasta el año 1964, Tecera del Franco (Argentina), José Arthur Ríos (Brasil), Rafael Bernal (Colombia), Astolfo Tapia Moore y Marcos Goycoolea Cortés (Chile), Luis Bossano y Ángel Modesto Paredes (Ecuador), Roberto Maclean Estenós (Perú) y Rafael Caldera (Venezuela). Todos ellos tenían trayectorias estrechamente relacionadas con la enseñanza de la sociología, especialmente en Facultades de Derecho y mantenían fuertes contactos con la dirigencia política de sus países. Algunos se desempeñaron como ministros, altos funcionarios, dirigentes e incluso, en el caso de Rafael Caldera, en dos ocasiones, presidente de su país, Venezuela.

La fundación de ALAS fue la culminación del anhelo por contar con una estructura formal que permitiera aunar esfuerzos para el desarrollo de las ciencias sociales y poder conformar un espacio organizacional para estudiar y pensar Latinoamérica a la luz de una observación, entendida en su sentido más amplio, como disciplinaria. Los congresos bienales de ALAS prontamente se constituyeron en su sello característico. En ellos, y desde el principio, sus presentaciones destacaban la vinculación entre un compromiso con el universalismo de las teorías y procedimientos sociológicos y, simultáneamente, el debate crítico respecto a su pertinencia para abordar problemas latinoamericanos y proponer sus cambios y transformaciones sociales. En este sentido, la sociología regional empezó a caracterizar su identidad en un marcado interés por denunciar problemas sociales y proponer soluciones, pero sin abandonar sus pretensiones científicas. Además de su rol para articular los debates teóricos y usos analíticos, ALAS contribuye decisivamente a la institucionalidad del pensamiento social latinoamericano, apoyando la consolidación de los colegios de sociología nacionales y las redes de investigadores latinoamericanos –muchas de las cuales fueron originadas desde sus Grupos de Trabajo.

El primer Congreso de ALAS se realizó en Buenos Aires en el año 1951. Este concentró sus debates en los problemas fundamentales de la sociología latinoamericana y en formalizar el primer estatuto para el funcionamiento de la incipiente organización. El segundo Congreso se realizó en Brasil durante el año 1953, alternándose sus sedes entre Río de Janeiro y São Paulo. Nuevamente cuestiones sobre la sociología como disciplina y la necesidad de profundizar la discusión metodológica estuvieron presentes. Mientras los asistentes al primer Congreso fueron cincuenta y tres académicos e investigadores, para esta ocasión llegaron a ciento catorce. La siguiente ciudad elegida fue Quito (1955). Allí, los ejes se centraron en discutir un programa para la enseñanza de la sociología, punto importante para los promotores de la profesionalización disciplinaria, liderados por el sociólogo argentino Gino Germani. Santiago de Chile fue la sede del IV Congreso (1957). Se discutieron allí las distintas concepciones sobre la "forma de hacer sociología" y la manera en que se perfilaban los temas sería la base del posterior gran debate sobre desarrollismo y dependencia en América Latina. En el siguiente congreso, en Montevideo (1959), las discusiones se enfocaron en los efectos sociales del desarrollo económico, las características de la vivienda rural y urbana, así como el lugar de los partidos políticos y su relación con las clases sociales. Por su parte, en Caracas (1961) y con el mencionado Rafael Caldera a la cabeza, se volvió a tomar en cuenta a los partidos políticos en el marco del viejo debate sobre el cambio social en el continente. Es necesario mencionar que tanto en Uruguay como en Venezuela la enseñanza y práctica de la sociología constituyó un importante motivo de los encuentros.

Con posterioridad a este primer decenio se desarrollaron congresos en Bogotá (1964), San Salvador (1967), Ciudad de México (1969), Santiago (1972), San José (1974), Quito (1977), Ciudad de Panamá (1979), San Juan (1981), Managua (1983), Río de Janeiro (1985), Montevideo (1987), La Habana (1991), Caracas (1993), Ciudad de México (1985), São Paulo (1997), Concepción (1999), Antigua (2001), Arequipa (2003), Porto Alegre (2005), Guadalajara (2007), Buenos Aires (2009), Recife (2011) y Santiago (2013). En todos los congresos ALAS se ha preservado la riqueza de perspectivas de la sociología y ciencias sociales, discutiendo los aportes de sus herramientas teóricas y analíticas ante los cambios del subcontinente latinoamericano, emergiendo la pregunta: ¿una sociología latinoamericana cómo y para qué? En todos ellos, destaca la importancia de un enfoque crítico y el interés por la rigurosidad. Los temas de estas convocatorias, hasta la actualidad, han sido claras expresiones de las complejidades que requieren ser tratadas orientándose a una producción de conocimientos que amplía las fronteras de lo global y despojan a las ciencias sociales de la tradicional y unilateral mirada anglo-eurocentrista.

ALAS demostró su vigencia en el reciente congreso, realizado en Santiago de Chile, donde ocurren los "diálogos" contenidos en este libro. Bajo el lema: "Crisis y Emergencias Sociales en América Latina" se presentaron más de seis mil ponencias de profesionales, investigadores y posgraduados en ciencias sociales, con una activa presencia brasileña (50%) y femenina (56%), que se distribuyeron en treinta y tres grupos de trabajo y de discusión. En forma paralela se desarrollaron cinco conferencias centrales, ochenta y un paneles, y se presentaron ochenta y seis libros. Este Congreso multitudinario respondió tanto a la diversidad y cambios de la región como a los propios de las ciencias sociales contemporáneas. Mención especial tiene el hecho que su organización implicó la constitución de la red de escuelas de sociología chilenas –SOCIORED-, así el evento se desarrolló en diez sedes universitarias y con amplia participación local. La colaboración y el compromiso marcaron el sello.

Nuestro próximo Congreso, en San José de Costa Rica (2015), que se organiza bajo el lema: "Pueblos en Movimiento: un nuevo Diálogo en las Ciencias Sociales", será el XXX Congreso Bienal y el aniversario número sesenta y cinco de ALAS. Sin duda, ese encuentro abrirá nuevos espacios de diversidad, reforzando las vinculaciones de ALAS con la academia centroamericana y caribeña y, sobre todo, por iniciativa de nuestra Vicepresidenta, la doctora Nora Garita Bonilla, y sus colaboradores, con los movimientos sociales y pueblos originarios, actuales representantes de las demandas más significativas para la región y frecuentemente críticos y demandantes de aportes de las ciencias sociales.

Los congresos bienales de ALAS constituyen espacios inigualables de observación sobre la reflexión y discusión de las realidades nacionales, como también de evaluación de los aportes y vinculaciones de la sociología regional en el ámbito mundial. Desde allí, pueden indicarse las continuidades, rupturas, bifurcaciones y tendencias de las prácticas de la construcción disciplinaria regional. Todas estas tensiones y su acumulación se reflejan cada dos años en los congresos de ALAS.

En ellos, se presentan y discuten sus producciones locales, sus orientaciones, sus desafíos y obstáculos, todo ello ante auditorios intergeneracionales e internacionales. Desde esta posición, se aprecia cómo responden las ciencias sociales regionales a sus interpelaciones, por ejemplo ante el debate sobre la pertinencia de lo global en lo local y viceversa, el cual se ha trabajado con altos grados de sofisticación desde las teorías poscoloniales y de la complejidad, como lo fue desde la visión de la "teoría de la dependencia" en los sesenta y setenta. Más recientemente se aprecia, también, la forma que toma la masificación y creciente profesionalización de la sociología, las presiones sobre las mallas curriculares de la enseñanza de sociología y las necesidades de su cambio y actualización. De hecho, en forma inigualable, las producciones latinoamericanas, en sus variantes académicas, profesionales, intelectuales, militantes y contrahegemónicas, pueden abordarse cabalmente en los registros de ponencias de estos encuentros. Justamente, esa diversidad de aprontes teóricos, metodológicos y temáticos, que también se aprecia en las contribuciones a este texto, constituye la riqueza de ALAS.

El encuentro de "Diálogos de expresidentes de ALAS" y la producción de este testimonio fue propiciado durante el XXIX Congreso de Santiago de Chile. Dicha instancia aunó las discusiones de intelectuales, profesores e investigadores sobre los actuales grandes problemas de América Latina y el Caribe en el contexto del sistema global. Para ello, bajo la guía del expresidente de ALAS, Alberto L. Bialakowsky, y con la valiosa colaboración de la investigadora María Ignacia Costa, integrante de su equipo, fueron convocados los expresidentes y finalmente la mayoría de estos, junto a otros insignes protagonistas de ALAS, pudieron participar en el debate y algunos incluir sus ideas para este libro. A ellos se han sumado destacados expresidentes, que no pudieron concurrir al congreso, cuyos aportes se compendiaron también en la obra.

Estructura del Libro

Bajo el sugerente título *El pensamiento latinoamericano: diálogos en ALAS, Sociedad y Sociología* (2015) los aportes se agrupan en dos partes. La primera refiere a reflexiones sobre la sociedad latinoamericana y el segundo, a tópicos relevantes de la sociología regional. Desde diferentes perspectivas y formas de aproximación, las diferentes aportaciones compendiadas en este texto comparten el *ethos* crítico y reflexivo de ALAS y dirigen su atención hacia la actual contingencia y complejidad de nuestra región.

Se inicia con un trabajo conjunto y colaborativo de ocho expresidentes de ALAS, que componen el Comité Consultivo de la Asociación, y que trata de "Reflexiones sobre el contexto social (2014-2015)". Theotonio dos Santos, Daniel Camacho Monge, Eduardo A. Velásquez Carrera, Jordán Rosas Valdivia, José Vicente Tavares dos Santos, Jaime A. Preciado Coronado, Alberto L. Bialakowsky y Paulo Henrique Martins comparten sus análisis sobre el contexto social actual en el marco dialógico que impulsa la convocatoria del próximo Congreso de ALAS. La tragedia de los 43 normalistas de Ayotzinapa y la reanudación de las relaciones diplomáticas entre la República de Cuba y los Estados Unidos de Norte América son algunos de sus tópicos centrales. Los autores destacan que las ciencias sociales locales no pueden descuidar la importancia de mantener una actitud crítica y señalar las posibilidades de superación de los modelos de desarrollo que contribuyen al aumento de la desigualdad social, la violencia y la injusticia contra los pueblos y especialmente contra los más humildes.

Las colaboraciones de la Primera Parte se inician con el trabajo de Paulo Henrique Martins, actual profesor titular del Departamento de Sociología en la Universidad Federal de Pernambuco y conocido investigador de nacionalidad brasileña, con su contribución "Sistema-mundo, globalizaciones y América Latina". Martins se pregunta sobre el término más apropiado para definir las características actuales de la sociedad posnacional y concluye que la noción de sistema-mundo es estratégica, desde allí critica la visión simplificada de globalización que privilegia el factor económico sobre el conjunto de factores intervinientes en la sociedad. Específicamente, sugiere que la teoría del sistema-mundo invita a hablar de globalizaciones posibles y no sólo de un único sistema global, lo cual brindaría una mejor perspectiva para enfrentar la complejidad social contemporánea.

En continuidad con el trabajo de Paulo Henrique, Jaime A. Preciado Coronado y Pablo Uc, investigadores de la Universidad de Guadalajara y del ITESO, discuten respecto a la proyección hegemónica de China en el sistema-mundo. Su presentación "América Latina frente a China y Estados Unidos: triangulación geopolítica del sistema-mundo" aplica una perspectiva histórico-estructural para dar cuenta de la complejización de las relaciones internacionales y el rol de China en las mismas, especialmente de todo lo que deriva de las modalidades de préstamos que hacen sus bancos en nuestra región.

Gerónimo de Sierra, profesor Titular de la Universidad de la República, desarrolla con su trabajo "América Latina, una y diversa", un tema altamente controversial, a menudo ignorado o tratado en forma simplista. América Latina esta integrada por 20 países, a los que se le agregan un estado asociado a USA y cinco colonias dependientes de Francia (si se incluye el Caribe, comprendería 46 países, la mayoría soberanos, pero otros tantos territorios dependientes y departamentos de ultramar). Tal complejidad social exigiría a la sociología teorías y métodos que tomen en cuenta tanto la unidad como la diversidad y que sean muy críticas con sus propios criterios. Desafortunadamente estos resguardos, como señala el autor, no parecen ser comunes.

El artículo de Theotonio dos Santos, profesor emérito da UFF y presidente de la red y cátedra UNESCO sobre Economía Global y Desarrollo Sustentable, aplica la teoría del sistema-mundial y de la dependencia para analizar las nuevas fuerzas y tendencias de la economía mundial contemporánea, específicamente sus ciclos económicos. Entre los temas tratados, se propone establecer metas de desarrollo global considerando principios éticos y políticos ampliamente compartidos por los países, y no solamente los guiados por una economía "autista" indiferente a los análisis interdisciplinarios y que descuida la complejidad de los procesos mundiales.

Luis Suárez Salazar, profesor del Instituto Superior de Relaciones Internacionales "Raúl Roa García" de La Habana, Cuba, en su trabajo "Los procesos integracionistas de nuestra América: una mirada a algunas de sus tendencias centrífugas", analiza las fuerzas endógenas y exógenas que condujeron a la frustración de los ideales de la integración americana y el papel que les cabe en ello a las potencias colonialistas, neocolonialistas e imperialistas

Pablo González Casanova, quien fuera presidente del Consejo de la Facultad Latinoamericana de Ciencias Sociales y rector de la UNAM, desarrolla su ensayo "¿Por qué resiste Cuba?" Para ello hace uso de distinciones de las ciencias de la complejidad, que destacan fenómenos donde una acción mínima puede producir efectos globales y los integra con el pensamiento crítico. Finalmente, indica que reconocer y enfrentar a las necesarias contradicciones de toda lucha de los pueblos por la independencia y la justicia social forma parte del legado martiano y explica por qué resiste Cuba. En una línea similar en "Una lectura Zapatista" destaca que "ni en las condiciones más difíciles debemos abandonar el estudio y el análisis de la realidad. El estudio y el análisis son también armas para la lucha, para la organización".

Del recordado sociólogo chileno Eduardo Aquevedo Soto (fallecido en diciembre de 2014) se han seleccionado reflexiones respecto a la experiencia y lecciones del movimiento estudiantil en su ensayo "El movimiento estudiantil chileno: amenazas y desafíos". Esta contribución se complementa con un análisis del modelo educativo neoliberal, los cuestionamientos que se le extienden y su necesidad de hacer cambios de fondo. Su otro aporte, "El modelo educacional mercantil chileno en plena crisis", se constituye en una nueva y comprometida declaración de respaldo a las resistencias y movilizaciones sociales.

La Parte Primera del libro culmina con el trabajo de Daniel Camacho Monge, quien fue candidato presidencial de la coalición de izquierdas Pueblo Unido en 1990, director de la Comisión de Derechos Humanos de Centroamérica y presidente de la Fundación para la defensa de los Derechos Humanos en Centroamérica. Se recoge su contribución "Movimientos sociales, algunas definiciones conceptuales", que constituye una discusión crítica y comprometida de la categoría sociológica "movimientos populares". Entre sus aportes, destaca el desenmascaramiento de simplificaciones teóricas que no son propias de una aplicación rigurosa y científica de la teoría de las clases.

La Parte Segunda es inaugurada por Theotonio dos Santos con su aporte "Las ciencias sociales en América Latina: ¡Un renacer!". Allí indica cómo la teoría de la dependencia evolucionó hacia la teoría del sistema mundial, que se ha transformado en la referencia fundamental del pensamiento social contemporáneo, anticipando los fenómenos de la globalización y sus desdoblamientos geopolíticos actuales.

Jordán Rosas Valdivia, profesor de la Universidad de Arequipa, en "Las aporías del arte y la ciencia" cuestiona la pertinencia de la pregunta: ¿Quién tiene mayor valor o nivel de superioridad, el arte o la ciencia? Para concluir que el mundo real, en su multiplicidad infinita de manifestaciones, no puede ser reproducido tan sólo con los recursos de la ciencia, como tampoco con los del arte.

Eduardo Antonio Velásquez Carrera, profesor del Centro de Estudios Urbanos y Regionales de la Universidad de San Carlos de Guatemala, presenta un estudio acucioso sobre la vida, obra y contexto del ilustre guatemalteco, *Jacobo Arbenz Guzmán: El soldado del pueblo*. En su aportación "Bibliografía reciente sobre la vida y obra de Jacobo Arbenz Guzmán", destaca como la trilogía bananera: *Viento Fuerte* (1949), *El Papa Verde* (1954) y *Los ojos de los enterrados* (1960) del escritor guatemalteco Miguel Ángel Asturias, como una representación de la historia de la sediciosa United Fruit Company en Guatemala.

El aporte de Velásquez representa claramente un llamado de atención sobre las imposiciones imperialistas y sus consecuencias en nuestra región.

Marco A. Gandásegui, hijo, profesor de Sociología de la Universidad de Panamá e Investigador Asociado en el Centro de Estudios Latinoamericanos, con su contribución "La sociología latinoamericana y las tareas de la juventud" contextualiza el desarrollo de la sociología en América Latina en los últimos cuarenta años. Específicamente, destaca que en los congresos ALAS de la década del setenta los debates no planteaban de dónde venía la sociología o cuál debería ser su objeto de estudio, pues ambas preguntas ya habían encontrado su respuesta en la revolución cubana. Tanto estructuralistas como marxistas planteaban que la sociología era la mejor herramienta para estudiar las transformaciones que los pueblos de la región habían colocado sobre la agenda. A la vez, señalaban que la crisis final del capitalismo era inevitable. De hecho, recuerda, el neoliberalismo fue declarado muerto en el Congreso de Buenos Aires en 2009. Pero la historia no se detiene. Indica que hoy estamos en una coyuntura que puede ver surgir un mundo multipolar. El problema es hacia dónde se están encaminando los países de la región, pregunta que deja abierta para las nuevas generaciones de investigadores e intelectuales.

José Vicente Tavares dos Santos, sociólogo y director del Instituto Latinoamericano de Estudios Avanzados de la Universidade Federal do Rio Grande do Sul, Brasil, discute en su presentación "La internacionalización de la sociología crítica y la superación de la colonialidad" los límites del proceso de internacionalización de la sociología en América Latina. En sus palabras: ¿Cómo asegurar el reconocimiento del pensamiento sociológico latinoamericano en la sociología internacional? Con ese objetivo propone una sociología orientada a intercambiar conceptos, métodos y explicaciones teóricas de una cultura sociológica nacional a otra, sometiendo tales nociones a nuevas verificaciones empíricas para producir teorías críticas de mayor alcance. La propuesta es evaluar la posibilidad de construir una sociología crítica mundializada y, por ejemplo, preguntarse sobre el papel que la sociología regional puede desempeñar en la etapa de mundialización de conflictividades sociales.

Finalmente, Aníbal Quijano Obregón, actual director de la cátedra América Latina y la Colonialidad del Poder en la Universidad Ricardo Palma de Lima, desarrolla ideas que lo han hecho mundialmente conocido en su contribución "Buen vivir: entre el desarrollo y la descolonialidad del poder". Quijano afirma que no es casual que el debate sobre la colonialidad del poder y sobre la colonialidad/modernidad/eurocentrada haya sido producido, en primer término, desde América Latina, así como que la propuesta de Bien Vivir provenga, también en primer término, del nuevo movimiento de los "indígenas" latinoamericanos. Coherente con su opción, señala la emergencia de una identidad histórica nueva, histórico/estructuralmente heterogénea como todas las demás, pero cuyo desarrollo podría producir una nueva existencia social liberada de dominación/explotación/violencia que hace eco de la consigna: *Otro Mundo es Posible.*

Para concluir, en sus páginas y diversos artículos, *El pensamiento latinoamericano: diálogos en ALAS, Sociedad y Sociología* (2015) nos presenta las perspectivas, visiones y aproximaciones de quienes son y han sido insignes miembros de la Asociación Latinoamericana de Sociología y a cuya diversidad representan fielmente, y a los cuales estamos muy agradecidos por permitirnos contar con sus colaboraciones. Finalmente, cabe agradecer al Dr. Alberto L. Bialakowsky, expresidente de ALAS y sociólogo de la Universidad de Buenos Aires, y a su equipo de colaboradores, su desinteresada y comprometida dedicación a este libro.

En Santiago de Chile y Recife – Brasil, septiembre de 2015.

Dr. Marcelo Arnold-Cathalifaud
Presidente de ALAS

Dr. Paulo Henrique Martins
Expresidente de ALAS

Parte I: Sociedad

Reflexiones sobre el contexto social latinoamericano (2014-2015)

Theotonio dos Santos, Daniel Camacho Monge, Eduardo Antonio Velásquez Carrera, Jordán Rosas Valdivia, José Vicente Tavares dos Santos, Jaime Antonio Preciado Coronado, Alberto L. Bialakowsky, Paulo Henrique Martins[1]

Hay una cartulina que alza un joven mexicano que tiene cubierto su rostro y que ha escrito reivindicando a los 43 "pienso luego me desaparecen".
30 de Octubre de 2014.

"Se cuenta que cuando ha llegado al lugar del sacrificio sube por sí mismo, sube voluntariamente al sitio donde va a ser sacrificado. Y cuando sube un escalón… rompe una de sus flautas en pedazos, y así sucesivamente. Y después de que ha ascendido varios escalones y ha llegado a la cima, rápidamente lo sujetan los sacerdotes, lo acuestan boca arriba sobre la piedra de los sacrificios, enseguida le abren el pecho, le extraen el corazón y lo levantan ofrendándoselo al sol… Así termina él su vida en el lugar al que fue para morir; en Tlapitzanayan". (Seler, 1927: 95ss, citado en Erdheim, 2003: 209)

Los significados de los sacrificios resultan insondables, como aquellos destinados a las divinidades, o si se quiere interpretar científicamente, como motivo político destinado a la unidad del pueblo bajo la égida teocrática. Sin embargo, cuál es el significado del sacrificio de los 43 normalistas de Ayotzinapa que no deja de conmovernos.

---

[1] Varios expresidentes ALAS comparten sus análisis y reflexiones sobre el contexto social actual en el marco dialógico que impulsa la convocatoria del XXX Congreso ALAS. Publicado en Revista ALAS.

Estamos bajo una pirámide y lo sacrificado no tiene certidumbre, asola con su espectro, nos coloca en el borde de lo incomprensible, de lo irracional.

Podría interrogarse si no se trata acaso de fragmentos de holocaustos, la modernidad se ha distinguido por esta inmensidad y variedad de sacrificios, que como bien lo ha señalado Zygmunt Bauman (1998), requieren una racionalidad pormenorizada, la barbarie nazi no estuvo signada, como se supone por irracionalidad, sino por elementos racionales constitutivos de las lógicas que sostienen la hegemonía que distingue la época moderna y peculiarmente su racionalidad instrumental, que se enmascara con "neutralidad moral". Dirá este autor:

> "[...] el carácter global no violento de la civilización moderna es una fantasía. Para ser más exactos, es parte integrante de su autoexcusa y de su autoapoteosis, o sea, del mito que la legitima. No es cierto que nuestra civilización elimine la violencia debido a su carácter inmoral, inhumano y degradante. Si la modernidad es la antítesis de las salvajes pasiones de la barbarie, no es en absoluto la antítesis de la destrucción, las matanzas y la tortura desapasionadas [...] A medida que la cualidad de pensar se va haciendo más racional aumenta la cantidad de destrucción [...]" (Bauman, 1998: 126-127).

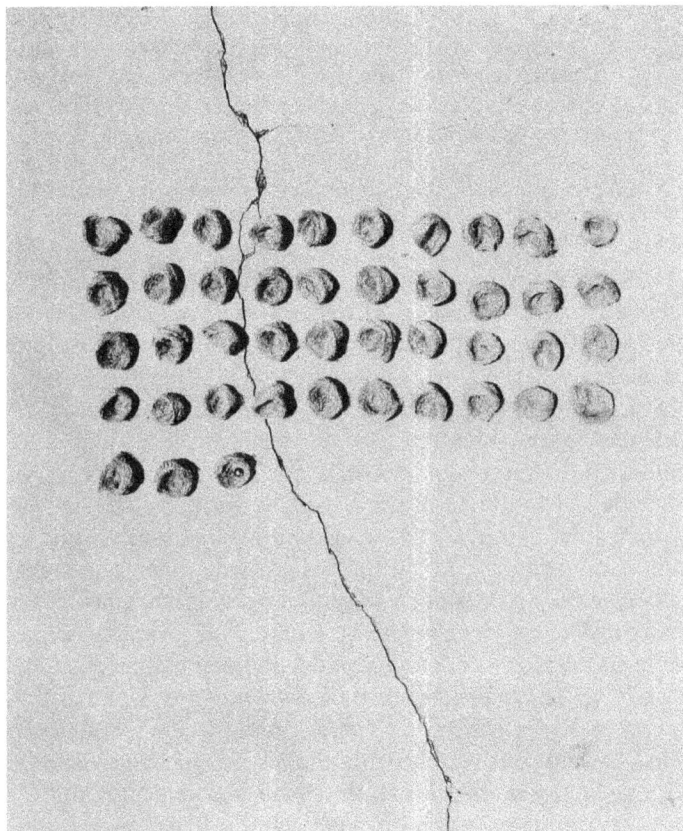

La oquedad del nido.*

Por qué se han forzado a desaparecer, sin que estos sacrificios constituyan ofrenda trascendente, y pueden diluirse en la consideración de tragedia o de excepcionalidad. ¡No!, pensamos, se trata de un acto de hegemonía, se trata de un tatuaje social para la ceguera. Aricó traduce el concepto de hegemonía en el pensamiento de Antonio Gramsci:

"Es evidente que la clase dominante no sólo confía en el poder y en la autoridad coercitiva, sino en el consenso derivado de la hegemonía, de lo que Gramsci llama –en *Cuadernos de la cárcel*– la 'dirección intelectual y moral' ejercida por grupo dominante, lo cual equivale a una dirección general impuesta a la vida social [...]. No es un hecho automático, sino algo que se logra mediante la acción y la organización política consciente [...]" (Aricó, 2012: 264).

Sin embargo, el consenso no resulta un hecho automático, sino una combinación entre coerción y cooptación, y es en este punto que la inflexión social de este sacrificio resulta descarnada.

Lo diremos sin más, el sistema, en este sistema que sacrifica para obrar subalternidad, no puede resultar vano en el sentido de lo trascendente. Ayotzinapa alerta sobre la otra subalternidad, sobre el horizonte de sentido que tiene para nuestra América, la del Abya Yala, el hecho que persistan riesgos en todos aquellos focos donde anida el fascismo societal de: la discriminación y el racismo, la impunidad política, la injusticia, la desigualdad y la exclusión social programada, la militarización de la seguridad y la connivencia del crimen organizado con el Estado, en sus más diversos poderes y órdenes gubernamentales. Los 43 normalistas desaparecidos forzadamente simbolizan la cúspide que se trasciende a sí misma para hacer visible el dolor e ira por los más de veintitrés mil desaparecidos, más de cien mil ultimados y más de ciento cincuenta mil desplazados de sus hogares por la violencia en México. Nos interrogamos así, ¿cuántos Ayotzinapa(s) han acaecido en Colombia, Honduras, Guatemala, Perú, Paraguay...? ¿En cuántas regiones de nuestros países campea la violencia extrema con sus secuelas extintivas propias de regímenes fascistas?

Estamos ya en marcha para renovar nuestro encuentro en ALAS 2015 de Costa Rica y, siguiendo los pasos de la directiva con estos significados, iniciamos esta reflexión como Consejo Consultivo de Expresidentes de ALAS, tributando, pues son los jóvenes normalistas quienes representan las generaciones intelectuales venideras, las que sabrán suturar lo pendiente del cambio, las que interpelarán a nuestras sociedades y gobiernos. Y ahí sí que su sacrificio cobrará sentido de horizonte y trascendencia.

Sin duda, el XXX Congreso de ALAS en San José de Costa Rica, "Pueblos en movimiento: un nuevo diálogo en las Ciencias Sociales", permitirá hacer recuentos en torno a los sentidos de horizontes que se refrendan, como descubrir los nuevos desafíos que confrontamos para profundizar los cambios sociales, las nuevas esperanzas y cómo dialogar las diversidades que siempre conllevan las acciones transformadoras. Es un dato significativo, entre otros, que en varias elecciones presidenciales se hayan refrendado con el apoyo social a gobiernos que se plantean una nueva agenda social. Así, durante el transcurso de 2014, en Costa Rica, en abril –en segunda ronda– se elegía a Luis Guillermo Solís, candidato de centro izquierda, con el 77,99% de los votos. Mientras que en marzo, Salvador Sánchez Cerén, del FMLN, había ganado, también en segunda vuelta, la elección presidencial. Evo Morales fue elegido para un tercer mandato en octubre, en primera vuelta, con más del 60% de los votos. Sucesivamente, en Brasil, Dilma Rousseff fue reelecta en segunda vuelta, como el siguiente mes Tabaré Vázquez ganaba las elecciones presidenciales en Uruguay. De las siete elecciones presidenciales de 2014 en Latinoamérica, cinco expresan mayoría por candidatos dentro del espectro de la centro izquierda. Sólo en dos elecciones presidenciales primaron candidatos que podrían caracterizarse de centro derecha: en Panamá, Juan Carlos Varela ganaba en mayo, y en Colombia, en junio, en segunda vuelta, se elegía una coalición encabezada por el presidente Juan Manuel Santos, quien fue reelegido con un 50,9%, primando en este marco colombiano producir avances en los acuerdos de paz llevados adelante con las FARC.

Por otra parte, las posibilidades de reelección aumentan en la región. El 30 de octubre, el tribunal ecuatoriano determinaba que el Parlamento podrá tramitar 16 enmiendas constitucionales planteadas por el oficialismo, entre ellas la reelección indefinida para todos los cargos de elección popular, incluida la presidencia del país. Mientras que en elecciones locales, los gobiernos de centro izquierda pierden espacios. El 24 de febrero, Alianza País, el partido de Rafael Correa, perdió las tres principales ciudades del país, incluido Quito, la capital. La política partidista y la formación de gobiernos es heterogénea:

"El voto se ha diversificado y se ha hecho más volátil, provocando que los nuevos presidentes deban gobernar con legislativos en los que ningún partido tiene mayoría (Costa Rica, Panamá y El Salvador). Todo esto incide fuertemente en la gobernabilidad de estos países y recorta la capacidad de acción de los ejecutivos, pues favorece escenarios de choque de poderes (legislativo versus ejecutivo) y de bloqueo tanto de las políticas públicas como de las reformas". (Zovato, 2014).

También se registran diversos movimientos sociales que inciden en la política institucional y que a la vez juegan un papel instituyente. El trasfondo de conflictos y desencuentros entre la acción colectiva y los gobiernos atraviesa tanto a regímenes políticos de corte neoliberal como a aquellos que ensayan nuevas vías de desarrollo. El pensamiento social crítico participa e impulsa nuevos debates teóricos y prácticos. Así, conceptos como posdesarrollo, neodesarrollo o posneoliberalismo quedan sujetos tanto al cuestionamiento de los movimientos como a una creación intelectual impetuosa. El año 2014, vio nacer movimientos sociales disconformes con la desigualdad, como el Movimiento Pase Libre en Brasil, antes y durante el Mundial de Fútbol. Igualmente, en este año se observaron movilizaciones antistémicas en torno a la oposición al neoextractivismo o la reprimarización. Asimismo, movimientos de base étnica han resistido frente al auge depredador y contra la desposesión de sus bienes comunes y comunitarios.

Asistimos, durante este año, a la reconfiguración del escenario geopolítico y geoeconómico de Latinoamérica y el Caribe, en donde el desplome de los precios del petróleo trajo consigo una reducción significativa en los precios de las materias primas. En esa medida, la baja de la renta obtenida por medio del modelo neoextractivista añadió presiones internas e internacionales sobre la estabilidad macroeconómica financiera, que a toda costa imponen las instituciones monetarias y financieras internacionales. En ese contexto, las políticas industriales de nuestros países se ven fuertemente limitadas por la división internacional del trabajo, que tiende a especializar a nuestra región como exportadora de materias primas sin procesar. Así, por opción o por obligación, se vieron sometidos a financiar su crecimiento económico del lado del extractivismo. Modelo que trae consigo el incremento de conflictos sociales, culturales y políticos, dado el impacto negativo en la extracción de materias primas en sus formas límites, tales como el *fracking* o *shale gas* o la minería a cielo abierto.

Aún insertos en la crisis global y sistémica detonada en 2008 por Estados Unidos, nuestra región sigue fuertemente presionada por reformas de mercado, dominada por acuerdos o tratados del llamado libre comercio, amenazada por la geopolítica del Pacífico y del Atlántico. Estados Unidos es el vértice de una estrategia de contención de China a través del Tratado Transpacífico (TPP) y de una alianza con la Unión Europea, mediante un tratado comercial y de inversiones en el Atlántico (TPIP) que busca aislar y hacer contrapeso a la influencia rusa en la agenda global. Algunos países latinoamericanos formaron la Alianza del Pacífico, instrumento de integración regional que apoya la estrategia estadounidense, mientras que persisten también intentos de integración autónoma latinoamericana, que pretenden nuevos escenarios Sur-Sur, como es el caso de los BRICS y de la Unasur-Mercosur, que cobran independencia ante la política estadounidense. Frente a estos pinzamientos, 2014 fue un año en el que tuvieron lugar acuerdos intergubernamentales favorables a la autonomía regional integradora, así como un año de continuas movilizaciones que cuestionan a su vez los paradigmas globales de la integración con el diseño del denominado Consenso de Washington. Mientras que el Consenso de Beijing se ofrece desde China como alternativo, aun cuando prime en ambos una criba operativa de un llamado "consenso de *commodities*" bajo el cuño neoextractivista. Éstas son cuestiones claves a debatir, pendientes aún en la diversidad de contextos y políticas de desarrollo. Debe destacarse, aun en esta complejidad, que por momentos resulten alianzas frágiles y en otros cobren fuerza las construcciones políticas de integración subcontinental a través de CELAC y ALBA.

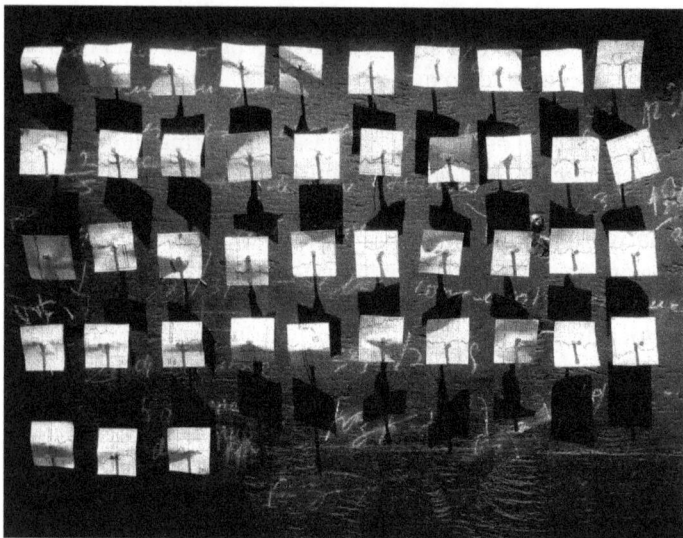

Sístole.*

Especialmente nacida bajo el impulso de una integración autónoma latinoamericana y caribeña, la CELAC recoge principios de política exterior del derecho de los pueblos a la soberanía y la autodeterminación, la solución de controversias con base en el diálogo y la negociación pacífica, la cooperación internacional sin condicionamientos ideológicos ni injerencias, la defensa irrestricta de los derechos humanos, la redefinición de la arquitectura financiera internacional que regule la especulación y fomente políticas industriales, la lucha contra el calentamiento global e instalar una agenda sustentable apoyada sobre compromisos susceptibles de evaluación y seguimiento, así como una política de desarme nuclear y de oposición a la guerra. A pesar de su débil institucionalización y de las limitaciones implicadas en la toma de decisiones únicamente por consenso y no por mayoría de sus miembros, la corta vida de esta comunidad, en sus cuatro años de existencia, muestra logros importantes:

- Se ha ganado el respeto de Estados Unidos, la Unión Europea y de países y foros del Pacífico asiático. Ni la OEA ni las Cumbres de las Américas que impulsa Estados Unidos pueden prescindir de su participación multilateral;
- La CELAC se ha convertido en interlocutor válido frente a la Unión Europea, cuyas cumbres eurolatinoamericanas se conciertan con esa nueva instancia comunitaria, así como se han establecido foros intergubernamentales con China y el grupo BRICS;
- Dentro del marco de cooperación Sur-Sur, la CELAC participa activamente en iniciativas como la del Banco del Sur, que promueve el grupo BRICS, mediante las propuestas que impulsa Brasil como parte de la UNASUR;
- Asimismo, el G-77, que en realidad lo forman 133 países que comparten la herencia del Movimiento de Países No Alineados, que luchan contra toda forma de colonialismo y por la descolonización del mundo, reconoce la interlocución de la CELAC (quedan pendientes la descolonización de las Islas Malvinas, la incorporación de Puerto Rico a este organismo y las consultas correspondientes a la independencia de varios estados insulares del Caribe, de Belice y de la Guyana Francesa);
- No obstante su carácter intergubernamental, la CELAC a su vez reconoce como interlocutores válidos a diversos movimientos sociales, como la Cumbre de los Pueblos, los Movimientos Sociales hacia ALBA y diversos movimientos de alcance continental, subregional o de carácter étnico, como el llamado Movimiento Social de Afrodescendientes, que reclamará la inclusión del "Decenio de

Afrodescendientes" dentro de la agenda que discutirá la CELAC en su reunión ordinaria en San José de Costa Rica, a finales de enero de 2015.

En este contexto restan, sin embargo, desafíos cruciales, como se citaba, para el logro de la integración autónoma "nuestro-americana". Persisten desencuentros entre las políticas públicas que impulsan gobiernos de origen popular de centro izquierda y movimientos sociales afectados por el neo-extractivismo y la obtención de una renta basada sobre las *commodities* como petróleo, gas o biocombustibles, así como por la creación de infraestructuras eléctricas, de comunicación y el riesgo constante de la privatización de bienes comunes públicos. Todo lo cual refuerza la heterogeneidad estructural de nuestros países, la cual debilita sus luchas contra la exclusión y la desigualdad social en un marco de integración social con equidad y desarrollo sustentable.

La vecindad norte en 2014 fue testigo de una remergencia de una geopolítica de discriminación y racismo, rayana con la "extinción" como dimensión tánato-política de la dominación, como se perfila con las migraciones internacionales, particularmente la de las niñas y niños migrantes registrados en la frontera sur de Estados Unidos. De acuerdo con cifras oficiales de EEUU, en los primeros cinco meses de ese año:

> "47.000 niños, niñas y adolescentes no acompañados fueron detenidos tras cruzar ilegalmente la frontera con México, cifra que en un año aumentó en 92%. La mayoría proviene de El Salvador, Honduras y Guatemala y tiene menos de doce años de edad, y durante su peligroso viaje hacia EEUU —principalmente para reencontrarse con sus padres— muchos de ellos son víctimas de la delincuencia y el abuso sexual" (Reynolds, 2014: 1).

La masiva migración de niños, despertó el odio xenófobo de grupos anti-inmigrantes en Estados Unidos, al grado que fuerzas paramilitares de asociaciones legalmente reconocidas en ese país sostuvieron una literal cacería contra el grupo más vulnerable de los migrantes. El racismo crudamente expresado tiene un trasfondo geopolítico. Samuel Huntington (2004) expresaba ya esos sentimientos xenofóbicos en su obra póstuma: *Who Are We? The Challenges to America's National Identity*, en la cual destacaba que los grupos de hispanos, particularmente de mexicanos, tienen la tasa de natalidad más grande en ese país. Tal crecimiento demográfico, que en 2050 hará que uno de cada tres estadounidenses sea de origen latinoamericano, representaba, de acuerdo con este autor del *Choque de civilizaciones*, una amenaza más importante para la identidad nacional que el terrorismo islámico... Finalizando ya el segundo mandato del presidente Barack Obama, el acuerdo migratorio no parece prosperar. El ascenso reciente de los republicanos en el Congreso de Estados Unidos y las expresiones racistas anti-inmigrantes, cobijadas por el *Tea Party*, obstaculizarían cualquier iniciativa del Ejecutivo, quien –aunque tardíamente- deseaba compensar a sus electores, considerando que el 75% de los latinos votaron por su mandato.

Aunque el balance migratorio empieza a decaer desde 2009 como fruto de la crisis global y sistémica con epicentro en Estados Unidos, cerca de 50 millones de inmigrantes latinos con distinto estatus migratorio en ese país siguen siendo claves para la integración latinoamericana, puede señalarse incluso que las remesas enviadas a nuestros países siguen siendo en varios casos el principal aporte de divisas. En este escenario, no puede dejar de mencionarse la importancia de la resistencia de la emigración latina en los Estados Unidos, cuyos reclamos abarcan luchas junto a otras minorías, como las afrodescendientes, para desarrollar una concepción democrática realmente respetuosa de la diversidad en el plano nacional e internacional. Puentes aún invisibles, pero que por sus equivalencias en la resistencia social dan lugar a colocar el imaginario latinoamericano como proa de que "otro mundo es posible", tales los atisbos políticos con mirada hacia nuestras experiencias nacionales desde posturas críticas emergentes de la crisis regresiva europea.

Frente a este complejo clivaje geopolítico de 2014, hay que congratularse por la reanudación de las relaciones diplomáticas entre la República de Cuba y los Estados Unidos de América, así como por las decisiones que ambos gobiernos han tomado con el propósito de superar las tensiones y dificultades de su pasado común. Si el presidente Barack Obama, plantea la superación de una relación obsoleta de su país con Cuba, el presidente Raúl Castro ha correspondido con claridad que se necesita construir una cohabitación con Estados Unidos, respetuosa de los valores y la dignidad del pueblo cubano.

Hay que señalar desde aquella emergencia de la violencia en la que recalamos de Ayotzinapa a las esperanzadas negociaciones de paz entre las FARC y el gobierno colombiano o la reivindicación a la destacada continuidad de los juzgamientos a los militares que participaron en genocidios en Argentina, como así el reinicio del juicio por causas de genocidio en Guatemala de Efraín Ríos Montt, los que expresan tanto los avances como detenciones nacionales frente a los derechos humanos, como incluso en atender las necesidades de memoria y justicia pendientes en la región, que en cualquier caso otorgan nuevos significados sociales para su materialización en movimientos por la paz con justicia, equidad y dignidad de los pueblos, como así radicalizar las luchas contra la violencia e impunidad política, la corrupción y en defensa de los derechos sociales que se diversifican e incrementan. En estos planos ya no puede hablarse entonces sobre los trazos de un progresismo latinoamericano en términos reduccionistas economicistas incrementales, por cierto básicos e imprescindibles, pero insuficientes para caracterizar las perspectivas de rediseño social, sus lógicas y sustentabilidad que atañe al calidoscopio social.

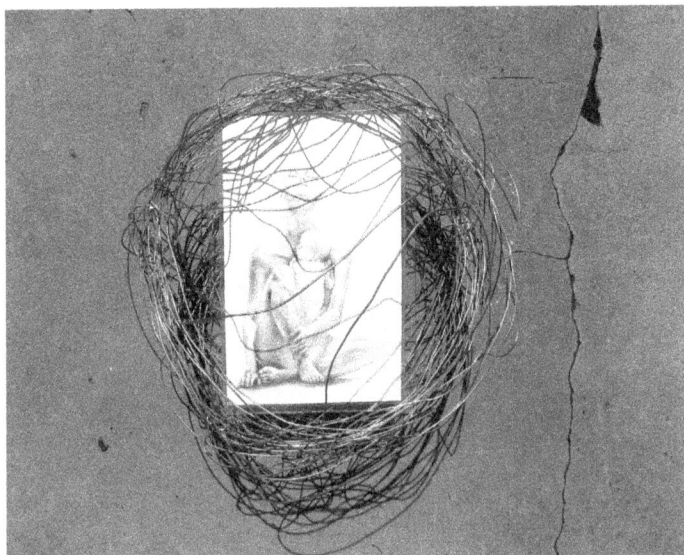

Nunca más nidos vacíos.*

Este muy apretado repaso de los eventos sociales, culturales y políticos que restallan nuestras conciencias, al que seguramente debemos agregar dimensiones y significados, recalan en nuestro análisis y conciencia sociológica y social, a la vez que implican fijar un campo posible de debate intelectual e investigativo, especialmente en aquellos sucesos que nos laceran como seres de condición de co-existente, como así aquellos avances que nos con-mueven, todo nos invita como científicos al desafío de pensar e incidir con audacia y solidaridad en las realidades sociales que nos contornan continental e insularmente. Las ciencias sociales tienen en su propia naturaleza de punto de partida ético la crítica a las tramas enmascaradas que reproducen y acumulan sobre el sufrimiento en los sujetos. Las ciencias sociales no pueden descuidar la importancia de mantener una actitud crítica, capaz de desentrañar las contradicciones de los sistemas sociales contemporáneos y señalar las posibilidades de superación de los modelos de desarrollo conservadores que contribuyen al aumento de la desigualdad social, la violencia y la injusticia contra los pueblos y especialmente contra los más humildes.

Ciencia y comunidad intelectual marchan, o deben marchar en nuestro concepto al unísono. La fuerza y la dirección de ambas dependen de este interjuego, un juego sobre la "verdad y la equidad social", un juego de poder que confronta históricamente con la "colonialidad del poder". Recordamos que ALAS, en sus seis décadas de existencia y en su condición de asociación continental, viene alimentando una llama de postura ética e intenso compromiso con lo social, como la búsqueda para organizar los fundamentos del pensamiento latinoamericano y caribeño, articulando la comprensión de las coyunturas como de las estructuras, y prueba de la contribución de nuestros cientistas sociales en colaborar con la emergencia de sociedades más democráticas, justas, solidarias e igualitarias en la región. Cada presidencia de ALAS, a lo largo de todos estos años de más de medio siglo de existencia, ha sido testigo de esta lucha para el fortalecimiento de una asociación ética y del bregar por el desarrollo de una Ciencia Social más comprometida con la cotidianeidad de los pueblos y con la organización de sus instituciones políticas, sociales y económicas más saludables.

En este sentido, los firmantes expresidentes de ALAS con su testimonio vivo y abierto como coprotagonistas de esta historia de luchas de la Asociación, como sus acciones de integración académicas en marcha, pugnan a favor de un proyecto científico y ético, en honor a esta memoria y a su vigencia en el presente, aportes todos a la legitimación de una fuerza científica y moral en Ciencias Sociales y una Sociología autónomas, rigurosas y comprometidas, regionales y universales, críticas en su singularidad y en su compromiso libertario descolonial. Con la conciencia que ALAS como proyecto colectivo atraviesa el tiempo, y constituye este núcleo la clave que explica su continuidad y prestigio, que habilita la comuna vivencial de protagonistas y representantes nuevos y antiguos conjugados en alcanzar metas en común.

Esperamos que nuestro voto en este iniciado 2015, que ya nos aguarda en promesa de encuentro en un gran ALAS de Costa Rica, se mantenga y renueve todo este ardor creativo de conciencia crítica y fraternidad académica, alimentado por participación incluyente, como nuestras voces singulares y diversas al unísono, con mira a un pensamiento y una praxis progresiva en la ciencia, la sociedad y en la integración intelectual, en esta hora y en este futuro inmediato y mediato que nos aguarda dibujando en arco iris un horizonte compartido.

> "De allí la crítica permanente que siempre llevo en mí a la maldad neoliberal, al cinismo de su ideología fatalista y a su rechazo inflexible al sueño y la utopía".
> (Freire, 1996: 16)

América Latina y Caribe 2 de enero de 2015.

> *Dice la artista plástica Guillermina Victoria de las obras de las que es autora y que acompañan este mensaje: "la obra *La oquedad del nido*, consta de 43 nidos, 43 familias vacías. El último contiene un huevo, simbolizando la supervivencia a través de la esperanza y la promesa de justicia. La otra, nombrada *Sístole* está compuesta por 43 recortes de un electrocardiograma clavados sobre un pizarrón. La educación ultrajada. La contracción como impronta, huella latente de nuestros habitantes del color de la tierra, que desde el cubrimiento de América palpitan heridos... porque la conquista continúa" (24 de noviembre de 2014). La obra siguiente, más reciente, la que hemos denominado *Nunca más nidos vacíos*, su autora la concibió como "deseo que la libertad y la paz se adueñen del paisaje..."
> (5 de enero de 2015)

Bibliografía

Aricó, José M. 2012 *Nueve lecciones sobre economía y política en el marxismo. Curso de El Colegio de México. Edición y notas de Horacio Crespo* (Buenos Aires: Fondo de Cultura Económica-El Colegio de México).

Bauman, Zygmunt 1998 *Modernidad y Holocausto* (España: Ediciones Sequitur).

Erdheim, Mario 2003 *La producción social de inconsciencia* (México: Siglo XXI).

Freire, Paulo 2013 (1996) *Pedagogía de la autonomía. Saberes necesarios para la práctica educativa* (Argentina: Siglo XXI).

Reynolds, Louisa (2014) "Imparable oleada de niños migrantes hacia EEUU". En http://www.noticiasaliadas.org/articles.asp?art=7039.

Zovato, Daniel 2014 "América Latina 2014: Resultados y Tendencias Electorales". En http://goo.gl/o3DS8H.

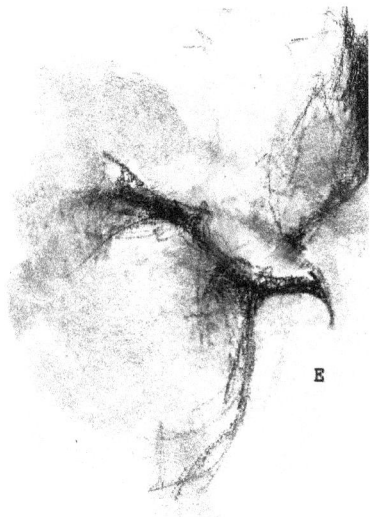

E

Sistema-mundo, globalizaciones y América Latina

Paulo Henrique Martins[1]

¿El término más apropiado para definir las características actuales de la sociedad humana posnacional es "sistema-mundo" o es "globalización"? Aunque los dos términos apunten en la misma dirección, a saber, la formación de la sociedad global, existen sin embargo diferencias teóricas importantes a ser señaladas para el correcto esclarecimiento de esta discusión y para orientar sus usos en América Latina. De modo amplio, hemos de reconocer que las dos interpretaciones plantean esferas discursivas macroterritoriales. Uno, el sistema-mundo, es más amplio e interdisciplinario, y el otro, el usual de la globalización (económico-financiero-tecnológico), más direccionado por el flujo del tiempo lineal y por el crecimiento ilimitado. Los dos expresan ambiciones epistemológicas legítimas, pues no hay cómo explicar la vida humana en el planeta, hoy, sin considerar los cambios de la matriz espacial y temporal. Hay una nueva matriz espacial que circula el globo desde varios meridianos geopolíticos continuos y discontinuos, y hay una nueva matriz temporal que recorta el momento en que vivimos desde memorias y tradiciones, por un lado, y por expectativas positivas y negativas respecto al futuro, por el otro. Así, hay diferencias en términos de concepciones filosóficas que necesitan ser subrayadas desde ahora, pues tienen impacto particular sobre la construcción de las creencias, de los valores y de las prácticas sociales y, sobre todo, para la comprensión de la presencia de América Latina como subsistema global.

---

[1] Expresidente ALAS, XXVIII Congreso, Recife, Brasil 2011.

Sistema-mundo y globalización

Sabemos que la idea de globalización no tiene lectura consensual en el campo académico, siendo orgánicamente ambigua. Hay autores que la interpretan desde los marcos históricos, culturales y políticos, y otros desde los factores económicos (Martins, 1999). No obstante, hay que considerar la variable colonial, pues colonizadores y colonizados desarrollan miradas diversas sobre las perspectivas de la globalización: los primeros, subrayando los procesos de integración mercantil global, y los otros, los impactos del imperialismo y de la dependencia sobre las periferias y sobre las movilizaciones colectivas. Sin embargo, no podemos negar que el discurso hegemónico de la globalización es el colonial neoliberal. Él se basa en la creencia –problemática– de la prioridad del elemento económico en la organización de la vida social; el mercado es descrito como una realidad evidente fundada en la generalización del interés, como un utilitarismo material generalizado, que justifica la apropiación injusta del trabajo social y de las riquezas productivas y naturales.

Asimismo, el discurso colonial liberal no es una narrativa reciente, mezclándose al espíritu de la colonialidad y del capitalismo. Conviene recordar que el liberalismo se inspira esencialmente en la filosofía moral y utilitarista inglesa de J. Bentham, A. Smith y J.S. Mill, proponiendo que todos los individuos son seres esencialmente egoístas y que deciden sus prioridades desde sus intereses particulares o grupales. Existe aquí la determinación privilegiada del factor económico utilitario y antisolidario en la organización de la vida (Caillé, 1989); y tal desvío teórico desvaloriza las dinámicas jurídicas, morales, culturales y emocionales que deberían ser decisivas para al menos regular políticamente el capitalismo en los centros nacionales y a nivel internacional.

El abordaje neoliberal de inspiración mercantilista sugiere cierta utopía de estandarización planetaria fundamentada en dos principios: uno de ellos propone el crecimiento ilimitado de la economía de mercado como un determinante incuestionable y privilegiado de la vida social; el otro sugiere la creciente desreglamentación de los dispositivos políticos, institucionales y jurídicos que constituyen bloqueo al libre funcionamiento del mercado, siendo el principal de éstos el de los estados nacionales. En el interior del universo de significación de esta utopía de estandarización planetaria, viene en primer lugar la globalización económico-financiera; las demás manifestaciones de la globalización –política, cultural, religiosa, afectiva– son tenidas como secundarias y asociadas a manifestaciones históricas, consideradas menos interesantes para explicar la "verdadera" globalización occidental.

Por su lado, los defensores de la idea de globalización como sistema-mundo complejo asumen la perspectiva sistémica de la realidad como procesos interdisciplinares e isomórficos, objetivos y subjetivos. Aquí la idea de sistema se despliega desde un abordaje amplio de procesos variados –económicos, tecnológicos, ecológicos, políticos, culturales, morales y emocionales– que influyen en los rumbos de los cambios históricos. Desde este entendimiento, los sistemas se mueven por flujos y contraflujos, que revelan la presencia simultánea de varios espacios y tiempos humanos, sugiriendo pronunciar la globalización en plural, como globalizaciones. Este sentido plural del término es también compartido por G.L. Ribeiro al sugerir que tales movimientos fuera de la globalización hegemónica se refieren poco al Estado y más a las redes translocales y al activismo transnacional (Ribeiro, 2008).

Ciertamente, hay una comunicación dialógica entre las dos concepciones de sistemas en la producción de sus regímenes de verdad. Por un lado la concepción simplista, valorando la determinación económica, y por otro, la concepción compleja, valorando la interdisciplinariedad y la co-presencia de elementos objetivos y subjetivos de la vida social. Si tomamos el modelo simplista de globalización económica, fundado en la acumulación utilitaria lineal, y lo ampliamos con variables no económicas –ecológicas, tecnológicas, culturales, religiosas, políticas, psicológicas, entre otras–, entonces se vuelve crecientemente complejo. De esta manera, nos vamos acercando necesariamente a la teoría de los sistemas complejos y abiertos como la teoría del sistema-mundo. Empero esta reflexión no es meramente abstracta. Dicha teoría manifiesta exactamente lo que observamos en este momento a nivel global, aunque los intelectuales neoliberales continúen insistiendo sobre el determinismo económico reduccionista; los economistas tienen dificultades de comprender que debajo de los cálculos matemáticos del mercado hay un universo intersubjetivo formado por flujos de símbolos, emociones, sueños y creencias, que resinifican lo que se entiende por economía o por mercado, y que explica las guerras y genocidios humanos y, cómo tales tragedias motivan el funcionamiento del mercado de capitales.

Por otro lado, si tomamos el modelo complejo de sistema-mundo y sacamos algunas variables multidimensionales, vemos que la imagen de la globalización como proceso complejo se empobrece estéticamente al limitar la percepción humana de la realidad social. Es decir, la definición de globalización pierde densidad histórica y entra en el dominio del simplismo formal y abstracto, como vemos entre los autores que reducen la idea del sistema-mundo al del sistema económico. En esta dirección, hemos de aceptar el hecho de que las dos grandes tendencias del pensamiento en los dos últimos siglos –marxismo y liberalismo– han contribuido para limitar el entendimiento de la realidad histórica de la globalización al poner énfasis excesivo en los fundamentos económicos y productivos. Aquí, los autores marxistas y liberales se acercan tácticamente en una interpretación del sistema-mundo que favorece esta híper valorización del elemento económico y funcional de la vida humana. Sin embargo, este modelo de análisis tiene fragilidades, debido a su simplificación como dispositivo de mapeo de la realidad histórica e incluso de la crisis reciente de los mercados; pues entendemos que es imposible un análisis más profundo del contexto sin una evaluación interdisciplinaria que integre varios otros elementos no económicos, que iluminan el libro de la historia humana por la diversidad cultural de percepciones, creencias y valores, liberando la crítica anticolonial desde las periferias.

Ocurre que tanto el marxismo como el liberalismo fueron pensados desde la realidad del eurocentrismo y de la colonialidad, y no de la complejidad de poder, de diferencias culturales y emocionales de los varios sistemas de globalización que se expanden desde el centro y desde la periferia, desde la colonialidad, la poscolonialidad y la anticolonialidad. La simplificación teórica de las vertientes de pensamiento dominantes en la modernidad occidental limita la explicación histórica, fenoménica de la vida real de las diversas comunidades nacionales, étnicas y religiosas. Este contexto fortalece la idea hegemónica de globalización que es ofertada por el neoliberalismo, pues la lógica utilitarista y materialista desvaloriza las dimensiones intersubjetivas de los acuerdos colectivos en la producción de la vida.

Al acentuar uno de los elementos estructuradores, el económico, en detrimento de otros no económicos (estéticos, morales, políticos, jurídicos, sentimentales), el mapeo teórico se empobrece y no logra dar las clarificaciones epistemológicas para la definición sugerida por M. Mauss (2003) de la sociedad humana como un "hecho social total". Ciertamente, si disminuimos el número de variables intervinientes para privilegiar el elemento económico (tendencia usual), pasamos necesariamente a un modelo de simplificación teórica y de abstracción de la realidad del poder. Entonces, la matriz conceptual sistémica compleja y abierta, es remplazada por otra que dimensiona excesivamente los contratos mercantiles, desvalorizando los sistemas de regulación políticos, jurídicos y administrativos como los estados nacionales. Una de las consecuencias teóricas es la asociación mecánica entre globalización y capitalismo, y también la emergencia de un sentimiento desagradable de totalitarismo mercantil, de ausencia de perspectivas utópicas liberadoras. Sin embargo, tal simplificación conceptual no explica la fuerza de los procesos liberatorios que nacen desde las márgenes del sistema-mundo y que rebaten la matriz conceptual colonizadora.

El marco interpretativo macrosocial elegido para describir la sociedad global impacta sobre el entendimiento de los rumbos del sistema planetario y de los subsistemas regionales y nacionales. Desde que se considera como marco interpretativo la idea hegemónica de globalización como uniformización planetaria, hay una tendencia a valorar los procesos funcionales, e igualmente a menospreciar las rupturas y discontinuidades que sólo pueden ser corregidas por dispositivos administrativos, jurídicos y políticos que emergen justamente de los flujos antiuniformización. No obstante, tal detalle no puede ser localizado por teorizaciones abstractas que separan los procesos disciplinarios de conocimiento y, específicamente en el caso del capitalismo, plantea equivocadamente la primacía del factor económico sobre los factores morales y, fundamentalmente, sobre la ética del bien común. Para ir directo al tema: ¿Qué significan ontológicamente las expresiones economía o mercado? Si abandonamos las ecuaciones matemáticas de los economistas, sólo vemos que uno u otro término se refieren a acuerdos de dádivas, de confianza, de reciprocidad, de expectativa de hacer y vivir juntos, todo esto consolidado por un sistema jurídico-legal. Por otro lado, cuando el marco interpretativo macrosocial considera que los movimientos centrípetos y centrífugos de informaciones son partes de un mismo proceso de despliegue del sistema-mundo, entonces es posible el planteamiento de una mirada teórica e institucional más compleja, transdisciplinar, histórica y humana, de la realidad global.

En la perspectiva de la globalización como estandarización planetaria (la visión simplificada), América Latina aparece prioritariamente por su representación económica colonial, es decir, como mercado de consumo para los países productores de bienes manufacturados y productor de materia prima a ser transformada en los países industrializados. Cambia a escala geográfica –China pasa a ser nuevo cofrade del proceso colonizador–, pero el marco interpretativo permanece. Los intelectuales continúan fascinados por la imagen de una lógica de colonización económica planetaria, que separa el centro de la periferia como realidades excluyentes, en términos de organización del poder financiero, económico y tecnológico; aunque los teóricos de la dependencia han buscado valorar las luchas políticas nacionales en los procesos de automatización de las sociedades de la región, el hecho es que esta lectura alternativa quedó limitada por la fuerza del discurso económico y mercantilista colonialista.

En la perspectiva de la teoría del sistema-mundo, América Latina aparece como un subsistema que se mueve por diversas tensiones, a partir de luchas de poder importantes por la producción de significaciones lingüísticas y emocionales diversas, impactando sobre las creencias religiosas, las fronteras geográficas, las migraciones, el acceso y posesión de las riquezas naturales, los problemas ambientales, el control de los subsistemas políticos internacionales, nacionales y locales, y la producción y distribución de riquezas colectivas. No obstante, ahondar en el interés de la teoría del sistema-mundo para pensarse hoy América Latina es trascendente para profundizar el entendimiento de la crítica anticolonial.

La teoría del sistema-mundo y las ciencias sociales

Para Darío Rodríguez y Marcelo Arnold, el abordaje sistémico está enraizado profundamente en la filosofía y podemos encontrarlo en Aristóteles, Kant, Hegel, entre otros. Sin embargo, en la teoría social, o sea respecto al pensamiento de una ciencia de la sociedad, los autores identifican a Comte, Spencer, Durkheim y Pareto como intelectuales que conceptualizarán lo social "en términos de todos, cuyas partes se interrelacionan en tal forma, que generan una realidad propia, *sui generis*..." (Rodríguez y Arnold, 2007: 23). El uso de la perspectiva del todo y visitada por la interdisciplinaridad en la teoría social se desarrolla en paralelo a los avances de la teoría general de los sistemas, que tiene como referencia a la biología y la cibernética (Rodríguez y Arnold, 2007: 37-63).

Usualmente, desde el campo de las "ciencias exactas", la teoría general de los sistemas está relacionada al nombre del biólogo austriaco Ludwig Von Bertalanffy (1968), quien buscó establecer en los años veinte del siglo pasado las bases de un abordaje orgánico de la biología, por el cual el todo sería considerado mayor que las partes. Bertalanffy se opone a la visión reduccionista cartesiana que separa el sujeto del objeto de observación como si fuesen fenómenos distintos. Para él, el mundo era una realidad integrada, formada por sus partes. Este abordaje sistémico de la biología se tornó más sofisticado con la sistematización de la cibernética (Wiener, 1948) y la noción compleja de máquina y de la explicación del sistema, no como una unidad elemental discreta, sino como una unidad compleja. Le aclara M. Arnold-Chatalifaud que la cibernética ha articulado procesos de control con sofisticadas teorías de la comunicación que analizan ruidos, codificaciones y decodificaciones, contribuyendo a una teoría matemática novedosa de la comunicación (Arnold-Chatalifaud, 2014: 264). E. Morin se apoya en la teoría sistémica para hacer una crítica a teorías simplificadoras, que tienen ambición de controlar y administrar lo real. Para él, es necesaria la sistematización de un pensamiento complejo que dialogue con lo real y que busque un conocimiento multidimensional (Morin, 1990: 10-11). Explica el autor que el abordaje sistémico presenta tres virtudes: a) el centro de la teoría es constituido, no por una unidad elemental discreta, sino por una unidad compleja, un "todo"; b) presenta la noción de sistema, no como una noción real, ni como una noción abstracta, sino ambigua; c) funciona desde una base interdisciplinar (Morin, 1990: 28-29).

En el campo de la sociología, la valoración de una perspectiva analítica que considera la importancia de la totalidad no puede considerarse sin la contribución de E. Durkheim y M. Mauss que, antes de Bertalanffly, ya habían lanzado las bases teóricas de un entendimiento de la sociedad humana como expresión de la prominencia del todo social sobre las partes, presentado en los estudios sobre división social del trabajo (Durkheim, 1967) y en los estudios sobre representaciones colectivas (Durkheim, 1968). Igualmente, M. Mauss profundizó esta reflexión proponiendo que la sociedad es un "hecho social total", donde los elementos objetivos y subjetivos, materiales y simbólicos, participan igualmente de las actividades de organización social. La sociedad se hace por lo económico, pero igualmente por lo no económico. Así, el todo se pasa por los cambios de servicios, abrazos, ritos, fiestas y ferias dentro de las cuales el mercado es sólo una parte de un todo complejo (Mauss, 2003:191).

A lo largo del siglo XX, el desarrollo de la teoría de los sistemas en la sociología se debe directamente a las contribuciones de T. Parsons, J. Habermas y N. Luhmann. Parsons, inspirado en los avances de las ideas sistémicas y de la cibernética, estructuró su tesis sobre el funcionalismo estructural con el libro El sistema social de 1951. Él sugirió que toda acción social es un sistema y que los sistemas sociales son abiertos, en el sentido que hay ambientes dentro de otros, teniendo como base primera el ambiente físico-orgánico (Parsons, 1951). La revisión crítica del exceso de idealismo y funcionalismo del modelo parsoniano fue profundizada por Habermas, que buscó conceptualizar la acción comunicativa desde la tesis fenomenológica del mundo de la vida. Para él, hay una tensión entre los sistemas colonizadores, como la economía y el poder político, y los sistemas del mundo de la vida que se reproducen por el lenguaje y lo simbólico (Habermas, 1995). Otra importante actualización de la teoría de los sistemas en las ciencias sociales y en la sociología se debe a N. Luhmann, que profundizó la idea de que los sistemas sociales son sistemas de comunicación autopoiéticos, a saber, se reproducen desde sus propios elementos. La teoría de sistemas de Luhmann (1995) demuestra ser muy importante para el entendimiento de las sociedades contemporáneas que tienen amplios espacios de virtualidad comunicacional. Por otra parte, tal abordaje fundado en la sociopoiesis contribuye para una epistemología constructivista que subraya que nuevos medios de observación de la realidad destacan otras dimensiones del fenómeno (Arnold, 2014: 264).

En el campo de las ciencias humanas, los usos actuales de la idea de sistema-mundo están directamente asociados al historiador francés F. Braudel (1992) (sin embargo, sugiere R. Grosfoguel en conversa informal durante conferencia en San José de Costa Rica, que Braudel se inspiró en las tesis de Caio Prado Junior en el período que estuvo en Brasil). La noción de sistema-mundo constituye una aplicación de la teoría de los sistemas complejos al entendimiento del proceso de formación de la sociedad global como proceso histórico multidimensional, exigiendo una mirada interdisciplinar. Como lo estamos buscando al plantear en este artículo, la noción de sistema-mundo es estratégica, hoy, para desarrollar la crítica a la visión simplificada de globalización que privilegia el factor económico sobre el conjunto de factores intervinientes en la realidad, y para pronunciar globalización en plural. Las globalizaciones apuntan para el hecho de que la pluralidad de alternativas de reproducción del sistema eco-social emerge progresivamente a partir de la constatación de que el sistema humano es un fenómeno más complejo y profundo que aquel sistema mecánico simplista previsto por el dualismo cartesiano (que propone la separación radical entre el fenómeno de la consciencia humana y el otro de la lógica del mundo físico) (Descartes, 2000).

Si adoptamos la perspectiva de los sistemas complejos abiertos (Morin, 1990), observamos que el sistema eco-social planetario funciona como fractales, girando en diversas direcciones y conectados a redes convexas y reticulares, y nunca jamás en una dirección lineal ascendente y uniforme, como es sugerido por el mito del crecimiento económico ilimitado. Desde la perspectiva de los sistemas complejos abiertos, podemos igualmente entender la sociedad por idea del sistema-rizoma, noción que se toma de la biología para designar formas diversas, multiplicadas y heterogéneas, pero conectadas (Deleuze y Guattari, 1996: 14-15). En esta perspectiva compleja, el sistema-mundo –a diferencia de la visión estandarizadora y simplificada del neoliberalismo– permite comprender la globalización como un juego paradójico de tensiones y luchas por el poder y el control de los recursos simbólicos y materiales. Tal juego se despliega en diversas escalas –local, nacional, continental, internacional, transnacional y planetaria– y sólo es visitado por un sistema de conocimiento multidisciplinar y abierto al diálogo con el real.

Desde esta óptica, el sistema-mundo humano es un fenómeno que se reproduce por las articulaciones de diversas agencias, que tienen sentido a partir de predisposiciones históricas, culturales, emocionales y morales (que pueden ser denominadas "subsistemas"), o por las luchas del poder en diversas jerarquías temporales y espaciales (lo que significa que no hay necesariamente una razón comunicativa horizontal entre los actores involucrados en conflictos, como fue pensado por Habermas). La presentación de la sociedad global como sistema-mundo complejo y paradójico, o sea, como proceso abierto de entradas y salidas de informaciones –articulando sistemas y subsistemas de acción, agencias sociales y provincias del conocimiento– es más apropiada para entender la turbulencia actual del capitalismo y de las perspectivas de su superación, a partir de las mutaciones del sistema político, informacional y tecnológico; e igualmente, de las reacciones antisistémicas que se desplieguen desde cada una de sus partes (las comunidades lingüísticas regionales, nacionales y locales). La modernidad islámica les prueba a los occidentales que diferentes sistemas de creencias y valores organizan variados acuerdos espaciales y temporales, lo que sólo puede ser observado por una lectura intersubjetiva más profundizada.

También es necesario recordar que el marxismo ha contribuido de modo intenso para la divulgación de la tesis del sistema-mundo, sobre todo desde las tensiones entre centro y periferia. Desde esta perspectiva, en América Latina, la noción de sistema-mundo está estrechamente asociada a la crítica del desarrollo y de la dependencia y, por consecuencia, a los estudios postcoloniales y descoloniales. Sin embargo, la tesis marxista de sistema-mundo está relacionada predominantemente a modelos de análisis fundados en la dimensión económica. Ella propone que la unidad de análisis de la sociedad global no debería ser la sociedad nacional, sino la economía-mundo capitalista, siendo este el factor económico decisivo para la organización de la jerarquía de acumulación de capital en la escala mundial. Hemos que subrayar aquí los aportes de autores como G. Frank (1967), S. Amin (1976), T. dos Santos (1970) e I. Wallerstein (1996, 2004, 2007), entre otros, que han contribuido para un entendimiento amplio del sistema económico internacional y de los contextos particulares de las periferias. El límite de esta mirada es no valorar, como igualmente importante, el hecho que sin un pacto moral de reciprocidad y sin un sistema jurídico que sancione la obediencia y aplicación colectiva del contrato mercantil en un territorio nacional, no hay un pacto económico exitoso.

La tesis marxista, valorando prioritariamente la dimensión económica, contribuye a generar una asociación inmediata entre sistema-mundo, en general, y la economía-mundo capitalista. Sin embargo, la asimilación del sistema-mundo por el sistema capitalista no es aceptada por unanimidad entre los estudiosos. Los autores antiutilitaristas inspirados en las críticas de Mauss e igualmente de K. Polanyi (1983) consideran el énfasis excesivo en el elemento económico como un error teórico que contribuye a la desvalorización de la presencia igualmente relevante de otros factores –históricos, culturales, políticos, psicológicos, sociológicos factores en la definición de los preceptos del sistema global. La interpretación económica predominante limita, explica por otro lado R. Grosfoguel (2000 y 2006: 52), el valor de las luchas políticas y sociales en la reorganización del sistema-mundo, independientemente del agotamiento del ciclo de larga duración del capitalismo. El énfasis en el factor económico, como le hace notar Wallerstein (1996), contribuye a circunscribir la lectura fenoménica de las luchas políticas y sociales a un dualismo teórico simplificado que opone movimientos sistémicos (entendidos como movimiento capitalista) a movimientos antisistémicos (entendidos como aquellos que niegan el sistema capitalista). En este modelo de análisis sería difícil comprender ontológicamente lo que de hecho son las relaciones antisistémicas. ¿Estarían estas relaciones dentro o fuera de los métodos de acción del sistema capitalista?

La insistencia en esta visión simplificada del sistema-mundo como dominación del mercado de bienes y servicios en las esferas del poder político y organizacional contribuye, claro, para degradar los fundamentos éticos de los pactos históricos y sociales entre individuos y grupos sociales, que debería ser fundamental para la salud de las instituciones públicas y privadas, incluso de la economía nacional e internacional. La valoración exagerada de los factores económicos, por un lado, y la depreciación igualmente exagerada de los factores "no económicos", por otro, contribuyen para la formación de élites poco sensibilizadas para el tema social, y para entender los dramas de la pobreza y del sufrimiento colectivo. Este factor ha influido negativamente, todavía, en la producción del pensamiento de la izquierda democrática, que tiene dificultades de comprender las nuevas demandas de ciudadanía y que se vuelven a las luchas por derechos culturales y de identidad. El énfasis en el dato económico y en las contradicciones del capitalismo, sin considerar los factores emocionales, culturales, jurídicos y políticos, que definen los contextos de los contratos sociales, fortalece el sentimiento del catastrofismo. Vemos este sentimiento en algunos teóricos de la dependencia e incluso en la lectura de un sociólogo sistémico como Wallerstein (2007). En verdad, si nos desplazamos para una visión sistémica abierta y transdisciplinar del mundo, constatamos que la posibilidad de la "gran crisis" (económica, ecológica, política) es siempre retrasada; pues, de hecho, lo que pasa en estos momentos "catastróficos" son conflictos de tensiones ampliados –de los usos de poder y también de los modos de conocimiento–, que constituyen puntos de transición sistémicas, reconversión de lógicas de acción, discontinuidad de las dinámicas informacionales y organizacionales complejas; algunas, en descenso y otras, en expansión.

Un buen ejemplo para ilustrar este hecho es el tema del socialismo del siglo XX. Grosfoguel subraya que este socialismo no representó, de hecho, una alternativa al modo capitalista, pero sí una alternativa colonial. Para romper con el capitalismo, sería necesario considerar una "pluriversidad epistémica" que "permita imaginar múltiples mundos alternativos posibles, en oposición al monomundo capitalista" (Grosfoguel, 2000; 2006). Esta idea de pluralidad y diversidad epistémica sugerida por este autor solamente puede ser concebida, por supuesto, dentro de un abordaje sistémico complejo y abierto que integre la variedad de elucidaciones y lógicas de acción, que se reproducen simultáneamente en diversas temporalidades y espacialidades. Urgen, por tanto, esclarecimientos más complejos de los movimientos sociales transnacionales de la actualidad como el Foro Social Mundial y las grandes movilizaciones cosmopolitas, entre otros. Éstos reaccionan al movimiento sistémico capitalista a partir de un movimiento paradójico de agencias y mediaciones que acontecen simultáneamente, desde dentro y desde fuera, en varias escalas del sistema global, y con importante participación de los estados nacionales, de los poderes locales y de las aldeas globales.

Además, desde el marco interpretativo sistémico complejo en el ámbito de las ciencias sociales, observamos que el sistema-mundo manifiesta diferentes configuraciones de poder –entre ellos el sistema capitalista– y que se mantienen en interacción permanente. Los diferentes patrones de sistemas sociales utópicos sólo pueden ser concebidos cuando se entiende la sociedad global como un sistema complejo, abierto, vivo y transdisciplinar, que se alimenta de intercambios con otros sistemas a nivel energético, material, organizacional e informacional (Morin, 1990: 30). En la perspectiva de la teoría de los sistemas complejos, el sistema-mundo es un conjunto de movimientos intra-sistémicos y alter-sistémicos, que, por un lado, revelan luchas por significaciones entre los intereses mercantilistas asociados a otros conservadores, patriarcales y coloniales y, por el otro, por las reacciones alter-sistémicas más diversas que se manifiestan simultáneamente en el centro y en las periferias. En esta perspectiva, el poder económico capitalista es apenas parte de las configuraciones de poder más amplias, que revelan cuestiones filosóficas complejas al respecto del trabajo creativo del ser humano en la organización material y simbólica de su mundo, y en la organización de diferentes instancias de poder que se remiten a la política.

América Latina como parte del sistema-mundo

Como ya subrayamos, hay una asociación estrecha entre el pensamiento crítico latinoamericano y el desarrollo de la noción de sistema-mundo. Una de las hipótesis invocadas para explicar esta asociación es el hecho de que en esta región el debate sobre imperialismo y dependencia tuvo mucha importancia, contribuyendo para la emergencia de un imaginario intelectual transnacional ancorado sobre los impactos políticos, económicos y sociales de la dualidad centro y periferia. La consciencia de la experiencia de frontera, basada en importantes avances teóricos, como el estructuralismo cepaliano, las teorías de la dependencia, la teoría del colonialismo interno, las teorías de la liberación, las teorías descoloniales, entre otras.

La aplicación de la teoría de los sistemas en el análisis de América Latina es importante para entender la originalidad de la posición estructural de esta región en la sociedad global. En esta dirección, las ciencias sociales y humanas regionales han incorporado y desarrollado la noción de sistema-mundo para el avance de la crítica a la colonialidad. Aquí, es relevante señalar el hecho de que América Latina nace de la asociación entre capitalismo y colonialidad, implicando simultáneamente acciones militares, mercantiles y religiosas, y conducidas por las elites para legitimar la destrucción y subordinación de las culturas tradicionales no europeas, a los marcos culturales y simbólicos del eurocentrismo (Martins, 2010). El propio término América Latina constituye una violencia semántica por referirse a un navegador italiano, Américo Vespucio, y a la etnia de los colonizadores, los latinos, omitiendo completamente la presencia de los pueblos amerindios, africanos y otros que participaron activamente de la formación de las sociedades nacionales en la región (Martins, 2012). J.L. Abellán propone entonces la importancia de considerar los contrastes entre la colonización ibérica y la anglosajona para entender Latinoamérica como proceso unitario (Abellan, 2009). W. Mignolo sostiene, por otro lado, que América Latina no es un "subcontinente", sino la consecuencia de la expansión del poder colonial y espejo del proyecto político de las elites criollas (Mignolo, 2007: 202). En este proceso de articulación entre capitalismo y colonialidad, el racismo aparece como dispositivo central de la colonialidad del poder y en las acciones de humillación de las poblaciones originarias, nos explica A. Quijano (2003). Recuerda el sociólogo peruano que el racismo no solamente contribuyó para el proceso colonial en el territorio, sino también, para la organización de las democracias capitalistas en el Norte. Allí, hubo un pacto entre los "blancos" (burguesía y proletariado) contra los "no blancos" (no europeos, inmigrantes, mujeres, etc.) (Quijano, 2000: 75).

América Latina es caso único en el planeta en cuanto a la presencia de instituciones de carácter continental, como la Comisión Económica para América Latina y el Caribe (CEPAL), el Consejo Latinoamericano de Ciencias Sociales (CLACSO) y la Asociación Latinoamericana de Sociología (ALAS), lo que permite visualizar más claramente el subsistema global en esta área, como base para la producción de saberes científicos y prácticas colectivas globales. Este sentimiento continental que atraviesa varias sociedades nacionales para infundir un espíritu latinoamericano es la base de importantes reacciones alter-sistémicas, que tienen lugar en esta región del globo con los movimientos campesinos, indígenas, Sin-Tierra, afrodescendientes y de las mujeres pobres, entre otros, a lo largo del siglo XX y las décadas del siglo XXI. El avance actual de la discusión sobre los cambios de y en América Latina refleja, más que en cualquier otra parte del planeta, las tensiones capitalistas y anticapitalistas, coloniales y anticoloniales, neo-liberales y antiliberales, que son globales, pero atañendo los giros sistémicos propios del subsistema latinoamericano.

El movimiento del sistema-mundo avanza ahora con más velocidad, desde los cambios de la matriz temporal y espacial, provocados por los avances tecnológicos, impactando sobre los cambios sociales en América Latina. Hay un enfrentamiento abierto entre presiones de descolonialidad y recolonialidad, atravesando las esferas del trabajo intelectual, de la acción política, de la expresión cultural y del regreso de las tradicio-nes. Por un lado, existen presiones del neoliberalismo para ace-lerar y ampliar las zonas de acumulación, de producción y de consumo en el territorio continental y regional, y, por el otro, hay también importantes reacciones anticoloniales que ganan relevancia transnacional, como las movilizaciones campesinas y los movimientos sociales que apuntan para la descoloniali-dad (Martins, 2012). En la medida en que tales movilizaciones cuestionan los fundamentos morales y políticos de la domi-nación colonial expresos por los acuerdos oligárquicos y las prácticas de corrupción, se produce la liberación de los saberes y prácticas abandonadas y reprimidas –que fue acentuada por B. Santos–, por las nociones de sociologías de las ausencias y de las emergencias (Santos, 2008). Tenemos aquí un ejemplo típico de un subsistema global que se mueve por contradic-ciones, rupturas y acuerdos propios, pero en conexión con los movimientos más amplios del sistema-mundo global.

Conclusión

Finalizamos nuestras consideraciones, recordando algunos aspectos importantes de lo que fue discutido en la reflexión ini-cial de este texto, esto es, que el sistema-mundo es más amplio que el sistema capitalista, y que la lucha por las significaciones del mundo y de lo que significa el sistema global no se limi-tan a una simple disputa entre sistema-mundo capitalista y el resto del mundo. Cuando reflexionamos sobre las naturalezas diferentes de las diversas reacciones sociales en Europa, África, Asia y América contra la dominación del occidentalismo contemporáneo, entendemos la idea que el sistema global funciona por diversas olas que llamamos de subsistemas globales. Existen varias construcciones lingüísticas, políticas y culturales de la globalización, lo que nos sugiere que la teoría del sistema-mundo invita a hablar de globalizaciones posibles, y no sólo de un único sistema global. El entendimiento complejo del sistema-mundo nos invita a entender que el sistema eco-social planetario se mueve por varias tensiones sistémicas, involucrando una pluralidad de motivaciones en diferentes escalas espaciales y temporales, que influyen sobre las rupturas y discontinuidades, como en los acuerdos y continuidades. Esto tiene implicaciones prácticas, pues al admitir que la política y la cultura guardan relativas independencias en relación a la esfera económica, aceptamos no tener una relación funcional entre mercado y estado, mucho menos entre mercado y comunidad, y que dicha relación es problemática; debiendo ser mediada por la política (Martins, 1999).

Es también importante entender que América Latina, como subsistema original del sistema-mundo, se está moviendo necesariamente a través de diversas tensiones históricas: por un lado, de recolonización, producidas por el neoliberalismo y, por el otro, de contestación por parte de las movilizaciones sociales del poder oligárquico tradicional que se opone a la descolonización. Por consiguiente, en la actualidad, del lado de los movimientos alter-sistémicos en América Latina, se debe considerar la existencia de importantes motivaciones afectivas, políticas, morales y estéticas, que explican la relevancia y el potencial de transformación de los movimientos y movilizaciones, producidas por las nuevas redes sociales y virtuales, en el trabajo de reorganización de las pautas de poder y de la eventual ruptura del estándar capitalista dominante en la región y en el mundo.

Nos gustaría recordar, aún, que el potencial de los movimientos alter-sistémicos en la configuración de un sistema-mundo en la actualidad está inscrito en la propia naturaleza del ser humano, que es compleja y no se reduce, como lo proponen los filósofos utilitaristas (Mill y Bentham, 2004), a una naturaleza egoísta y conflictiva. Hemos de concordar también con A. Caillé (1989), que sostiene que el ser humano se mueve por acciones de desinterés y de afectividad, no sólo para sí, sino también en la relación con los otros. La definición del ser humano como un ente calculador es cultural y moralmente limitada, sin considerar la riqueza de los estudios etnográficos, que demuestran que la obligación de la solidaridad y de la reciprocidad están en los fundamentos de toda organización social (Mauss, 2003). Más que ser egoísta, el ser humano es un ente de imaginación creativa que mira simultáneamente la rivalidad, pero sobre todo la alianza y la amistad con otros para poder organizar la familia, la comunidad, las organizaciones y la sociedad.

Hay acciones humanas determinadas por motivaciones básicamente económicas, o de moral económica, pero la acción humana se abre igualmente a variados acuerdos globales en la organización de un sistema-mundo. Hemos de entender que, bajo el discurso de mercado de bienes y servicios, hay una variación de motivaciones y determinaciones de naturaleza histórica, cultural, simbólica, moral, estética, política, social y también económica, que no se reducen automáticamente unas a otras y que impactan sobre el carácter cultural de pautas de poder, y de las alianzas sociales y políticas. Lo peor a ocurrir es la insistencia de imposición de modelos simplificados y abstractos, como el del neoliberalismo, en realidades complejas, confluyentes y abismales. Este esclarecimiento más amplio sobre la naturaleza del sistema-mundo ayuda a revalorizar el papel de la política, del estado nacional, de las comunidades presenciales y virtuales, de la ética humanista y de los códigos morales colectivos. Estos continúan siendo desde siempre dispositivos centrales de regulación para el desarrollo humano y la democracia, y América Latina es, por todo esto, un importante laboratorio histórico para decidir el futuro de la sociedad global o de las luchas por modelos de globalización más igualitarios y justos.

Bibliografía

Abellán, José Luis 2009 *La idea de América. Origen y evolución* (Madrid: Iberoamericana/Vervuert).

Amin, Samir 1976 *Unequal Development: An Essay on the Social Formations of Peripheral Capitalism* (New York: Monthly Review Press).

Arnold-Chatalifaud, Marcelo 2014 Las organizaciones como sistemas sociopoiéticos: metodología y práctica en Osório, Fernando (org.) *Epistemología y ciencias sociales: ensayos latinoamericanos* (Santiago: LOM Ediciones).

Bertalanffy, Ludwing von 1968 *General System Theory: Foundations, Development, Applications* (New York: George Braziller, revised edition 1976)

Caillé, Alain 1989 *Critique de la raison utilitaire. Manifeste du MAUSS* (Paris: La Découverte-MAUSS).

Deleuze, Gilles y Guattari, Félix 1996 *Mil platôs. Capitalismo e esquizofrenia* (Rio: Editora 34) Vol. 1.

Descartes, René 2000 *Meditações metafísicas* (São Paulo: Martins Fontes).

Dos Santos, Theotonio 1970 *Dependencia y Cambio Social* (Santiago de Chile: Centro de Estudios Socioeconómicos de la Universidad de Chile).

Durkheim, Émile 1967 *De la division du travail social* (Paris: Les Presses universitaires de France, 8eme. édition; Collection: Bibliothèque de philosophie contemporaine).

Durkheim, Émile 1968 *Les formes élémentaires de la vie religieuse* (Paris: Les Presses universitaires de France, 5eme édition, 647 pages. Collection: Bibliothèque de philosophie contemporaine).

Grosfoguel, Ramón 2000 *Developmentalism, Modernity and Dependency Theory in Latin America* (Nepantla: Views from The South) Vol. 1 No. 2: 347-374.

Grosfoguel, Ramón 2006 "Quel(s) monde(s) après le capitalisme? Les chemins de la utopistique d'après Immanuel Wallerstein" en *La Découverte-Mouvements,* No. 45-46: 43-54. En <http://www.cairn.info/revue-mouvements-2006-3-page-43.htm>.

Gunder Frank, Andre 1967 *Capitalism and underdevelopment in Latin America: historical studies of Chile and Brazil* (New York: Monthly Review Press).

Habermas, Jürgen 1995 *Communication and the Evolution of Society* (Cambridge: Polity Press).

Luhmann, Niklas 1995 *Social systems* (Stanford: Stanford University Press).

Martins, Paulo Henrique 1999 "Imagens ambivalentes da globalização" en *Estudos de Sociologia,* Vol. 5, No. 2: 95-118.

Martins, Paulo Henrique 2010 "Religion, don et eurocentrisme dans l'aventure colonial" en *Revue du MAUSS Semestrielle*, Vol. 36: 95-110.

Martins, Paulo Henrique 2012 *La decolonialidad de América Latina y la heterotopía de una comunidad de destino solidaria* (Buenos Aires: Editora CICCUS/Estudios Sociológicos Editora).

Mauss, Marcel 2003 *Sociologia e antropologia* (São Paulo: Cosac & Naify)

Mill, John Stuart y Bentham, Jeremy 2004 *Utilitarianism and Other Essays* (London: Penguin Books Limited).

Morin, Edgard 1990 *Introduction à la pensée complexe* (Paris: ESF Editeur)

Parsons, Talcott 1991 *The social system* (London: Routledge).

Polanyi, Karl 1983 *La grande transformation. Aux origines politiques et économiques de notre temps* (Paris: Gallimard).

Quijano, Aníbal 2000 "El fantasma del desarrollo en América Latina" en *Revista Venezolana de Economía y Ciencias Sociales.* Vol.6, No 2, mayo-agosto: 73-90.

Ribeiro, Gustavo L. 2008 "Otras globalizaciones: Procesos y agentes alter-nativos trasnacionales" en *Alteridades* (México). Vol.18, No 36, jul./dic.

Rodríguez, Darío y Arnold, Marcelo 2007 *Sociedad y teoría de sistemas* (Santiago de Chile: Editorial Universitaria).

Santos, Boaventura de Sousa 2008 *A gramática do tempo: para uma nova cultura política* (São Paulo: Cortez, 2ª. Edición).

Wallerstein, Immanuel 1996 "La re-estructuración capitalista y el sistema-mundo" en *Anuario Mariateguiano.* No 8: 195-207.

Wallerstein, Immanuel 2004 *World-Systems Analysis: an introduction* (Duke University Press).

Wallerstein, Immanuel 2007 *O universalismo europeu. A retórica do poder* (São Paulo: Boitempo Editorial).

Wiener, Norbert 1948 *Cybernetics* (New York: Willey).

América Latina frente a China y Estados Unidos: triangulación geopolítica del sistema-mundo

JAIME ANTONIO PRECIADO CORONADO Y PABLO UC[1]

Introducción

Hay una creciente maduración de los esquemas de integración regional latinoamericana (fuentes de cooperación económica, concertación político-diplomática y consolidación de la "autonomía" regional a nivel interestatal), que prefiguran un espacio de autonomía frente al histórico y nuevo panamericanismo, de factura hegemónica estadounidense, así como frente al impulso neoliberal renovado de la Unión Europea, y de países y bloques situados en el Pacífico asiático. Una tendencia a la integración autónoma latinoamericana y caribeña, si bien de matriz interestatal, que también acompañan y a menudo cuestionan actores y movimientos sociales con proyectos contrahegemónicos.

Con la decisiva incidencia de la proyección geoeconómica y geopolítica de China en la región, se están reacomodando las alianzas interestatales e intergubernamentales en torno del proceso de integración regional, así como la posición de actores y movimientos sociales que cuestionan la persistencia de conflictos asociados con el modelo de (anti)desarrollo, resultado de la crisis sistémica y global del capitalismo. La crisis se expresa en varios factores que no son ajenos a la proyección geoeconómica y geopolítica de China: un nuevo esquema de endeudamiento centrado en la re-primarización de la economía, la intensificación del neoextractivismo para una inserción

---

[1] Jaime Antonio Preciado Coronado es expresidente ALAS, XXVI Congreso, Guadalajara, México 2007.

ampliada de la región al esquema de acumulación de capital, y la reestructuración de los esquemas de dependencia, con un nuevo *locus* de financiamiento en instituciones estatales y privadas chinas, que lejos de representar "alternativas" en términos geopolíticos frente a EEUU, son complementarias a la hegemonía del capital financiero, encabezado por las instituciones financieras occidentales que prevalecen más que vigentes.

Este trabajo tiene como objetivo reflexionar sobre la cultura geopolítica de China, las implicaciones de su proyección geoeconómica y geopolítica sobre América Latina y el Caribe, y sobre los escenarios de triangulación geopolítica emergente entre EEUU-China y Latinoamérica.

Crece la importancia de la relación sino-latinoamericana

En su última gira a la región latinoamericana en 2012, el ex primer ministro chino, Wen Jiabao, propuso duplicar los intercambios con América Latina y empujó las negociaciones para un tratado de libre comercio con el Mercado Común del Sur (Mercosur). Entre 2001-2011, el comercio entre ambas regiones creció un 30% anual hasta rondar los 24 mil millones de dólares en 2011, lo que ha definido a China como el segundo socio comercial del subcontinente, después de Estados Unidos (EEUU) –y el primero de algunos países estratégicos en la región sudamericana como Brasil y Uruguay–. Un año después, su sucesor, Xin Jinping, declaró en su visita a México que:

> "En los próximos cinco años, China va a importar productos valorados en más de 10 billones de dólares y va a realizar una inversión internacional de más de 500.000 millones, y más de 400 millones de chinos van a efectuar viajes internacionales. Así que el desarrollo de China va a ser una buena noticia para el resto del mundo. [Además] no nos cabe la menor duda de que cuanto más se desarrolle América Latina, más les convendrá al mundo y a China" (Prados, 2013).

La gira de Jinping en el mes de junio de 2013 por América Latina y EEUU refleja varias de las líneas estratégicas que parecen moldear la emergente triangulación geopolítica entre América Latina, China y EEUU. La escala inicial del primer ministro chino se efectuó en Trinidad y Tobago: la primera visita de un mandatario de la nación asiática al Caribe anglófono y el inicio formal de negociaciones con una nación referencial en la producción petrolera y gasífera de la cuenca caribeña[2]. Así lo demostró la previa reunión del embajador chino en Trinidad, Huang Xingyan, y el ministro trinitario de Energía, Kevin Ramnarine, en la que se discutieron posibles alianzas en las inversiones conjuntas en África: impulsar el desarrollo de las reservas de gas natural del país caribeño y la posible ampliación del Canal de Panamá (Primera, 2013). Por otro lado, su paso por Puerto Príncipe también implicó la reunión de Jinping con los líderes de Antigua y Barbuda, Barbados, Dominica, Granada, Guyana, Surinam, Jamaica y Bahamas, receptores de importantes préstamos provenientes de China para la creación de infraestructura turística y miembros de la Comunidad del Caribe (CARICOM), quienes menos de una semana antes se habían reunido con el vicepresidente estadounidense John Biden (Primera, 2013).

Su siguiente escala tocó un epicentro político y comercial en Centroamérica: Costa Rica, el único país de la subregión con el que China guarda relaciones diplomáticas. Además de haber establecido una agenda bilateral centrada en proyectos estratégicos de infraestructura, también se exploraron diversos proyectos que el país asiático proyecta en Centroamérica: tales como las inversiones para infraestructura en Honduras y Panamá, o el proyecto del canal interoceánico en Nicaragua.

---

2   De acuerdo con cifras del Ministerio de Energía de Trinidad y Tobago, su producción de gas se ha duplicado en los últimos diez años. "Hoy se calcula en 42,2 mil millones de metros cúbicos, que representan el 1,3% de la producción mundial y la cuarta parte del gas que se produce en América Central y del Sur. Trinidad es el sexto exportador mundial de gas, la mayor parte se vende en los mercados de Estados Unidos, España, Reino Unido y Argentina" (Primera, 2013).

México fue la tercera escala en la gira de Jinping. Ahí se hizo explícita la necesaria recomposición de las desequilibradas relaciones comerciales entre ambos países –aumento de exportaciones de México a China y de inversión china en el país latinoamericano–. A pesar de la aparente reestabilización diplomática –afectada por la política exterior del expresidente mexicano Felipe Calderón–, el balance de las relaciones no hizo desaparecer la incómoda definición de México como una economía vulnerable a la abrumadora exportación de manufactura china y como un territorio estratégico para la triangulación comercial de los productos chinos que pretenden llegar al mercado estadounidense. Finalmente, el premier chino visitó a su homólogo estadounidense, Barack Obama, frente a quien anunció un "nuevo modelo de relaciones" entre las dos potencias con el mayor poderío económico global, una senda de viabilidad diplomática ante el evidente escenario de rivalidad inter-hegemónica que se ha reflejado en los últimos años.

Además de la reveladora agenda estratégica del país asiático en la región, ha sido evidente el impacto simbólico de la ruta trazada por la diplomacia china en América Latina, la misma que recorrieron días previos tanto el presidente como el vicepresidente de EEUU. Resulta pertinente preguntarse si este coyuntural escenario –apenas esbozado en una gira diplomática– involucra la emergente disputa inter-hegemónica sino-estadounidense, en una triangulación que podría crear nuevas opciones estratégicas a los países de América Latina y el Caribe. Es decir, ¿cómo interpretar la triangulación geopolítica entre EEUU, China y América Latina? ¿Qué impactos tienen estos nuevos escenarios sobre la concreción de la integración autónoma latinoamericana y caribeña? ¿Se abren nuevos horizontes y alternativas?

La nueva cultura geopolítica de China

Una cultura geopolítica determina qué Estados son considerados amigos o aliados, y cuáles son definidos como enemigos reales o potenciales (Ó Tuathail, 2006). En el fondo, es necesario reconocer qué identidad nacional colectiva predomina y cómo ésta moldea las relaciones de un específico Estado con la comunidad internacional. De ahí la relevancia de identificar la redefinición de la cultura geopolítica de China en la actualidad, a fin de entender sus alcances y límites, particularmente en su proyección hacia América Latina.

Uno de los expertos del *Council on Foreign Relations* de Estados Unidos en temas de seguridad internacional y geopolítica en la región oriental asiática, Robert Kaplan, ha elaborado un análisis del futuro del poder estadounidense frente a la emergencia del poder asiático, en el que resalta el razonamiento planteado por Halford Mackinder a inicios del siglo XX: "mientras que Rusia, ese otro gigante euroasiático, básicamente era, y sigue siendo, una potencia terrestre con un frente oceánico bloqueado por el hielo, China, debido a una costa de 9.000 millas de clima templado con muchos puertos naturales, es un poder tanto terrestre como marítimo" (Kaplan, 2010: 12).

Siguiendo a Mackinder, Kaplan establece que la expansión de China más allá de sus fronteras "podría constituir el 'peligro amarillo' a la libertad mundial, ya que podría generar un enfrentamiento oceánico por los recursos del gran continente (euroasiático), una ventaja hasta ahora negada a Rusia, inquilino del pivote continental" (Kaplan, 2010). El alcance virtual de China se extiende desde Asia Central, con toda su riqueza mineral y de hidrocarburos, a las vías de navegación principales del Océano Pacífico. Más tarde, cuando los ideales democráticos se tensionan con la realidad, Mackinder predijo que "junto con Estados Unidos y el Reino Unido, China eventualmente guiaría al mundo por la construcción de una cuarta parte de la humanidad de una nueva civilización, ni muy oriental ni muy occidental" (Kaplan, 2010).

Para desarrollar el análisis de la cultura geopolítica china, es necesario plantear tanto las dimensiones estratégicas de su desenvolvimiento internacional como sus principales tensiones a nivel interno. Por otro lado, las perspectivas en torno a la emergencia de China como potencia global –y ante una virtual rivalidad hegemónica geoeconómica frente a EEUU– hacen que la cultura geopolítica se sitúe en el actual debate en torno al *modelo chino*, que alude al "sustancial y sostenido desarrollo y crecimiento económico de la República Popular China [RPC] desde finales de 1978, y las consecuencias políticas de ese crecimiento y desarrollo" (Chen y Goodman, 2012). Esto para otros autores ha significado un debate sobre el potencial Consenso de Beijing, en competencia con el neoliberal Consenso de Beijing.

Dimensiones estratégicas

Proyección geoeconómica internacional

Con una tasa de crecimiento anual promedio que superó el 8% de su Producto Interno Bruto (PIB) en 2009, y el 10% en el segundo trimestre de 2010, China se posicionó a inicios de la segunda década del siglo XXI, como el motor de la región oriental, por encima de Japón, y a nivel global sólo se encuentra por detrás de EEUU, que todavía concentra el 22.5% del PIB total del mundo. No obstante, para 2010, China se ha convertido en el principal exportador mundial, superando por primera vez a Alemania con 1,17 billones en productos exportados e incluso ha superado a Estados Unidos como el mayor productor mundial de automóviles. Por su parte, a fines de 2009, el comercio exterior de China confirmó una tendencia ascendente, subiendo un 32,7% con respecto a 2008. Además, las importaciones aumentaron en un 55,9% y actualmente es la segunda economía que recibe la mayor inversión extranjera directa (ALMD, 2010a; Reinoso, 2010).

Esta situación, sin embargo, debe contrastarse al considerar que, a pesar de que el PIB per cápita ha aumentado doce veces desde la década del setenta, a nivel mundial el *dragón asiático* se posiciona en el lugar número 86. De acuerdo con los indicadores de la Asociación de Naciones del Sudeste Asiático (ASEAN), 47% de los 1.320 millones de ciudadanos chinos (estimados para 2009) viven con menos de dos dólares diarios. Se trata de una situación de desigualdad que persiste como su *talón de Aquiles* en términos de desarrollo (Yao, 2010).

Aunque no se ha salvado del tsunami financiero y económico que sacudió al planeta en 2008-2009, China procesó con agudeza la lección de la crisis que agitó a Japón y a los dragones asiáticos en 1997 y 1998. De tal forma que captó el capital extranjero para modernizar un aparato de producción totalmente obsoleto y aumentar las exportaciones (ALMD, 2010a). Posteriormente, Pekín se concentró en el control del sistema bancario y la acumulación de las reservas financieras internacionales más grandes del mundo: a finales de septiembre de 2009, alcanzaron un récord de 2 billones 273 mil millones de dólares, de acuerdo con el banco central chino (LNA, 26.09.2010).

Esta cantidad de reservas, de la que una parte se concentra en fondos de inversión en poder del Estado –fondos soberanos de riqueza–, le ha servido para incidir en empresas extranjeras o para comparar bonos del tesoro estadounidense. Esta estrategia le ha permitido convertirse en su principal acreedor desde 2008. Según cifras del gobierno norteamericano, a fines de enero de 2010, China consolidó su lugar como primer acreedor con inversiones públicas y privadas por 739.600 millones de dólares en títulos del tesoro estadounidense (U.S. Treasury Department, 2010). La capacidad económica y comercial de China le ha proporcionado un poder sustancial en la dinámica del mercado internacional y le ha permitido construir sólidos puentes de intervención en una gran cantidad de mercados internos de la mayoría de los países del mundo.

La proyección geoeconómica de China pude interpretarse como un código de tres escalas:

A nivel local-regional, se ha concentrado en consolidar una dirección hegemónica comercial sobre el sudeste asiático, con el establecimiento de relaciones estrechas con los cuatro tigres asiáticos (Hong Kong, Singapur, Corea del Sur y Taiwán) y la imposición indirecta de su doctrina comercial 'neocapitalista'. Mientras que, como parte de la ASEAN+3 (China, Japón y Corea de Sur), el gigante asiático consolidó en 2010 un tratado de libre comercio con la organización, que reúne a las diez economías de la subregión –el mercado subregional con mayor número de consumidores en el mundo–, y se encuentra en proyecto de ser ampliado a la India, Australia y Nueva Zelanda (ASEAN+6). Esto ha otorgado a China una creciente influencia en la dirección del modelo de desarrollo de su área comercial inmediata, una relevante estabilidad política regional en su frente oriental y el desplazamiento de Japón como pivote hegemónico de la panregión oriental.

A nivel regional ampliado, la estrategia geoeconómica de China se sustenta en una proyección comercial hacia los países ex soviéticos como Kirguistán, Uzbekistán, Tayikistán, Pakistán e incluso la India, a cambio de seguridad energética, mediante provisiones fundamentales de petróleo, lo que aminora su dependencia al Oriente Medio y el Norte de África.

Mientras que, en la escala global, el proceso de expansión comercial a todo el mundo y el establecimiento de enclaves geoeconómicos en los países ricos en recursos naturales, tanto energéticos como hídricos y alimentarios, en el Norte y Este de África, América Latina y Asia, han sido la base de su expansión e influencia.

Variables estratégicas político-militares

La redefinición del código geopolítico chino, es decir, el conjunto de supuestos estratégicos sobre los que se basa su política exterior, está marcado por un gran salto adelante en la estructuración de ajedrez geopolítico regional e internacional. Así lo revela su sector estratégico-militar, como es el Ejército Popular de Liberación (EPL), que ha manifestado la necesidad de aumentar el gasto militar e incluso construir una base naval en Oriente Medio. En este sentido, Yang Li, general del EPL y miembro de la Universidad Nacional de Defensa, señala que "China ha sido empujada a la vanguardia de la escena mundial por la fuerza de las circunstancias y, una vez ahí, es mejor tomar la iniciativa, porque cuando se enfrentan desafíos y provocaciones, China debe mostrar su bandera y golpear fuerte" (Brown, 2010).

La proyección estratégica de China se ha extendido al plano diplomático y militar, elementos esenciales de las nuevas retóricas nacionalistas asiáticas. Como miembro permanente del Consejo de Seguridad, China pretende asumir nuevas responsabilidades internacionales. Así, intenta ser el país mediador entre EEUU y Corea del Sur con Corea del Norte; construir una estrategia coordinada para la mediación de los conflictos en Oriente medio y el norte de África; contener la diplomacia unilateral de los países occidentales y la OTAN en asuntos estratégicos de Eurasia y, por supuesto, definir la agenda regional del este y sudeste asiático. Esto se conjuga con su proyección como potencial mediador entre los países centrales de Occidente e Irán, y con el resto de los países con presencia islámica en Asia. Este código geopolítico con creciente proyección internacional también se ha visto reflejado en el impulso a un esquema de cooperación estratégica para salvaguardar la agenda internacional en materia antiterrorista, energética y de seguridad, como lo expresan las líneas de la Organización para la Cooperación de Shanghái (OCS).

De acuerdo con indicadores anunciados por Pekín en vísperas del inicio de la sesión anual de la Asamblea Popular Nacional (APN) en marzo de 2010, el presupuesto de defensa para ese año fue planeado para alcanzar los 532.110 millones de yuanes (alrededor de 70 mil millones de dólares), lo que supone un incremento del 7,5% sobre el gasto real efectuado en 2009, que superó en 2.050 millones de dólares lo planificado. Si se compara el presupuesto de 2010 con el de 2009, el ascenso es del 10,7%. Esta situación posiciona al país asiático en el segundo lugar a nivel mundial en gasto militar, sólo tras

EEUU, y seguido por Reino Unido, Francia, Japón, Alemania, Rusia, Arabia Saudí, Italia y la India. Para 2011 el gasto militar de Beijing aumentó en más del 30%, lo que ha representado una inversión dos veces y medio mayor respecto a los inicios de la década pasada (Reinoso, 2010b).

De acuerdo con las declaraciones del Li Zhaoxing, portavoz de Parlamento Nacional, "el único propósito de la fortaleza militar china es proteger la soberanía y la integridad territorial" (Reinoso, 2010b). Aunque detrás de estas declaraciones se encuentra implícita la importante prioridad que otorga Pekín al mantenimiento de la presión sobre Taiwán para evitar que pueda declarar la independencia, y el reforzamiento del control sobre las regiones autónomas de Tíbet y Xinjiang, donde se registraron violentas revueltas étnicas en 2008 y 2009, respectivamente. Por otra parte, China considera a Taiwán como parte irrenunciable de su territorio, a pesar de que la isla ha sido gobernada como país soberano *de facto* desde que los nacionalistas de *Chiang Kai-shek* se refugiaron en ella tras perder la guerra civil contra los comunistas de Mao Zedong en 1949 (ALMD, 2010b: 65).

Este aumento en la capacidad militar china, no implica forzosamente que exista una direccionalidad bélica orientada a desatar una guerra contra sus rivales regionales o contra el propio EEUU. En todo caso, se trata de un simbólico fortalecimiento de su capacidad de disuasión regional, y de contención fronteriza, considerando la inestabilidad limítrofe que enfrenta tanto por grupos internos como por los países vecinos, con los que mantiene históricas pugnas territoriales y por recursos naturales, como es el caso de Japón (Brown, 2010).

Diplomacia y direccionalidad sobre el Oriente Medio y Asia Central

La política exterior china, respecto a la conflictividad más reciente en el Oriente Medio y el Norte de África, ha expresado una creciente autonomía frente a las directrices occidentales y con ello evidenciado el fortalecimiento de su coordinación diplomática con Rusia, bajo la defensa del principio de no intervención.

En relación con Asia Central, China se ha posicionado como el actor geopolítico fundamental en la esfera energética y comercial. Desde 2009-2010, China se ha convertido en el principal socio comercial de los Estados de Asia Central, superando a Rusia y a la Unión Europea. Respecto del ejercicio de poderes suaves en su política exterior, China ha promovido iniciativas de cooperación cultural y lingüística a fin de involucrar a las sociedades de Asia Central con su cultura y contribuir a frenar la ola de revoluciones de la primavera árabe, que pudiese generar inestabilidad a esta región estratégica, en la que pasa un oleoducto regional primario para sus intereses, y en la que paulatinamente se expresan los efectos devastadores de la manufactura y mano de obra sobre la economía nacional (Indeo, 2012).

También destaca el liderazgo de China en la Organización para la Cooperación de Shanghái (OCS) y el rol de esta organización en la consolidación de un proyecto de seguridad regional[3].

Junto con el bloque BRICS, China se ha convertido en un pilar fundamental de los proyectos diplomáticos de la nación Palestina por su reconocimiento como estado soberano, al considerarlo como contraparte bilateral, y al votar a favor de la *resolución 67/19* de Naciones Unidas, elevando su estatus a "Estado observador no miembro" en la Asamblea General,

---

3   En 2005, la OCS demandó a EEUU un plan programático para el retiro definitivo de sus tropas de los países miembros de la organización, fundamentalmente de Uzbekistán y Kirguistán –dos países exsoviéticos en los que tiene bases militares, y que son claves en el "arco interior del corazón continental euroasiático"–, bajo la consideración de que la agenda antiterrorista sería asumida por los miembros de la organización, incluyendo su soporte al programa de reconstrucción de Afganistán y una nueva reconfiguración de la seguridad regional asiática (Varadarajan, 2005).

misma que reafirma el derecho del pueblo palestino a la autodeterminación y reconocimiento de un Estado soberano que
recupere las fronteras de 1967 (EP, 2012).

Paradojas y contradicciones del gigante asiático

Desde una perspectiva histórico-estructural, es de gran relevancia considerar los límites que enfrenta la proyección hegemónica de China en el sistema-mundo. Un primer elemento
es la capacidad que China detenta para construir liderazgo
internacional, entendida como la variable primordial para que
las premisas del Consenso de Beijing asienten su proyección
hegemónica.

Actualmente, China es miembro permanente del Consejo
de Seguridad de la Organización de Naciones Unidas; en 2001
se incorporó a la Organización Mundial del Comercio; es un
actor clave en el Grupo de los 20 (G-20); junto con Brasil, Rusia,
India y Sudáfrica, ha constituido el grupo BRICS, cada vez más
influyente en el escenario internacional. De hecho, para Alberto Cruz (2010), es posible identificar cuatro frentes de despliegue geopolítico internacional, basados en las coordenadas de
Corea del Norte, Irán, América Latina y África. En cada una de
ellas, China teje estrategias diferenciadas de influencia subregional, que guardan un simbólico pero claro ímpetu de rivalidad hegemónica, si se considera la sensibilidad de estos frentes
en la agenda política estadounidense.

Por su parte, en la estructura financiera global, cabe destacar que, pese al notable ascenso de China y la India en el
seno organizativo del Fondo Monetario Internacional, persisten profundas asimetrías en la capacidad de voto de los países emergentes. A pesar de su poderío geoeconómico, China
ostenta solamente el 3.65% del voto frente a Japón (6.01%) y
EEUU (17.67%). En este sentido, el voto de la potencia norte-
americana constituye un veto de facto, ya que en las decisiones
cruciales se requiere una mayoría del 85% (Jalife, 2010).

Contradicciones y paradojas de la cultura política interna

Desde una perspectiva también estructural, pero que involucra la agenda interna de China, destacan las siguientes dimensiones. Por un lado, la gigantesca demanda de recursos naturales, que implica un modelo económico como el chino, su estructura demográfica y el rol que juega para el futuro del cambio climático[4]. Por otro lado, el esquema de control-represión social interno, la crítica condición de la libertad de expresión y el respeto a los derechos humanos. Este conjunto de aspectos representan una fragilidad central en la proyección hegemónica de China, donde se reproduce y amplía una profunda asimetría social, y crece el descontento social expresado en crecientes protestas urbanas y campesinas, a la vez que persiste un rígido control del poder central, que combina represión de derechos fundamentales de ciudadanía y cooptación política clientelar mediante el aparato político del partido. Según informes oficiales del gobierno chino, "el ingreso mensual medio de las zonas urbanas es de 9.422 yuanes (1.165 dólares), frente a apenas 3 mil yuanes (371 dólares) en las zonas rurales, sin tener en cuenta a los emigrantes sin empleo, que van de una provincia a otra en busca de algún trabajo de jornalero..." (ALMD, 2010a: 67).

La creciente desigualdad entre ciudad y campo, y entre estratos sociales, ha derivado en importantes protestas de los movimientos campesinos contra la fuerte presión fiscal por parte de autoridades locales y la confiscación de tierras sin compensaciones financieras equitativas. Por su parte, los emi-

---

[4] El posicionamiento estratégico de China está directamente vinculado a su gigantesca demanda de recursos naturales y su rol en el futuro del cambio climático: el carbón representará alrededor de un 62% de la provisión neta de energía China en 2035, hoy el principal país emisor de dióxido de carbono (ALMD, 2010d: 70-71). El consumo total de energía en "China crecerá alrededor de un 133% entre 2007-2035, esto es, de 78 a 132 cuatrillones de unidades térmicas británicas (BTU, en inglés) [...] lo que significa que los 104 cuatrillones de BTU que China necesita incorporar a sus insumos energéticos en el próximo cuarto de siglo equivalen al total del consumo energético de Europa y Oriente Medio en 2007" (Klare, 2010).

grantes internos consolidan iniciativas de movilización con cada vez más éxito, que han comenzado a delinear demandas por la elaboración de una agenda de derechos laborales básicos, ante la terrible precarización obrera que existe en el país: ausencia de contratos, protección social y salarial, sanidad y educación para sus familias, vivienda, etc. (Thornton, 2008).

En este marco de persistentes desigualdades que aquejan a China, hay que añadir el tema de la represión a las minorías y la resistencia gubernamental frente a las demandas de autonomías regionales, de escala subnacional. Aunque es reconocida como República multiétnica, con 56 nacionalidades, el gobierno central chino enfrenta una profunda tensión y conflictividad derivada de las históricas y renovadas reivindicaciones étnicas, en las que se mezclan proyecciones separatistas y reivindicaciones autonómicas. Aunque el gobierno central creó la figura de cinco regiones autónomas –Mongolia interior, Ningxia, Guangxi, el Tíbet y Xingiang–, la arquitectura institucional del desarrollo regional y la sujeción relativa de los gobiernos autónomos han conseguido, contradictoriamente, exacerbar el descontento de las minorías étnicas. El valor supremo de la integridad territorial del Estado nacional se ha traducido más en represión y violencia que en estrategias de negociación y estabilidad de cara a las regiones subnacionales (Bulard, 2009).

Este complejo y contradictorio escenario interno dificulta hasta ahora que China construya un liderazgo internacional definido. La polémica agenda de derechos humanos y la sistemática represión mediática –incluyendo el control de la prensa y la Internet–, el estrecho horizonte para ampliar el ingreso per cápita, así como los precarios espacios para la libertad de expresión y libre manifestación (Nye, 2011) hacen latente un estallido social antisistémico que impide la expansión de un modelo de desarrollo regional sustentable. No obstante, su estrategia conectiva Sur-Sur y su gigantesco poderío financiero abren espacios diferenciados –aunque no necesariamente alternativos– en la geopolítica que proyecta China hacia regiones como América Latina, que enseguida serán revisadas.

Una nueva triangulación geopolítica: China-EEUU-América Latina, y el imaginario de la autonomía regional

El estadounidense Consejo de Relaciones Exteriores (CFR) emitió el informe "Relaciones Estados Unidos-América Latina: Una nueva dirección para una nueva realidad", en el cual expresaba textualmente que "la política estadounidense ya no puede ser basada sobre la suposición de que Estados Unidos es el actor exterior más importante en América Latina. Si hubo una era de hegemonía de Estados Unidos en América Latina, [ésta] se acabó" (CFR, 2008).

Por un lado, el informe urgía a la nueva administración estadounidense a fortalecer su proyecto hegemónico sobre la región, dado su carácter de "influencia natural" (la panregión americana), pero por otro lado, velaba la denominada tesis de la "irrelevancia latinoamericana", según la cual América Latina no representa una prioridad en la agenda de la política exterior estadounidense, lo que convierte en "tácita" la política intervencionista de Washington en la región.

Las acciones ejercidas durante la administración de Barack Obama contradicen la tesis de "la irrelevancia latinoamericana": el fortalecimiento de la estructura militar en la región (*basus belli*), mediante el establecimiento de siete nuevas bases militares en Colombia, que se unen a las existentes, y la reactivación de la IV Flota en el Atlántico Sur en 2008. Lo mismo ocurre con la puesta en marcha de la Iniciativa Mérida en México (2008) y extensivamente en Centroamérica, la cual prevé un paquete de 1.600 millones de dólares para la lucha contra el tráfico de drogas y la delincuencia organizada (Preciado, 2009).

Esta iniciativa resulta complementaria al Plan Colombia y a la ahora llamada Iniciativa Mesoamericana (antes el Plan Puebla Panamá). A esto se une el apoyo de ciertas cúpulas del Congreso y las Fuerzas Armadas estadounidenses al golpe de Estado en Honduras en 2009, la reocupación militar de Haití, tras el terremoto catastrófico de 2010, y el beneplácito por el golpe de Estado parlamentario a la presidencia de

Fernando Lugo en el Paraguay en 2012. Los presidentes suce-
sores fueron reconocidos de inmediato por el gobierno estadounidense y se realizaron sus gestiones para su reconocimiento, también, en las instituciones panamericanas, como la
Organización de Estados Americanos (OEA) y el Banco Interamericano de Desarrollo (BID). Estos acontecimientos puntua-
les refuerzan el poder duro en la política interamericana del
gobierno de Obama.

Es importante agregar el hecho de que el comercio estadounidense con la región creció 139% de 1996 a 2006. De
hecho, cabe reconocer, que EEUU sigue siendo el principal
inversor en América Latina[5]. En 2012, "las exportaciones de
Estados Unidos a América del Sur, el Caribe y Centroamérica
ascendieron a 205 mil millones dólares, en comparación con
los 110 mil millones de dólares de las exportaciones a China" (Muñoz, 2013). El caso más importante lo representan las
exportaciones estadounidenses a México, que alcanzaron los
216 mil millones de dólares en 2012, aunque a la vez China se
haya convertido ya en su segundo socio comercial, y el primero
de Brasil y de Uruguay. Por otro lado:

> "[L]as exportaciones de Estados Unidos a América Latina y el
> Caribe han disminuido durante la última década, y China ha ido
> llenando ese vacío, mientras que el comercio de la India con la
> región también crece considerablemente. Los Estados Unidos se
> han convertido en el segundo socio comercial de Brasil, después
> de China. El comercio bilateral entre ambos países alcanzó los
> 100 mil millones de dólares, pero el vicepresidente Biden dijo
> que 'no hay razón' para que ese número no alcance los 400 ó 500
> mil millones" (Muñoz, 2013).

---

[5] Estados Unidos sigue siendo el mayor país inversionista, aunque su porcentaje
respecto al total cayó drásticamente en Brasil (del 21% al 14%) y en México (del
49% al 32%). En Centroamérica, en cambio, el porcentaje de la IED procedente
de los Estados Unidos aumentó ligeramente, del 26% al 30% (CEPAL, 2014).

Por su parte, América Latina es ahora la principal proveedora de petróleo extranjero a EEUU (casi 30% de las importaciones, comparado con el 20% que provienen del Medio Oriente), y es también la mayor fuente de narcóticos ilegales que dinamizan la economía criminal norteamericana: 22 millones de personas consumen algún tipo de droga ilegal; entre 2008-2009 aumentó en 60% el uso de metanfetaminas, mientras que unas 750.000 personas habrían usado la droga éxtasis u otras drogas sintéticas que tienen como laboratorios sede la región latinoamericana y el propio EEUU (Chirinos, 2010).

Además, la migración se mantuvo de forma acelerada hasta el colapso financiero de 2008, a pesar de la decreciente capacidad doméstica de absorción de la mano de obra latinoamericana. En los hechos, los latinos son el 15% de la población estadounidense y representan casi 50% de la tasa total del crecimiento de la población. Estos factores reflejan cómo "el bienestar de América Latina afecta directamente a Estados Unidos" (O´Neil, 2008), lo cual configura una multiforme interdependencia entre EEUU y Latinoamérica.

La influencia, relevancia y redefinición de relaciones entre China y América Latina posee otras perspectivas. Para Cornejo y Navarro (2010) "América Latina no es una prioridad para China, ya que se ubica en un lugar menos importante que Estados Unidos, Asia o Europa. Pese a ello, la relación se ha intensificado y es vista incluso como una de las expresiones de dinamización autónoma de la región en la esfera comercial más importante, no sólo por la capacidad de diversificación comercial que rompe con la dependencia con el mercado estadounidense, sino también por las implicaciones simbólicas de tener como segundo gran socio al rival EEUU en el reposicionamiento hegemónico.

En términos más concretos y desde el punto de vista económico (con algunas pocas excepciones), el vínculo se basa en el intercambio de bienes manufacturados chinos por materias primas (petróleo, alimentos y minerales), provenientes de América Latina. En otros términos, se trata de un intercambio entre trabajo y renta del suelo. Desde un punto de vista político, "la región es importante en la disputa diplomática con Taiwán y como socia en la búsqueda de un mundo más multilateral" (Cornejo y Navarro, 2010:79). En contraste, para el analista Heinz Dieterich (2009), China podría llegar a convertirse en un modelo de potencia mundial para América Latina.

Dieterich considera que el problema estructural de China y de varios países latinoamericanos hace tres décadas eran los mismos: salir del status de región subdesarrollada e insertarse como potencia en el orden global. La proyección geopolítica de China, basada en una firmeza estratégica –entendida como "congruencia" entre su política exterior y sus prioridades de crecimiento interno-, y una flexibilidad táctica en la conquista de posiciones geoestratégicas a nivel global, como lo representa su despliegue en África, trazan un posible rumbo para varias de las políticas exteriores de la región latinoamericana (Dieterich, 2009).

Una interesante construcción de poder suave e inteligente, sin recurrir forzosamente al poder duro (con el que prácticamente ninguno de los países latinoamericanos cuenta en términos globales), que se ha visto reflejado, por ejemplo, en la consolidación de reuniones sistemáticas con la mayoría de los jefes de Estado de África, las cuales han dejado como resultado un afianzamiento de las nuevas relaciones Sur-Sur y del polémico Consenso de Beijing.

Una exhaustiva revisión bibliográfica de algunos de los principales ensayos académicos estadounidenses y chinos, de Richard Feinberg (2010), sobre la reestructuración emergente de las relaciones entre China, EEUU y América Latina destaca las amplias repercusiones estratégicas que implica la nueva dimensión económico-comercial que enfrenta la región latinoamericana ante la creciente influencia del dragón asiático.

Espacios para la autonomía

Es claro que la opción para pensar la integración autónoma latinoamericana se sustenta en la idea de unidad y cooperación desde un enfoque Sur-Sur, así como en el fortalecimiento de los esquemas autónomos regionales de América Latina, África y Asia. ¿Pero cómo definir las pautas de dicho camino a la unidad autónoma? Hay evidencias que sustentan la capacidad de la región, fundamentalmente sudamericana, para construir una "agenda para la desconexión" del caos financiero desatado desde el año 2008 en los centros de poder del sistema internacional: "Con 700 mil millones de dólares de reservas monetarias, 400 millones de habitantes, grandes reservas de hidrocarburos, autonomía energética, importantes yacimientos mineros, la mayor biodiversidad del planeta" (Zibechi, 2011a). Sudamérica posee los elementos necesarios para construir un esquema de autonomía en el ámbito geoestratégico. La amplia riqueza de recursos naturales no sólo le garantiza el abastecimiento en bruto de materia prima y autosuficiencia energética, sino la capacidad de invertir en la construcción de un modelo de desarrollo tecnológico-industrial alternativo, acorde con las nuevas agendas de sustentabilidad ambiental. De hecho, a partir de ciertas variables, América Latina pareciera ser una región que ya ha emergido a nivel internacional:

"Brasil es la séptima economía más grande del mundo, Argentina, Brasil y México ocupan asientos en el G-20, Chile y México se han unido a los países desarrollados de la Organización para la Cooperación y el Desarrollo Económico (OCDE). Durante la última década, América Latina se ha convertido en una región de países de ingresos medios, con un crecimiento más rápido que el promedio global y una reducción de los déficits comerciales, gracias a un alza en los precios de los *commodities*, la mejora de las inversiones y el crecimiento de los mercados internos" (Muñoz, 2013).

Esta riqueza y fortaleza estructural le ofrece a Sudamérica un margen de maniobra de creciente autonomía frente a los esquemas de desarrollo impuestos por el Consenso y posconsenso de Washington, así como también, frente a las emergentes pautas del modelo o Consenso de Beijing (Cooper, 2004; Chen y Goodman, 2010). Proyecto que si bien ofrece oportunidades de diversificación comercial frente al histórico horizonte unilateral del sistema interamericano impuesto por Estados Unidos, también se perfila como un modelo profundamente depredador, basado en un desregulado extractivismo y en una agresiva diplomacia comercial, que también vulnera la soberanía y los mercados internos de la mayoría de los países suramericanos.

El segundo elemento para considerar una agenda autónoma latinoamericana se sustenta en la nueva plataforma institucional de integración que ha dado un perfil renovado a la idea de integración y cooperación Sur-Sur. Cabe destacar, sin embargo, que a pesar del prometedor horizonte que constituye la recién creada Comunidad de Estados Latinoamericanos y Caribeños (CELAC, 2011), la cual representa el primer mecanismo hemisférico sin la participación de EEUU y Canadá, existen dos importantes sendas de integración regional con perfiles divergentes, e incluso conflictivos.

Por un lado, la orientación sur-latinoamericanista, que promete una creciente consolidación a través de la UNASUR, la cual ha garantizado la resolución de los conflictos regionales internos y los diferendos entre los países miembros sin intervención extra-regional: el proceso separatista en Bolivia (2007-2008), los procesos de desestabilización interna en Ecuador (2010), el permanente conflicto fronterizo Venezuela-Colombia, etc. Brasil participa en el Banco del Sur, orientado a solidificar la autonomía financiera comercial de la región; el Consejo Sudamericano de Defensa, concentrado en cerrar filas en el ámbito de seguridad regional; y el Consejo Electoral, para asuntos de transparencia en los procesos electorales de la región, que evalúa sin lineamientos impuestos por organismos externos (Páez, 2010).

Por su parte, el ALBA, además de su importante papel para frenar el proyecto panamericano del área de Libre Comercio de las Américas (ALCA) en su formato original, ha impulsado el Sistema Único de Compensación Regional (Sucre), el Banco del ALBA, y una plataforma de integración energética (Petroamérica) basada en otras maneras de conciliar el comercio y el intercambio, y en la que la iniciativa Petrocaribe ha sido la más exitosa, a pesar de la fragilidad que genera la petro-dependencia a Venezuela. Junto al MERCOSUR, este mecanis-mo ha sido "sensible" a la dimensión social y cultural de los pueblos, impulsando iniciativas, como los tratados de comer-cio entre los pueblos (TCPs), alternos a las formas clásicas del libre comercio (Páez, 2010). Además, el núcleo duro de la integración sudamericana expresado en el Mercosur aprove-chó hábilmente la suspensión de Paraguay, tras el golpe de Estado parlamentario al presidente Lugo en 2012, para integrar como miembro pleno a Venezuela, principal productor petro-lero de la región, y promete una próxima ampliación hacia Bolivia y Ecuador.

La otra senda de la integración en la región es la que perfila la recomposición de las estrategias neo-panamericanas (tratados de libre comercio bilaterales entre EEUU y países neoliberales: México, Colombia, Perú, al menos hasta 2011; o con alta fragilidad económica y política estructural: Centroa-mérica y el Caribe), además de un tipo de integración orienta-da de nuevo hacia el norte y el Pacífico, basada en la apertura intensiva de los mercados nacionales a los mercados globales. Su expresión más contundente se encuentra en la Alianza del Pacífico Latinoamericano, firmada en Lima, en mayo de 2011, por México, Colombia, Perú y Chile –y potencialmente Costa Rica–, que promete un mercado integrado con las bolsas de valores de los países y la eliminación de las tarifas aduane-ras luego de 2020, así como la triangulación de los intereses geoestratégicos y comerciales del capital estadounidense y su proyección hacia el escenario geopolítico del Pacífico.

Frente a tal reconfiguración en los escenarios de inte-gración regional, Latinoamérica enfrenta una orientación no homogénea que cuestiona su cohesión, y amplía el desafío para consolidar su capacidad autonómica ante el escenario de reconfiguración de los poderes hegemónicos del sistema internacional y las nuevas relaciones internacionales. A saber: la rivalidad interhegemónica entre Washington y Beijing, y la creciente incidencia del dragón asiático en la región; el reajus-te de poderes estatales en la Europa occidental ante la crisis de la Unión Europea; el reposicionamiento de los poderes emergentes agrupados en el bloque BRICS y en la conformación de nuevos liderazgos en el G20[6]; las consecuencias derivadas del nuevo papel de Brasil como actor global, ante la demanda de mayor simetría al interior de la región latinoamericana (premisa que defienden los bloques de integración sur-latinoamericana); el reajuste de las relaciones de poder económico en el sudeste asiático ante la conformación del TPP, encabezado por EEUU, y su enfrentamiento con el liderazgo de China en la ASEAN; el reacomodo de las potencias centrales en declive en los órganos financieros internacionales; y la nueva estructura de endeudamiento con China, que conlleva además a un nuevo enclave de desarrollo y dependencia extractivista.

Proyección geoeconómica de China sobre América Latina

En apenas diez años, China ha establecido relaciones económicas y diplomáticas con veintiuno de los treinta y tres países latinoamericanos, y la inversión china en los diferentes países latinoamericanos es mayor a los 50 mil millones de dólares[7]. De acuerdo con el Diario del Pueblo de China (2009), "hace veinte años, China era el decimosegundo socio de América Latina, cuyo volumen comercial apenas superaba los 8 mil

---

6   Aunque supera los alcances planteados en este trabajo, no se puede dejar de mencionar que la rivalidad ruso-estadounidense en torno a Ucrania y otros focos conflictivos en el mundo, abre también un espacio de competencia entre Rusia y China por la geoeconomía y la geopolítica latinoamericana. Particularmente en lo relativo al complejo industrial militar, minería, energéticos y alimentos. Por ello, el bloque BRICS enfrentará también nuevos escenarios de rivalidad interna respecto del rol de Brasil en Latinoamérica.

7   Un elemento de carácter estratégico, que debe considerarse, tiene que ver con la posición político-diplomática de los países latinoamericanos y caribeños respecto al reconocimiento del gobierno de Taiwán. De los veintitrés países que todavía reconocen a Taiwán como gobierno legítimo, doce se encuentran en Centroamérica y el Caribe (Feinberg, 2010: 222).

millones de dólares, pero desde 2007 ocupó la segunda posición, multiplicando por trece aquella cifra y ahora sobrepasa los 100 mil millones de dólares" (citado en Zibechi, 2009).

Para finales de 2009, China se convirtió en el primer socio comercial de Brasil[8], la séptima economía del mundo, y en 2013, de Uruguay, superando la posición de Estados Unidos. Las estrategias geoeconómicas hacia América Latina, por otro lado, se han valido de un hecho singular, ya que el gigante asiático ha comenzado a otorgar créditos al desarrollo, lo que implica proyectos a largo plazo con la región latinoamericana, pero además, la simbólica capacidad de China para incidir en la "direccionalidad" de los proyectos de desarrollo de varios países de la región (Zibechi, 2009).

En una época de débil crecimiento económico, de caída de los precios de los productos básicos y con restricciones en el acceso a créditos, la presencia china ha sido recibida con beneplácito en varios países del cono sur como Bolivia, Paraguay, Ecuador, Venezuela, Brasil y Argentina. Los casos de los últimos cuatro son especialmente significativos, ya que en ellos China está invirtiendo en el área de exploración y explotación de recursos naturales, una de las puntas de lanza más importantes del proyecto geoeconómico chino contemporáneo en el mundo –expresado sólo con mayor intensidad en África–, como lo demuestra su política de préstamos respaldados por petróleo, los cuales:

"Han alcanzado los 59 mil millones de dólares, más de dos tercios del total de compromisos de China con la región [...]. Desde 2008, Venezuela ha negociado seis de estos préstamos, por un total de 44 mil millones de dólares. Brasil firmó uno por 10 mil millones de dólares en compromisos en 2009. Ecuador firmó un

---

[8] No se debe perder de vista, sin embargo, que Brasil participa de un pragmático posicionamiento frente al financiamiento internacional, ya que a pesar de su redirección al oriente, en el último lustro fue depositario del 93% de los grandes préstamos del BM y el BID (junto con México), a diferencia de Venezuela, que no recibió ninguno por parte del BM, y apenas un préstamo "menor" del BID, por 6,028 millones de dólares (Gallagher et. al., 2013: 9).

préstamo por petróleo de mil millones de dólares en 2009 y un segundo en 2010. En julio de 2011 añadió dos más por 3 mil millones de dólares. [Mientras que] en el caso de Brasil, 85% de los préstamos corresponden a ese préstamo de 10 mil millones de dólares, aprobado en 2009 para financiar un ambicioso proyecto petrolero en alta mar, utilizando insumos chinos. En Argentina, todo el financiamiento de 2010 llegó en un solo préstamo: 10 mil millones de dólares para comprar trenes chinos" (Gallagher et. Al., 2013: 9-15).

Cabe señalar, sin embargo, que la proyección china no está forzosamente cernida a los países con más autonomía frente a EEUU, como lo demuestra la reciente gira en mayo de 2013 del presidente chino Xi Jinping a México, Trinidad y Tobago y Costa Rica, lo que parece abrir, en todo caso, una renegociación de los espacios de "influencia natural" estadounidense. China representa el segundo socio comercial de México –a pesar de las enormes brechas de asimetría entre ambos países–, mientras que Trinidad y Tobago –con sus importantes reservas de gas natural y petróleo– y Costa Rica[9], que también ha solicitado en 2013 su ingreso al TPP, parecen representar un enclave geopolítico de interés fundamental para China en Centroamérica y la Cuenca del Caribe.

Siguiendo en materia de comercio, China ha experimentado una vertiginosa evolución. En 1976 solo alcanzaba 200 millones de dólares, mientras que en 1988 ascendía a 2.800 millones. No obstante, vale la pena establecer cuidadosamente el contraste en la balanza comercial entre ambas regiones, en particular (y curiosamente) entre los países latinoamericanos con litoral en el Pacífico, dado que en términos estrictamente comerciales existen aún importantes asimetrías.

---

[9] Cabe señalar que las relaciones diplomáticas entre China y Costa Rica se remontan apenas a junio de 2007, cuando el país centroamericano rompió relaciones diplomáticas con Taiwán. Para los primeros siete meses de relaciones entre el gigante asiático y Costa Rica se alcanzaron los 1.560 millones de dólares en comercio bilateral (BBC, 2007).

La Iniciativa del (Arco) Pacífico muestra "la creciente importancia de los países de Asia y del Pacífico como potencial comercial de los Estados de la región, algo que se ha profundizado por la creciente presencia de China como actor económico en América Latina" (Briceño, 2010: 55). De hecho, la dimensión de Asia como región, y China como actor central en la redefinición de la geoeconomía latinoamericana, puede verse expresada en los tres principales objetivos de la Iniciativa del Arco del Pacífico:

"[...] en primer lugar, actuaría como un bastión para defender las políticas económicas neoliberales aplicadas desde fines de los años ochenta. En segundo lugar, sería una respuesta al 'eje ALBA' y sus propuestas de crear un 'eje antisistémico', no capitalista y antiimperialista. Finalmente, constituiría una instancia para tratar de institucionalizar un espacio regional a partir del cual negociar con los países de Asia Pacífico, en particular con China" (Briceño, 2010: 55-56).

La región de Asia Pacífico tiene una creciente importancia como destino de las exportaciones de varios países. Chile envía 34% de sus exportaciones a esta región, Perú 22% y Costa Rica 12%, mientras que América Latina todavía no es destino enteramente preferente de los países asiáticos. Entre 2006-2008, en promedio, sólo 3,7% de las exportaciones de Asia Pacífico se dirigió al Arco del Pacífico Latinoamericano, mientras que las importaciones desde ese origen representaron 2,1% del total (Briceño, 2010:57). Sin embargo, es previsible que el crecimiento de China incremente el volumen y la calidad del intercambio comercial entre ambas regiones, lo cual contrapesará el diseño estadounidense del TPP.

En septiembre de 2010, la Gaceta Oficial del gobierno de Venezuela, publicó la ley 39.511, la cual aprueba un acuerdo de financiamiento a largo plazo entre los gobiernos de Venezuela y China. Se trata de un crédito de 20 mil millones de dólares para financiar diecinueve proyectos de desarrollo, que tendrá como base de la línea de crédito la venta de petróleo crudo. En septiembre de 2010 el presidente de Venezuela, al recibir los primeros 4 mil millones de dólares de uno de los acuerdos energéticos más importantes de la región, declaró: "Todo el petróleo que China pueda necesitar para consolidarse como una gran potencia está aquí" (Zibechi, 2009). Para evaluar el volumen total de la inversión china en Venezuela, "debe considerarse que la potencia asiática registró una inversión directa en el exterior de 56.500 millones de dólares en 2009, ¿cuánto de ella para Latinoamérica? La mayor de su historia, ya que el acuerdo con Venezuela representa casi 36% del total anual en su mejor año. Y en un solo país" (Zibechi, 2009). Venezuela ya envía a China cerca de 500 mil barriles diarios de petróleo, a los que deben sumarse 400 mil barriles que producirá una empresa mixta binacional que operará en la Faja del Orinoco. Y, finalmente, los 300 mil barriles del último acuerdo. Esto significa que, en total, las exportaciones de petróleo venezolano a China superarán el millón de barriles diarios. La misma cantidad que Venezuela exporta a Estados Unidos[10] (Zibechi, 2009).

La inversión de China en infraestructura y su basamento petrolero es contundente, como se explica en detalle más adelante cuando se analiza la estructura de préstamos. Vale destacar que las líneas de inversiones estratégicas también se encuentran en el ámbito de ciencia y tecnología, como lo representa el lanzamiento del satélite ecuatoriano "Pegaso" desde una base china, y el caso boliviano con el próximo lanzamiento del satélite "Tupaj Katari", proyectado para 2013. Además, "han concurrido 64 becados a la Academia China del Espacio a capacitarse en el manejo del satélite y con el sueño de poder controlarlo desde la Agencia Boliviana Espacial, creada en 2010" (Stefanoni, 2013).

Otra dimensión de la influencia china en América Latina se relaciona con un fenómeno histórico: las comunidades chinas dispersas en toda la región latinoamericana. Cesarin

---

[10] Blomberg advirtió el 2 de febrero que "las exportaciones de crudo y productos del petróleo a los EEUU promediaron 792 mil barriles por día en los primeros once meses de 2013. Sería el ritmo anual más bajo desde 1985, de acuerdo con los datos que publicó [1-2-2014] el sitio web de la Administración de Información de Energía de los EEUU".

(2010: 100) llama la atención al respecto, al considerar que éstas representan la estructura de una palpable economía de redes "verificables entre comunidades entrelazadas por lazos étnico-culturales, comunidades que hoy cuentan con poder de lobby, representatividad política e influencia económica". Estas comunidades representan, por tanto, auténticos actores no estatales con incidencia cada vez más relevante en la generación de riqueza, cooptación y control de mercados internos a escala local y regional, que pueden consolidar y expandir valores culturales y dinámicas económico-comerciales en los diversos sitios en los que se desenvuelven, y un fuente fundamental de remesas generadas en el extenso territorio de América Latina.

La compleja estructura de endeudamiento con China: ¿nueva dependencia?

China y América Latina poseen intereses comunes en varios mercados estratégicos, pero no en todos. Los intercambios comerciales y la promoción de inversiones chinas en la producción de bienes primarios han generado escenarios positivos para los inversores asiáticos y los países latinoamericanos.

Es fundamental identificar el nuevo esquema de préstamos y endeudamiento trazado entre el gigante asiático –otorgados en su mayoría por el Banco de Desarrollo de China (BDC)[11] y el Banco Ex-Im de China (BEIC)– y la región latinoamericana. De acuerdo con Gallagher:

---

11 "El BDC apoya mayormente las políticas macroeconómicas de China –diseñadas en los Planes Quinquenales–que se enfocan en ocho áreas de desarrollo: energía eléctrica, construcción vial, ferrocarriles, petróleo y petroquímica, carbón, correo y telecomunicaciones, agricultura e industrias relacionadas e infraestructura pública (BDC)" (Gallagher, et. al., 2013: 4). Mientras que el objetivo del BEIC es: "facilitar las exportaciones e importaciones de productos mecánicos y electrónicos chinos, completar un conjunto de equipos y productos nuevos y de alta tecnología, ayudar a las empresas chinas con ventajas comparativas en sus proyectos de contrato en el extranjero e inversiones en el exterior y promover las relaciones de China en el extranjero y la cooperación económica y comercial internacional" (ídem.).

"Desde el año 2005 China ha concedido aproximadamente 86 mil millones de dólares en compromisos de préstamos a países latinoamericanos. El monto de préstamos es mayor que el otorgado por el Banco Mundial (BM), el Banco Interamericano de Desarrollo y el Banco de Exportación e Importación de Estados Unidos en el mismo periodo. China se ha convertido en una fuente adicional de financiamiento en la región, sobre todo para aquellos países que tienen problemas para acceder a los mercados mundiales de capital" (Gallagher et. al., 2013: 2-6).

En este sentido, los autores del informe "¿Un mejor trato? Análisis comparativo de los préstamos chinos en América Latina" mencionan que:

"En 2008, los préstamos se dispararon a 6 mil millones de dólares. En 2009, los préstamos se triplicaron nuevamente a 18 mil millones de dólares, lo que sobrepasa los 14 mil millones de dólares del BM y los 15 mil millones de dólares del BID. En 2010, los préstamos se duplicaron una vez más hasta los 37 mil millones de dólares, muy por encima de los niveles de préstamo del BM (14 mil millones de dólares) y del BID (12 mil millones de dólares). China superó al BM y al BID, pese al hecho de que, de 2006 a 2010, ambos bancos habían duplicado sus préstamos a la región" (Gallagher et. al., 2013: 7).

No obstante, el mismo informe también llama la atención sobre tres elementos a considerar sobre el esquema de endeudamiento sino-latinoamericano. El primero es que, aun cuando las condiciones de los préstamos parecen ser menos rigurosas que los otorgados por los países e instituciones occidentales, algunos paquetes de financiamiento, como los concedidos por el BDC, son más exigentes que los del BM. Por otro lado, aunque comúnmente se ha presumido que las tasas de interés de los préstamos concedidas por el BDC son más bajas que los del BM, el estudio de Gallagher (et. al., 2013:12-13) demuestra lo contrario. Lo que sí ocurre es que los montos otorgados por la banca china a los gobiernos latinoamericanos son ampliamente mayores que los otorgados por la banca occidental, y sólo en el caso de los préstamos otorgados por el BEIC, la tasa de interés es menor que los del BM o el BID, ya que recibe sub-sidios que provienen directamente del Ministerio de Economía chino, que los etiqueta como Ayuda al Desarrollo (ídem).

El segundo elemento es que los bancos chinos no se superponen al financiamiento occidental, ya que los présta-mos del gobierno chino parecen orientarse a la industria pesa-da e infraestructura, mientras que los de las instituciones inter-nacionales occidentales dicen orientarse también a proyectos de gobernabilidad, política social y medioambiente. Además, a diferencia de la deuda soberana a la que se han someti-do tradicionalmente los préstamos concedidos por las insti-tuciones occidentales, el financiamiento chino se sustenta en el respaldo de *commodities*, fundamentalmente en el petró-leo. Aunque los préstamos sino-latinoamericanos parecen no imponer condiciones políticas, sí demandan compras de equi-pamiento chino a los países beneficiarios y garantizan la segu-ridad energética china, ya que durante el período de la deuda, los países prestatarios garantizan abastecimiento petrolero al gigante asiático.

El tercer elemento es que las pautas del otorgamiento de préstamos otorgados por el BDC no respetan los condiciona-mientos medioambientales y de gobernabilidad impuestos por el BM, el FMI, o el Banco Europeo de Inversión, lo que ha desatado intensas críticas por las plausibles "consecuencias" que pueden tener en el contexto de África y de América Latina. Esto puede ser visto como una amenaza a la gobernanza liberal occidental, o como un modelo liberador de préstamos no con-dicionados o intervencionistas (Gallagher, et. al., 2013: 19-20).

China no aparece directamente interesada en desafiar frontalmente la posición geoestratégica hegemónica estadou-nidense en la región latinoamericana, pero sí a negociarla. Su poderoso mercantilismo genera una estrategia agresiva de intervención comercial, la cual ha irritado a varios de los países latinoamericanos y ha comenzado a amenazar los esfuerzos estadounidenses y de varios actores regionales por controlar los estándares de democratización y de protección ambiental (Feinberg, 2010: 217). Por su parte, la estrategia de endeudamiento con la región, anteriormente detallada, –así como con África– vía petróleo puede ser leída como una de las estrategias de largo aliento más exitosas, ya que:

> "[E]ntre sus siete acuerdos con Brasil, Ecuador y Venezuela, China recibirá aproximadamente 1.500 millones de barriles de petróleo durante los próximos diez años. Con el consumo chino de casi 8 millones de barriles diarios, los 1.500 millones de barriles constituyen alrededor de 6,5 meses de petróleo" (Gallagher, et. Al., 2013:17).

No resulta casual, por otro lado, que a pesar de que Chile, Colombia, Perú y México (todos miembros del Arco del Pacífico y del proyecto TPP –con la excepción del caso colombiano antes señalado–) poseen recursos naturales y mercados de alto interés para China, hayan recibido poco o ningún financiamiento. Los gobiernos de Argentina, Brasil, Ecuador y Venezuela recibieron el 93% del total de los préstamos concedidos a la región –de los cuales 69% del total fueron en materia petrolera y 61% del total a Venezuela y Ecuador, es decir, a las economías con mayor autonomía frente a EEUU y que lideran el proyecto de Unión de Naciones Sudamericanas (UNASUR), la Alternativa Bolivariana para los Pueblos de Nuestra América (ALBA) y, a excepción de Ecuador por el momento, todos miembros del Mercosur–.

Conclusiones

El triángulo geopolítico China-Estados Unidos-América Latina y el Caribe reproduce más condicionamientos a la búsqueda de formatos de integración regional y desarrollo latinoamericanos, que proyectan y reproducen la conservación de nuestra posición periférica subordinada en el esquema capitalista mundial. China, no obstante ese escenario contradictorio, abre perspectivas y potencialidades para la tendencia hacia la integración autónoma de nuestra región.

El escenario de rivalidad interhegemónica sino-estadounidense por su parte, repercute en América Latina en distintos niveles de disputa que tensan y redefinen alianzas estratégicas en la geopolítica mundial. Algunas de ellas se expresan en la Alianza del Pacífico, eje de concreción latinoamericana del Acuerdo de Asociación Trans-Pacífico (TPP, por sus siglas en inglés: Trans-Pacific Partnership) proyectado por EEUU; los múltiples acuerdos de libre comercio e iniciativas de seguridad subregional que hacen persistir el rol de dominación geopolítica estadounidense; la creación y desenvolvimiento de la Comunidad de Estados Latinoamericanos y Caribeños (CELAC), que ha replanteado la capacidad de concertación e integración autonómica subcontinental, y la tendencia sur-latinoamericanista, expresada en múltiples proyectos con creciente solidez institucional y fortaleza continental: la Unión de Naciones Suramericanas (UNASUR), la Alianza bolivariana de los Pueblos de Nuestra América, Tratados de Comercio entre los Pueblos (ALBA-TCP), Mercosur, etc.

En este sentido, la apertura de nuevos espacios que complejizan las relaciones internacionales y concretan paulatinamente el imaginario de un orden pluripolar de rasgos autónomos –expresada en foros multilaterales, la creación del bloque Brasil-Rusia-India-China-Sudáfrica (BRICS), los espacios de concertación Sur-Sur, etc.– parece encontrar un proyecto concreto para América Latina. Destaca el Foro de Cooperación China-América Latina y el Caribe, promovido por China para profundizar los lazos entre este continente y la región Asia-Pacífico, así como el acercamiento entre la CELAC y la potencia oriental.

En todo caso, la consolidación creciente de proyectos de inversión, de un nuevo esquema de endeudamiento proveniente del financiamiento chino en los países latinoamericanos, de una plataforma de relaciones políticas centradas en la matriz energética y recursos naturales, no sólo ha significado una creciente tensión geoeconómica y comercial entre China y EEUU, sino un rediseño de las relaciones geopolíticas de un triángulo en el que los países latinoamericanos y sus proyectos de inserción internacional autónoma enfrentan obstáculos y potencialidades.

Bibliografía

Agnew, John 2005 *Geopolítica: una revisión de la Política Mundial* (Madrid: Trama Editorial).

ALMD 2010a "China y la India, gigantes que trastocan la geopolítica" en *Atlas Geopolítico de Le Monde Diplomatique* (Madrid: Fundación Mondiplo-AKAL).

ALMD 2010b "De Mao al socialismo de mercado" en *Atlas Geopolítico de Le Monde Diplomatique* (Madrid: Fundación Mondiplo-AKAL).

ALMD 2010c "El futuro del clima depende también de China" en *Atlas Geopolítico de Le Monde Diplomatique* (Madrid: Fundación Mondiplo-AKAL).

ALMD 2010d "China habla de autonomías, pero reprime a sus minorías" en *Atlas Geopolítico de Le Monde Diplomatique* (Madrid: Fundación Mondiplo-AKAL).

AJ 2011 "UN authorizes no-fly zone over Libya" en *Al Jazeera*, 18 March.

AJ 2012 "China defends stance with Russia on Syria" en *Al Jazeera*, 5 June.

Arrighi, Giovanni 2007 *Adam Smith en Pekín* (Madrid: Akal).

BBC 2012a "EEUU reduce significativamente sus fuerzas armadas" en *BBC Mundo*, 5 January.

BBC 2012b "Military balance: The US and other key countries" en *BBC*, 5 January.

BBC 2012c "Obama anuncia fin de la guerra en Irak para EEUU" en *BBC Mundo*, 21 October.

Boron, Atilio 2006 "La mentira como principio de política exterior de Estados Unidos hacia América Latina" en *Foreign Affairs en Español*. Vol. 6, No. 1.

Bulard, Martine 2009 "Los uigures, entre modernidad y represión" en *Le Monde Diplomatique (edición peruana)*. Año III, No 28, agosto.

Brown, Prudence 2010 *"The PLA raises its voice"* en *Asia Times*, 9 March.

Brzezinski, Zbigniew 2009 "The Group of Two that could change the world" en Financial Times, 13 January.

Charbonneau, Louis 2013 "Consejo de Seguridad de la ONU condena a Corea del Norte" en *Reuters*, 22 January.

Chen, Minglu; Goodman, David 2012 "The China model: one country, six authors" en *Journal of Contemporary China*. 21 (73): 169-185.

Comisión Económica para América Latina y el Caribe (CEPAL) 2014 *La Inversión Extranjera Directa en América Latina y el Caribe*, 2013 (LC/G.2613-P) (Santiago de Chile).

Cooper Ramo, Joshua 2004 "The Beijing Consensus" en *The Foreign Policy Centre* (United Kingdom).

Cruz, Alberto 2010 "China inicia el cambio en la geopolítica internacional" en *Punto de vista internacional*. En <http://puntodevistainternacional.org/spip.php?article285> acceso agosto de 2010.

Feinberg, Richard 2010 "China, Latin America, and the United States: congruent interests or tectonic turbulence?" en *Latin American Research Review*, 46 (2): 215-224.

Economy, Elizabeth and Segal Adam 2009 "The G-2 Mirage" en *Foreign Affairs*, May/June.

EP 2012 *"*Palestina fue reconocido como Estado observador de las Naciones Unidas" en *El País*, 29 de noviembre.

Halper, Stefan 2010 *The Beijing Consensus: How China's Authoritarian Model will dominate the Twenty-First Century* (New York: Basic Books).

Hiro, Dilip 2006 "Shanghai surprise. The summit of the Shanghai Cooperation Organization reveals how power is shifting in the world" en *The Guardian*, 16 June.

Hurlburt, Heather 2012 "¿Cómo quedará el ejército estadounidense tras los recortes?" en *National Security Network/BBC Mundo*, 7 January.

Ikenberry, John 2008 "El ascenso de china y el futuro de occidente" *Foreign Affairs en Español*, abril/junio.

Indeo, Fabio 2012 "The Rise of China in Central Asia" en *Heartland: Eurasian Review of Geopolitics*, 20 August. En <http://temi.repubblica.it/limes-heartland/the-rise-of-china-in-central-asia/1928> acceso diciembre de 2012.

Isbell, Paul 2008 "Asia y el desafío de la seguridad energética" en *Real Instituto Elcano*, 18 de octubre. En <http://www.realinstitutoelcano.org/documentos/264/264_%20Paul_Isbell_Asia_seguridad_energetica.pdf>.

IISS 2011 *The Military Balance 2011* (London: International Institute for Strategic Studies).

Jalife, Alfredo 2010 "Las limitaciones geopolíticas del BRIC" en *La Jornada*, 31 de octubre.

Jin Yuan, Wen 2012 *The Trans-Pacific Partnership and China's Corresponding Strategies* (Washington: Freeman Briefing/Center for Strategic and International Studies).

Justo, Marcelo 2010 "Dalai Lama: las relaciones peligrosas de EEUU y China" en *BBC Mundo*, 18 de febrero.

Kahhat, Farid 2012 "La política de Rusia frente a la crisis en Siria" en *América Economía*, 7 de junio. En <http://www.americaeconomia.com/analisis-opinion/la-politica-de-rusia-frente-la-crisis-en-siria>.

Kaplan, Robert 2010a "The Geography of Chinese Power. How Far Can Beijing Reach on Land and at Sea?" en *Foreign Affairs*, mayo-junio.

Kaplan, Robert 2010b "Q&A with Robert Kaplan (interview)" en *Foreign Affairs*, May-June.

Klare, Michael 2008 *Rising Powers, Shrinking Planet* (New York: Metropolitan Books).

Klare, Michael 2010 "Twenty-First Century Energy Superpower China, Energy and Global Power" en *TomDispatch*, 19 September.

Kuczynski, Pedro and Williamson John 2003 *After the Washington Consensus: Restarting Growth and Reform in Latin America* (Washington: Institute of International Economics).

Lara S., Rodrigo 2010 "La otra cara del apetito chino", América Economía, 19 de septiembre". En <http://goo.gl/bkIEuO>.

Lafranchi, Howard 2013 "Hillary Clinton departs State: What's her legacy as top US diplomat?" en *Christian Science Monitor*, 1 February.

LNA 2010 "Las reservas internacionales de China alcanzaron una nueva marca" en *La Nación* (Argentina), 26 de septiembre.

Márquez, William 2012 "¿Privatiza Estados Unidos la guerra contra las drogas?" en *BBC Mundo*, 16 de enero.

Nye, Joseph 2011 "¿China está superando a Estados Unidos?", Project Syndicate, 7 de abril. En <www.projectsyndicate.org/commentary/nye93/Spanish>.

Ó Tuathail, Gearóid (et. al.) 2006 *Geopolitics Readers* (New York: Routledge).

O'Hanlon, Michael 2013 "State and the Stateswoman" en *Foreign Affairs*, enero-febrero.

O´Neil, S. (et. al.) 2008 "U.S: Latin America Relations: A new direction for a new reality" en *Council on Foreign Relations*, 25 November.

PDO 2012 "SCO accepts Afghanistan as observer, Turkey dialogue partner" en *People's daily online*, 7 July.

Padros, Luis 2013 "Xi Jinping: 'Cuanto más se desarrolle América Latina, mejor para China'" en *El País*, 6 de junio.

Prestowitz, Clyde 2012 "Is the Trans-Pacific Partnership foundering?" en *Foreign Policy*, 27.04.12.

Primera, Maye 2013 "China apuntala sus negocios en el Caribe" en *El País*, 1 de junio.

Reinoso, José 2010a "El PIB de China crece un 10,3% en el segundo trimestre" en *El País* (España), 15 de julio.

Reinoso, José 2010b "China ralentiza el aumento de su presupuesto Militar" en *El País* (España), 4 de marzo.

Reinoso, José 2011 "China se opone a una intervención en Libia y pide una salida negociada a la crisis" en *El País* (España), 9 de marzo.

Thornton, John 2008 "Un largo proceso" en *Foreign Affairs en Español*, abril-junio.

U.S. Treasury Department 2010. En <http://www.treas.gov/tic/mfh.txt> acceso marzo de 2010.

Varadarajan, Siddharth 2005 "Central Asia: China and Russia up the ante" en *The Hindu*, 8 July.

Wallerstein, Immanuel 2005 *Análisis de Sistemas-Mundo: Una Introducción* (México: Siglo XXI).

Yao, Yang 2010 "The end of Beijing Consensus. Can China's Model of Authoritarian Growth Survive?" en *Foreign Affairs*, January-February.

Zambelis, Chris 2009 "China's Palestine Policy" en *China Brief*, 9(5): 9-12.

Zhixiao, Yu 2012 "Commentary: Constructive U.S. role in Asia-Pacific welcome, but not warmongering" en *Xinhuanet*. En <http://goo.gl/BRn4zp>.

Zibechi, Raúl 2009 "Imperio, bases y acumulación por desposesión" en Diario La Jornada, (México), 15 de agosto.

Zibechi, Raúl 2011 "Viraje estratégico de Estados Unidos. La segunda guerra fría y América del Sur" en Agencia Latinoamericana de Información, 23 de diciembre.

Zixiao, Yang and Zweig David 2010 "Does Anti-Americanism Correlate to Pro-China Sentiments?" en *Chinese Journal of International Politics* (2): 457-486.

América Latina, una y diversa[1]

GERÓNIMO DE SIERRA[2]

> "Cada país, época, coyuntura tiene una singularidad que lo distingue de los otros. Pero también hay semejanzas, convergencias y resonancias. De ahí surge la idea de América Latina, como historia concreta y como imaginación. La formación del pensamiento latinoamericano puede considerarse como la historia del nacimiento de la idea misma de América Latina... [la que] sintetiza temas diversos, distintas perspectivas explicativas, diferentes visiones de la Historia... Es como si un conjunto de autores, escritos científicos, filosóficos y artísticos, temas e interpretaciones, diera forma un pensamiento que no sólo expresa, sino también constituye a América Latina" (Ianni, 1990: 49-69[3]).

Para todos los estudiosos serios de América Latina –tanto extranjeros como del subcontinente–, ha sido siempre un desafío complejo situarse adecuadamente ante al dilema de la unidad/diversidad de la región. Salvo quizás en lo que hace a ciertos aspectos generales comunes –y cuando son tratados en forma muy superficial–, siempre aparece el tema de las diversidades y la necesidad de ahondar en las particularidades sociohistóricas de cada país o subregión para poder entender lo que sucede y cómo funciona cada sociedad nacional. No se trata por ello de anular el estudio de los aspectos comunes, sin los cuales el objeto mismo de análisis se esfumaría. Es la

---

1   Artículo publicado en Cairo, Heriberto y de Sierra, Gerónimo (org.) 2008 América Latina una y diversa (San José: Ed. Universidad de Costa Rica).
2   Expresidente ALAS, XVII Congreso, Montevideo, Uruguay 1987.
3   Frases del sociólogo y politólogo brasileño –uno de los mayores latinoamericanistas de ese país– tomadas de su artículo "La idea de América Latina", en Roitman y Castro (edits.) 1990 América Latina: entre los mitos y la utopía, páginas 49-69 (Madrid: Ed. UCM).

hipótesis de que no habría más Latinoamérica, sino "países latinoamericanos". Si bien hay quienes sostienen esta tesitura, creo que es metodológicamente errónea y casi absurda. Pero no lo es menos la de quienes razonan –cualquiera sea el nivel de análisis en que estén situados o su enfoque, progresista o conservador– como si América Latina fuera analizable como bloque homogéneo y casi sin diferencias internas. Si se ahonda en estos enfoques se percibirá que en realidad empobrecen la comprensión de los procesos reales y la propia riqueza de los mismos; y, por lo tanto, flaquea su adecuación científica como método.

Esto puede parecer una consideración banal –e incluso heurísticamente inútil– pues algo similar podría decirse de los estudios sobre África, Asia, y la misma Europa. Sin embargo, estamos ante un real problema metodológico de cualquier estudio comparado entre regiones y entre sociedades nacionales, y creemos que no debería ser minimizado; más bien todo lo contrario. Es decir que los *estudios latinoamericanos* deberían al mismo tiempo analizar los elementos convergentes o comunes de los países –tratando de ver en cuanto determinan el desempeño y la estructura social misma de cada país–, junto con las diferencias y las evoluciones sociohistóricas específicas de las subregiones y países.

Siempre jerarquizar las diversidades

Dejando para después el tema de la unidad de América Latina en tanto objeto de análisis, nos interesa defender inicialmente el tema del necesario énfasis en el estudio de la diversidad. Diversidad en tanto multiplicidad de unidades societales, que tienen su propia y dispar configuración sociopolítica y socio-cultural, con efectos pertinentes sobre las conductas sociales, tanto individuales como colectivas.

Ciertamente, hay muchas dimensiones y niveles en que puede ser definida y pensada la diversidad de América Latina. Pero al utilizar y jerarquizar ahora ese concepto no queremos referirnos a la obvia diversidad de rangos entre ricos y pobres, proletarios y burgueses, educados y analfabetos, alojados o sin techo, citadinos o campesinos, ya que ella siendo importante no deja de ser pertinente –aunque sin duda en grados diversos– para el estudio de cualquier sociedad nacional y cualquiera sea su grado de desarrollo, u origen histórico. Esos clivajes y diferencias existen y deben ser reconocidos y analizarse cuando se estudia también –por ejemplo– los Estados Unidos, Europa, Inglaterra, España, o Asia del Sudeste.

En realidad, lo que queremos señalar como paso metodológico siempre importante cuando se estudia el objeto "América Latina" es la necesidad de escapar –en algún momento del análisis– a la ilusión de que por el hecho de estar esos países en la misma región geográfica y ser mayoritariamente herederos de la colonización ibérica y hablar idiomas próximos, estaríamos ante sociedades homogéneas en su complejidad, diversificación, estructuración, grado de desarrollo material y político, etc. Esta simplificación existe más frecuentemente de lo que parece, aunque a menudo no sea explícita.

Nadie confunde obviamente Uruguay con Guatemala, ni Perú con Brasil, pero cuántos análisis de la estructura de partidos o del Estado, de sistemas educativos, de sindicatos o de movimientos sociales, etc., hacen enumeraciones y comparaciones (cuantitativas o cualitativas, de derecha o de izquierda, no es ése el tema ahora), sin contextualizar los datos en las estructuras societales globales de cada uno de esos países, su grado de desarrollo socioeconómico, el tipo de articulación entre niveles sociales y políticos, su diversificación de clases y estratos, su articulación específica con el capital extranjero, la amplitud y universalidad de los derechos ciudadanos, su tamaño o peso relativo, etc.

Cuidado. No estamos negando los elementos convergentes y similares de los países de la región, que son muchos y en definitiva están detrás –más allá de la pura geografía––

de la constitución desde hace mucho tiempo del objeto mismo de estudio "América Latina". Estamos queriendo mostrar la necesidad de reconocer el carácter no anecdótico, folklórico o puramente casuístico, de las diferencias entre las sociedades, por ejemplo argentina y peruana. Señalar que las diferencias no son fruto solamente de una adición aleatoria de indicadores varios (étnicos, educativos, grado de industrialización, etc.), sino realmente y para cada país, de una "articulación global" entre niveles societales y, propiamente, de un "sistema de relaciones sociales" con efectos pertinentes sobre los actores. Puede haber varios países donde podrán suceder elecciones, huelgas obreras, o reclamos indígenas, pero su significado en el sistema de relaciones sociopolítico, la acción estatal y los escenarios futuros, será significativamente diferente en cada caso. Percibirlo, e incluirlo en el modelo de análisis es condición para un enfoque adecuado de las realidades que se quiere analizar.

Reconocer similitudes y convergencias

Ahora bien, reconocer las diferencias o particularidades importantes que caracterizaron a las diversas sociedades latinoamericanas –y que aún hoy las caracterizan, a pesar de los cambios y crisis del último tercio del siglo XX– no significa en absoluto opacar analíticamente los diversos elementos comunes que tuvieron y tienen los diversos países de América Latina. Y no se trata de una postura sentimental ni de cualquier tipo de romanticismo culturalista.

El primer gran aspecto aglutinante es el ya mencionado de los idiomas mayoritarios (de origen ibérico), y la matriz básicamente católica que la colonización impuso al continente y a la mayoría de sus pueblos originarios[4]. Aunque sin despreciar el importante factor cohesionador y facilitador de intercambios que ello implica, no debería exagerarse su importancia como factor explicativo de los procesos centrales de estas sociedades. Basta pensar en la rapidez con que Inglaterra y el resto de Europa suplantaron a España y Portugal como polo económico dominante, e incluso como creadores de modelos culturales y políticos para las elites latinoamericanas. Y ni que hablar del profundo influjo posterior de los Estados Unidos.

Otro aspecto tendencialmente común –con la relativa excepción de los países del Cono Sur[5]– es la importante presencia de poblaciones indígenas o negras, así como de una gran masa de mulatos y mestizos. Más allá del puro dato demográfico, ello importa, pues ese mestizaje muy "plural", y construido en varios siglos, marca globalmente el patrón cultural y antropológico del continente; también importa por los efectos sociales y políticos derivados de las conductas excluyentes que las minorías blancas tuvieron hacia esos sectores de población durante un largo período histórico.

Mucho más importante que ello como factor común de Latinoamérica es su carácter de sociedades dependientes de las economías centrales –primero europeas y luego también de los Estados Unidos–, lo que determinó estructuralmente no sólo su modo de producción, sino también su matriz de acumulación económica, y la sometió a sucesivos impactos producidos por fluctuaciones venidas del exterior.

Es así como los ciclos expansivos coloniales e imperialistas, primero europeo –sobre todo "inglés"– y luego "norteamericano", marcaron a todos los países de América Latina. Las fases expansivas y recesivas de la revolución industrial, las guerras de 1870, 1914 y 1939, la crisis de los años treinta,

---

4   Obviando ahora –en honor a la brevedad– la diversidad lingüística del Caribe y de los países que tienen aún hoy una fuerte implantación de poblaciones originarias. Y obviando también la enorme expansión más reciente de muchas otras religiones y sectas en el subcontinente.

5   Siempre que en este artículo hablemos de Cono Sur, nos estaremos refiriendo sólo a Chile, Argentina y Uruguay.

y la evolución del nivel de vida en el "centro" del capitalismo "atlántico" marcaron también a todos los países con ciclos
de auge y deterioro de sus economía nacionales, todas muy
dependientes de las materias primas exportables. Todo ello
influyó fuertemente sobre la estructura interna de dominación
y aspectos del formato de la estructura de clases y sus conflictos en todos los países latinoamericanos, cualquiera fuera
su subregión y su lengua. Si bien en cada caso ello pasó por
el tamiz de la respectiva sociedad nacional, todos los países
fueron afectados al mismo tiempo durante cada nuevo ciclo
histórico, aunque fuere en grados diversos. En eso siempre se
han igualado –por ejemplo– Ecuador con Brasil, Honduras con
Argentina, o Chile con México.

Por otro lado, es indudable que en todos los países latinoamericanos existió y existe un formato capitalista de tipo
tardío y periférico[6], que además convivió con relaciones sociales atrasadas –sobre todo en el campo–, y que eso marcó sus
sociedades, sus políticas y sus formas estatales.

También les es común un importante retraso, relativo en
el desarrollo industrial, trabado históricamente tanto por las
fuertes presiones del "centro", que quería vender en Latinoamérica sus productos, como por los fuertes vínculos de complementariedad entre la matriz económica y social exportadora
local y los países centrales compradores.

Es en ese contexto que, luego de la crisis de los años
treinta, en buena parte de la región se produjo un gran impulso al papel del estado desarrollista y empresario. Ciertamente, con altibajos, según cada país, pero creando un fenómeno
realmente "latinoamericano", que en muchos casos generó un
modelo político propio de "populismo integrador", sobre todo
de base urbana, pero no únicamente.

Ni que hablar de que todos los países fueron también
objeto de fuertes y sucesivas presiones imperialistas, las que en
los años de posguerra los llevaron a ser fuertemente implicados

---

[6] Con la sola excepción actual de Cuba, durante breves períodos de Nicaragua, y
tendencialmente del Chile de la Unidad Popular.

en la polarización Estados Unidos/Unión Soviética. Ya en los años ochenta y noventa, a todos ellos se los presionó con rigor para que aplicaran las recetas neoliberales del "Consenso de Washington", privatizaran empresas públicas y *flexibilizaran* las leyes laborales. Y si bien es cierto que no todos fueron invadidos por los Estados Unidos en el siglo XX, todos sufrieron las presiones militares directas o indirectas, y en muchos casos la intervención de apoyo a los golpes militares regresivos y, por supuesto, represivos.

Las múltiples diferenciaciones y un esquema clásico

Pero, como ya dijimos, a ese momento del análisis en que se deben reconocer y estudiar las similitudes y convergencias entre las diversas sociedades y países, debe seguirlo el momento de la desagregación y diferenciación.

En rigor, los criterios para analizar y clasificar los países latinoamericanos en sus diferencias y clivajes no sólo han sido y son múltiples, sino que han evolucionado con el tiempo y a menudo responden –no siempre en forma explícita– a distintos modelos teóricos de análisis. Pero todos ellos tienen en común que jerarquizan las diferencias internas dentro del marco global "América Latina".

Entre los criterios de diferenciación utilizados, se pueden mencionar brevemente ahora los clivajes ligados a variables como el "tamaño del país" (por ejemplo, Brasil y México vs. pequeños países); el "tipo de vínculo" con las economías centrales (por ejemplo, economías de enclave vs. economías de control nacional); el "predominio lingüístico" (por ejemplo, Brasil y parte del Caribe vs. los países hispanohablantes); el "grado de desarrollo industrial" (por ejemplo, antes de los años sesenta, Argentina y Chile vs. Perú y El Salvador); la "composición étnica" (por ejemplo, México vs. Costa Rica); el "desarrollo político e institucional" (por ejemplo, Uruguay vs. Bolivia) y así sucesivamente. A veces esos modelos comparativos y de diferenciación han combinado diversas variables con resultados sin duda de real utilidad analítica.

Junto a esos modelos analíticos y clasificatorios de diversidades, existe una organización clásica de las "diferencias" entre países sobre base primariamente geográfica, aunque en realidad recubre parcialmente también criterios socioculturales y socioeconómicos implícitos. Nos referimos al agrupamiento en Países Andinos, Centroamericanos, Caribe insular, Cono Sur, México y Brasil[7].

A pesar de su simplicidad aparente –y de algunas rigideces y puntos ciegos–, esa clasificación integra de hecho un buen número de variables significativas para el análisis que van mucho más allá de lo geográfico puro y de la ocupación del territorio.

Es evidente que, según sea la disciplina y el nivel de análisis, esos agrupamientos deben ser flexibilizados, pero si se acepta que tienen "fronteras móviles" siguen siendo útiles para un estudio no simplista y que no caiga en "unificaciones" abstractas y simplificadoras del continente.

De cualquier forma, hay que tener siempre presente el problema planteado por el hecho de que, en varios de esos casilleros, las diferencias o distancias dentro de una subregión, o incluso dentro de un mismo país, son muy fuertes y traspasan los límites conceptuales del propio agrupamiento. Es el caso, por ejemplo, de Brasil y México, donde conviven características sociales, económicas y culturales de más de una de esas regiones. Lo mismo sucede con Venezuela y Bolivia, que –siendo del grupo "andino"– presentan diferencias muy significativas entre sí, en lo referente a sus estructuras sociales y en sus niveles

---

[7] Que por cierto es el criterio de agrupamiento que se utilizó para los módulos regionales en el Proyecto AMELAT II de la Universidad Complutense y su Maestría de Estudios Contemporáneos de América Latina, cuyas actividades docentes están en el origen de este libro.

económicos. Lo mismo puede observarse en Centroamérica, por ejemplo, entre Costa Rica y Honduras, y se podría seguir dando ejemplos.

Antes de analizar con más detenimiento uno de los ejemplos de fuerte diferenciación existente en la región, el bloque Cono Sur (Chile, Argentina, Uruguay) y sus aspectos singulares respecto al resto de Latinoamérica, veamos más brevemente otros ejemplos de diferencias y clivajes definidos desde otros principios de diferenciación.

La demografía étnica fue y es un fuerte principio diferenciador

No se necesita entrar ahora a un análisis afinado de todas las dimensiones que la antropología y la sociología han analizado y dimensionado en torno a la problemática etnicidad, cultura, raza, mestizaje, hibridez, discriminación, etc., para constatar que, desde el siglo XV en adelante, hubo en los territorios ocupados por España y Portugal una diferencia sustancial entre aquellos que ya estaban densamente poblados por sociedades complejas y muy avanzadas en diversas áreas, con aquellas que, o estaban semi vacías, o estaban pobladas por comunidades más nómades y que vivían básicamente de actividades colectoras.

En los primeros –más allá de las grandes matanzas y muertes masivas por enfermedades–, la masa indígena o mestiza siguió hasta hoy día constituyendo la mayoría o una parte muy importante de la población, aún después de las migraciones europeas de fines del siglo XIX y el XX. Algo bien diferente sucedió en los segundos territorios donde el desarrollo del siglo XX ya se dio con un peso decisivo de las nuevas capas migratorias, en general europeos blancos, aunque no sólo, claramente.

Lo importante en esto no son, obviamente, las diferencias étnico-culturales en sí mismas, sino el hecho de que en el primer caso las minorías blancas –primero ibéricas y luego crio-

llas– impusieron a los indios y sus descendientes una dominación radicalmente excluyente de derechos de todo tipo, y
ello durante siglos[8]. En cambio, en los otros casos, su desarrollo poscolonial y moderno –luego de aniquilar o arrinconar a
buena parte de los indígenas– tuvo más espacio para la constitución de sociedades menos fragmentadas y excluyentes. En
particular, con la más temprana expansión de las relaciones
asalariadas y la organización de trabajadores y capas medias
urbanas y rurales.

Sin jerarquizar esta dimensión diferencial de la estructura
subregional no se podría –por ejemplo– entender adecuadamente el peso y la significación que tienen actualmente en
buena parte de los llamados países andinos (e incluso en México y Guatemala) las grandes movilizaciones y reclamos de tipo
étnico-político. Y tampoco entender las dificultades que tienen los otros países para comprender a fondo esos fenómenos
reivindicatorios en su complejidad y también en su radicalidad constituyente.

Un gran clivaje con Brasil desde el Tratado de Tordesillas

La diversidad del idioma es de lejos el aspecto menos significativo de la gran distancia histórica que existió en Latinoamérica, y durante siglos, entre Brasil y el resto del continente. Mucho más importantes que la lengua fueron los efectos
seculares del reparto de América del Sur entre los reinos de
Castilla y Aragón, y Portugal, con el Tratado de Tordesillas de
1494, es decir, firmado pocos lustros después de la llegada de
Colón al Caribe. Es a partir de allí que se fueron consolidando
las estructuras culturales, políticas y también económicas, que

---

[8]   Brasil es un caso especial, pues organizó en gran escala la importación de esclavos, pero en este aspecto generó una sociedad igualmente polarizada y excluyente como en el caso anterior.

han separado fuertemente ambos "lados" de América latina hasta muy recientemente (el tratado del Mercosur es un muy reciente comienzo de superación de esa división estratégica).

En primer lugar, cabe señalar que la ausencia en el lado atlántico de sociedades indígenas complejas, avanzadas y, sobre todo, numerosas como fuente de mano de obra semi-servil, favoreció la expansión del masivo tráfico de esclavos africanos hacia Brasil, con todos los efectos duraderos –aún hoy– sobre la construcción de ciudadanía y las relaciones sociales, en general.

En segundo lugar, la huida de la corte portuguesa hacia "su colonia", con motivo de la expansión napoleónica sobre la península ibérica, modificó la ecuación del período indepen-dentista. En efecto, a diferencia del "lado castellano", donde las guerras regionales derrotaron a los ejércitos coloniales debi-litados, en Brasil la presencia de la Corte, más la clase ilus-trada, autoridades religiosas centrales y la oficialidad militar superior favoreció la preservación de la unidad territorial de ese medio continente –contra diversas invasiones europeas y luego varios secesionismos locales– y constituyó un imperio local con vocación unitaria interna y también expansionista hacia su entorno.

De ahí ese clivaje inesquivable para un buen análisis de América Latina, que es el contraste entre la gran fragmentación de los territorios exhispanos y la unidad política y territorial de un "país continental", y ello más allá de todas las fuertes tensiones regionales que siempre albergó Brasil en su seno.

Si bien fue un proceso con fluctuaciones, la dispersión en múltiples Estados Nacionales en la América Latina exhispánica fue agudizando las distancias entre ambos lados de la línea imaginaria de Tordesillas (que, además, Brasil siempre la fue corriendo hacia el oeste y el sur).

Es por ello que, aún hoy, cuando el Mercosur inició un ver-dadero cambio de estrategia en América del Sur (que incluye el ingreso pleno de Venezuela), hay tantas dificultades para com-patibilizar esas dos partes del tablero. Esa dificultad se con-densa en un aspecto quizás simbólico y discursivo, pero nada menor: el Proyecto Bolivariano que ha impulsado el presidente Chávez. En efecto, tiene algo de paradójico -y no deja de crear reales dificultades- que ese impulso unitario quiera sintetizarse con la imagen y el discurso de un dirigente predominantemente "andino", como es el caso de Simón Bolívar, quien no tuvo ni tiene casi ninguna significación en Brasil, nada menos que el principal país de América del Sur[9]. Allí sólo conocen a Bolívar[10] los especialistas en historia de América Latina -que son pocos por cierto-, y su invocación discursiva y televisiva difícilmente llegará a tener algún efecto popular en ese país; incluso entre la mayoría de sus elites.

Concluyo este aspecto, repitiendo que las diferencias del proceso brasileño con el resto de los países son mucho más variadas y profundas que el idioma. Y ellas deben ser estudiadas en su especificidad para entender la América Latina de hoy y sus posibles escenarios futuros. Ello no anula, obviamente, sus similitudes en muchos otros aspectos con el resto del continente.

El Cono Sur, un bloque con particularidades significativas[11]

En esta última parte, nos detendremos, con cierto detalle, en un ejemplo -entre otros posibles- de la importancia que cobra analizar las diferenciaciones o especificidades subregionales, cuando se trata de comprender e intentar explicar procesos socioeconómicos y políticos "significativos por diferencia", dentro de ese gran paquete global que es América Latina[12].

---

[9] No sólo por ser más grande, sino tener el mayor PBI y la mayor población. Amén de ser, en las últimas décadas, el país con mayor desarrollo industrial de América Latina.

[10] Algo similar sucede con otros referentes de las luchas de independencia de España, como San Martín, Sucre, O´Higgins, etc.

[11] Reitero que en este artículo sólo me refiero a Chile, Argentina y Uruguay.

[12] Debe quedar claro que se trata sólo de un ejemplo entre otros posibles, elegido para ilustrar con un caso empírico la lógica de nuestra proposición. Perfectamente, podríamos haber ejemplificado con América Central o el Caribe Insular.

Junto a muchos de los elementos comunes del conjunto del subcontinente, que antes mencionamos, es fundamental percibir que dichos elementos pasaron por el prisma de las particularidades históricas de las sociedades sureñas y terminaron conformando matrices societales significativamente diferenciadas del resto. Veamos ahora brevemente algunos de esos elementos.

Una población originaria, que tuvo menor peso cuantitativo y menor desarrollo "civilizatorio" que en otras regiones de América Latina. Ello facilitó las guerras de exterminio llevadas adelante por España durante la colonia y, por lo tanto, su menor presencia demográfica, cultural y social cuando se desarrolla el capitalismo dependiente en la fase posindependencia.

En buena medida, como corolario de lo anterior, hubo un gran peso de las posteriores migraciones europeas masivas, ahora ligadas a las crisis políticas y de empleo, generadas en el viejo continente por la revolución industrial capitalista y por sus impactos en el campo. Esas nuevas migraciones estaban compuestas por masas de campesinos pobres, obreros industriales desocupados con experiencia manufacturera y de luchas sociales, más algunos núcleos de empresarios con capital, que se radicaban en estos países.

Estos países también tuvieron una cantidad reducida de población esclava, importada de África, si se les compara con varios otros de Latinoamérica. Y, por lo tanto, también un menor impacto discriminatorio, excluyente en sus tradiciones políticas y de derechos ciudadanos.

A su vez, la importante distancia física –para los medios de transporte de la época– entre el Cono Sur y los Estados Unidos generó, durante buena parte del siglo XIX y XX, una relativa barrera a la presencia militar de aquel país. Ello liberó al Cono Sur de invasiones e intervenciones norteamericanas en gran escala, a diferencia de lo sucedido en México, Centroamérica y el Caribe. Como buena parte de lo exportable por la subregión era también producido en Estados Unidos (salvo ciertos productos tropicales de amplio consumo como las bananas), ello ligó por mucho tiempo su economía exportadora más fuertemente a Inglaterra, Alemania y Francia.

Sobre esos elementos, que podemos llamar estructurales y de larga duración, se fueron conformando, durante el siglo XX, unas estructuras sociales y políticas bastante particulares a la subregión y que podemos simplificadamente describir así:

- Un crecimiento económico, que incluyó más tempranamente una mayor industrialización –parcialmente estatal–, con cierto desarrollo del mercado interno, reduciendo el peso de los sectores oligárquicos tradicionales en la economía, y favoreciendo la expansión de los sectores industrial y de servicios con base urbana. Eso contribuyó a generar niveles de ingreso promedio bastante altos para la región, diferencial que se mantuvo, en parte, a pesar de las crisis de los años noventa.

- Un proceso paralelo y más precoz que el resto de América Latina, de urbanización, lo que incorporó masivamente población a las ciudades, aportando fuerza de trabajo para la industrialización. Eso no sólo favoreció la formación de una fuerza de trabajo asalariada formal, sino que ayudó a crecer al mercado interno como motor de la economía.

- Procesos tempranos impulsados desde el Estado, promoviendo la extensión de la educación primaria pública y gratuita. Ello redundó en fuertes bajas del analfabetismo, un impulso a la integración ciudadana, y una expansión creciente de la educación básica, media y superior.

- Asimismo, se crearon bastante tempranamente –por el Estado– sistemas de bienestar social, aunque bastante concentrados en los espacios urbanos y para los trabajadores formales (del estado y privados).

- La estructura de clases y la estratificación social se caracterizó –como aspecto diferencial– por una mayor clase obrera industrial y manufacturera, formalmente integradas al sistema productivo, así como por una presencia bastante amplia de sectores de clase media urbana y también rural.

- Se estableció una matriz sociopolítica, fundada en un desarrollo con cierta autonomía relativa entre Estado y sociedad civil, conviviendo con una densa red de movimientos y actores colectivos. La organización y desarrollo relativo de la sociedad civil fue –antes que en otros países– bastante más fuerte y con mayores espacios de autonomía relativa.

- El Estado Nacional y los partidos políticos se fortalecen bastante temprano como actores centrales de la política. Esto generó la extensión, también temprana, de altas tasas de participación ciudadana por la vía de la expansión del sufragio universal y la competencia entre partidos por el acceso al gobierno. Ello debilitó, con más antelación que en otros lugares, algunas de las formas oligárquicas puras de control social y del Estado.

Similares entre sí, pero también diferentes

Para enfatizar la importancia que le asignamos a la mirada analítica, que jerarquiza la dupla *una/múltiple* cuando se trata de estudiar América Latina, queremos ahora mostrar que, de todos modos sería, a su vez erróneo deducir de lo dicho en el párrafo anterior que ese marco diferencial común hace de Chile, Argentina y Uruguay países con sociedades, procesos políticos e historias básicamente similares. Ello supondría aceptar un determinismo ahistórico y fuera de lugar, por parte de esas similitudes estructurales generales mencionadas. Ellas ayudan, sin duda, a comprender varios aspectos diferenciales globales del proceso de conformación de esos países, pero no deben ocultar a su vez las diferencias en los procesos económicos, sociales y también políticos entre ellos.

Sólo para ejemplificar lo anterior, puede observarse que Chile tuvo un gobierno de coalición con socialistas, ya en los años treinta, y luego el gobierno de la Unidad Popular de Allende incluyó la coalición socialistas-comunistas, mientras que en Argentina nunca las luchas sociales obreristas y clasistas tuvieron representaciones políticas de masas a través de partidos de izquierda. A su vez, en Uruguay, si bien la ampliación de derechos ciudadanos y políticos fue más temprana y amplia, y el sistema político más estable, las izquierdas recién llegaron a tener peso político electoral significativo muchos años más tarde que en Chile.

Por su vez, el militarismo fue central en Argentina durante buena parte del siglo XX –y se dieron recurrentes golpes de estado–, mientras que el juego político civil y la estabilidad del sistema político fueron mucho mayores en Chile y, sobre todo, en Uruguay.

Lo mismo podría decirse de las dictaduras militares de los años setenta en los tres países, que más allá de sus similitudes ideológicas, el apoyo común de los Estados Unidos, sus prácticas de terrorismo de estado y su combate a las fuerzas progresistas, tuvieron sin embargo orígenes concretos, prácticas económicas, y procesos de crisis y caída bastante diferentes en su desarrollo y en su temporalidad.

Vemos entonces que la complejidad de las sociedades latinoamericanas exige, justamente, para su estudio, un tipo de teoría y de método, que resista tanto la tentación simplificadora, que borra las fuertes especificidades nacionales o subregionales, como la tentación contraria, que disuelve el objeto de estudio en una casuística nacional absoluta y desagregada. Es decir, que creemos firmemente en la importancia científica, cultural y también política de los estudios latinoamericanos como tales; y de su enseñanza curricular. En ese aspecto, debemos recoger y potenciar la rica y larga tradición de trabajo académico hecho en la región, así como también en Europa y los Estados Unidos.

Bibliografía

Calderón, Fernando y dos Santos, Mario R. 1995 Sociedades sin atajos. Cultura, política y reestructuración económica en América Latina (Buenos Aires: Ed. Paidós).

Cardoso, Fernando Enrique y Faleto, Enzo 2002 (1969) *Dependencia y Desarrollo en América Latina; Ensayo de interpretación sociológica* (México: Siglo XXI Editores).

Cuevas, Agustín 1978 *El Desarrollo del Capitalismo en América Latina* (México: Siglo XXI Editores).

González Casanova, Pablo (editor) 2007 (1979) *América Latina. Historia de Medio Siglo*, (México: Siglo XXI) Vols. I y II.

Touraine, Alain 1987 *Actores sociales y sistemas políticos en América Latina* (Santiago de Chile: PREALC).

Vekeman, Roger y Segundo, José Luis 1962 "Ensayo de tipología socioeconómica de los países latinoamericanos" en *Aspectos sociales del desarrollo económico en América Latina* (Bruselas: UNESCO).

I

A integração sulamericana e a economia mundial: perspectivas

THEOTONIO DOS SANTOS[1]

Questões de método

Na América Latina, crescentemente, as atividades de pesquisa sobre a conjuntura internacional buscam contribuir para a compreensão das tendências de evolução da economia mundial e seu impacto sobre a inserção internacional da América Latina e particularmente da América do Sul. Na conjuntura atual, esta análise se imbrica necessariamente com o fenômeno das potências emergentes, sobretudo os chamados BRICAS (Brasil, Rússia, Índia, China e África do Sul), que passam a intermediar as relações da região com o conjunto do sistema mundial. Para isso, é necessário desenvolver uma metodologia de análise da conjuntura mundial na qual já vimos trabalhando desde 1994 e que parte dos referenciais teóricos e dos indicadores empíricos que descrevemos abaixo:

Entendemos a economia mundial a partir das teorias do sistema mundial e da dependência, que distinguem as realidades socioeconômicas de determinados países e regiões a partir da articulação entre grupos internos e as forças do sistema mundial. Essas visões destacam a presença de um centro hegemônico ordenador da economia mundial e de um núcleo orgânico de Estados aliados e potenciais competidores; de uma semiperiferia, dividida entre países dependentes e Estados com pretensões de alcançar o núcleo orgânico; e de uma periferia, em grande parte dependente, mas suscetível de resistir politicamente à articulação subordinada e excludente

---

[1] Expresidente ALAS, XVI Congreso, Río de Janeiro, Brasil 1985.

na economia mundial de acordo com o surgimento e crescimento de um sentimento de identidade nacional e um desejo
de autonomia historicamente sustentado.

Estes supostos metodológicos se assentam em realidades
históricas que demarcam o alcance dos conhecimentos possíveis sobre o mundo e afirmam o princípio dialético que afirma
ontologicamente a preeminência da flecha do tempo na confi-
guração do ser total no qual estamos imersos.

Quando estudamos estes movimentos históricos constatamos que, além de se mover pela força das contradições que
dão substancia ao real, eles assumem uma forma cíclica que
não significa um regresso às situações anteriores, mas sim uma
acumulação de bens, experiências, conhecimentos que permi-
tem identificar a flecha da história no universo em geral e nas
vidas socialmente articuladas em existências humanas concretas. Por estas razões metodológicas iniciaremos nossas análises
das tendências da economia mundial contemporânea tomando como referência central os ciclos da economia mundial.
Esses ciclos podem ser divididos em:

1. Ciclos sistêmicos, que relacionam as hegemonias e seus
   períodos de expansão e crise com o desenvolvimento do
   sistema mundial. A análise destes ciclos foi desenvolvida pelo grupo do Fernand Braudel Center, através das
   obras de Giovanni Arrighi (1996, 1997, 1999), Immannuel
   Wallerstein (1996, 1991, 1988, 1980, 1974), Terence Hop-
   kins (1996) e Beverly Silver (1999), entre outros;
2. Ciclos de Kondratiev, que relacionam as mudanças tecnológicas e organizacionais com períodos longos de crescimento e recessão da economia mundial (ciclos de 50 a 60
   anos com 25 a 30 anos de expansão e 25 a 30 anos de baixo
   crescimento ou mesmo recessões);
3. Ciclos econômicos de médio e curto prazo (Juglar e Kit-
   chin), que introduzem oscilações de 4 e 8 ou 10 anos, no
   interior das oscilações mais longas.

A constatação destes ciclos é resultado da observação empírica desenvolvida pela história econômica desde a metade do século XIX e foi sistematizada por Schumpeter (1964) no final da década de 1930. A explicação destes fenômenos que continuaram a ocorrer até nossos dias é ainda insuficiente, mas já contamos com uma sistematização dos fenômenos tecnológicos que demonstram a relação entre estes comportamentos cíclicos e os sistemas de descobertas e inovações que obedecem a padrões tecnológicos e mesmo científicos em períodos relativamente bem definidos.

As características específicas da implantação destes padrões tecnológicos e científicos, a sua articulação com a acumulação de capitais e a dinâmica dos investimentos e da criação de dinheiro fictícios e capital financeiro estão cada vez melhor estudadas, podendo ajudar a estabelecer correlações entre estes fenômenos, as prospectivas políticas e o planejamento estratégico.

Plano Empírico

Partiremos de uma base de indicadores chave que construímos no GREMIMT (Grupo de Estudos Sobre Economia Mundial, Mercado de Trabalho e Integração Regional), sediado na UFF, entre 1994-2000, para o monitoramento das tendências da economia mundial. Estes índices incluem as seguintes variáveis: taxa de lucro; taxa de investimento; PIB e PIB per capita e suas taxas de crescimento ou decréscimo; produção industrial; inflação; taxa de juros; taxa de desemprego; variação dos salários reais e da massa salarial; taxa de câmbio; Balança comercial, a conta corrente e o balanço de pagamentos; dívida externa; balanços primários e operacionais dos gastos públicos; a dívida interna; gastos em ciência e tecnologia; o mapeamento das principais forças políticas dos países e regiões estudadas e de sua atuação internacional através da imprensa mundial e outras fontes. Nesse contexto devemos destacar os resultados eleitorais e a evolução da opinião pública.

É claro que estes dados devem conjugar-se com a visão histórica da implantação e enraizamento de grandes processos civilizatórios que tendem a convergir cada vez mais na medida em que o desenvolvimento das forças produtivas vai permitindo e mesmo gerando a articulação crescente destas bases civilizatórias através de vários mecanismos, entre os quais se ressaltam o comércio, as guerras e os sistemas ideológicos e sua base de experiências vividas coletivamente e acumulação de conhecimentos reais.

Consciente dos problemas materiais concreto a que nos submete este enforque totalizante, faz-se necessário encontrar momentos decisivos que impõem novas estruturas sociais e novas fases históricas fundamentais. A partir dessas recomendações metodológicas, focamos nossa análise no período que se inicia após a Segunda Guerra Mundial, quando os Estados Unidos estabelecem a sua condição de potência hegemônica mundial até o presente momento no qual as potências que emergiram das contradições geradas por este sistema, principalmente os BRICAS (Brasil, Rússia, Índia, China e África do Sul), e suas regiões de influência mais direta, começam a determinar a reestruturação do sistema mundial. A partir das possibilidades materiais geradas nos últimos anos no Brasil, um grupo de pesquisadores da Cátedra UNESCO sobre Economia Global e Desenvolvimento Sustentável (REGGEN) pudemos realizar uma primeira aproximação mais fundamentada sobre as perspectivas que se abrem à região no novo contexto mundial. A partir de um proposta do IPEA pudemos desenvolver um projeto no qual foram objetos de análise: Brasil e América Latina; a emergência da China e do Sudeste Asiático; da Rússia e da Índia; da África do Sul e do continente Africano numa nova fase da revolução científico técnica e das correlações de força mundiais. Isto nos permitiu:

1. Consolidar um modelo de análise da conjuntura internacional, que seja capaz de ajustar as relações entre as variáveis escolhidas à capacidade de descrever os movimentos cíclicos da economia mundial;
2. Situar as regiões assinaladas no âmbito da trajetória cíclica da economia mundial, indicando os cenários prováveis de desenvolvimento e inserção internacional, bem como as possíveis alternativas de percurso proporcionadas por distintas forças sociais e políticas;
3. Elaborar um material de análise teórico-metodológico da economia mundial que possa servir como referência para o planejamento estratégico e a tomada de decisões.

Globalização e economia mundial

O processo atual de globalização da economia e política mundiais tem sua base fundamental na afirmação dinâmica da revolução científica tecnológica que teve início nos anos 1940 e que mudou radicalmente a relação entre ciência, tecnologia e processo produtivo, alterando sensivelmente as escalas de produção por meio da automação e, mais recentemente, da aplicação massiva da robótica no sistema produtivo.

Essas inovações tecnológicas produziram mudanças estruturais no perfil da força de trabalho, ao ampliar o papel dos serviços, das atividades relacionadas à pesquisa, planejamento e desenho dos produtos, e ao criar novos setores industriais e novas atividades econômicas que mudam as relações entre eles.

O resultado é uma terceira revolução industrial que integra o planeta num processo instantâneo de comunicação e de intercâmbio que induz propostas estratégica globais cada vez mais dinâmicas e reduz drasticamente as distâncias entre as várias regiões do globo. Finalmente, devido ao caráter anárquico deste processo global –derivado de sua condução por interesses privados em disputa pelos mercados locais e mundiais–

o equilíbrio ecológico global vem sendo rompido, ameaçando a sobrevivência da humanidade devido, de um lado, ao risco do holocausto nuclear e da utilização de poderes destrutivos crescentes associados ao desenvolvimento espetacular das forças produtivas articuladas pelo conhecimento científico e, de outro lado, devido à degradação ambiental já em marcha pela falta de mecanismos de planejamento humano e racional da utilização destas forças produtivas em expansão.

Nesse contexto de rápidas mudanças, regiões que não participam do desenvolvimento de novas formas de produção industrial e pós-industrial e distribuição ficam cada vez mais distantes dos centros de poder mundial. Esse processo de globalização, portanto, aumentou o abismo tecnológico entre os países desenvolvidos e os países em desenvolvimento e subdesenvolvidos. Ao mesmo tempo ampliam-se as brechas entre os países que centralizam a vida mundial, os países chamados "em desenvolvimento" e os chamados "subdesenvolvidos".

As regiões menos avançadas tecnologicamente têm sido penalizadas por um perverso movimento duplo. Por um lado, o avanço de novas tecnologias e sistemas produtivos eliminou setores de subsistência, não monetarizados, que vinham sustentando enormes massas de camponeses através da produção tribal, do artesanato, do escambo, etc. Essas transformações conduziram a um novo êxodo da população rural para regiões urbanas não preparadas para absorver estas massas deslocadas no nível nacional e internacional, que supera em muito a dimensão do processo de urbanização que vigorou até os anos 1970.

Por outro lado, há uma marcante ausência de desenvolvimento global que permita uma industrialização equilibrada, um sistema educacional de amplo alcance e um setor de serviços bem coordenado para sustentar o avanço de novas tecnologias e do novo sistema produtivo. Os resultados têm se materializado numa urbanização explosiva que não vem acompanhada de uma razoável infraestrutura socioeconômica, e sim, ao contrário, de uma deterioração do meio ambiente e do aumento da marginalização e exclusão social. Todas essas tendências são reconhecidas pela Organização Internacional do Trabalho (OIT), pelo Programa das Nações Unidas de Desenvolvimento (PNUD) e por outras organizações internacionais dedicadas ao estudo do desenvolvimento.

A economia mundial desregulada e direcionada às demandas de um mercado formado de populações miseráveis e sem emprego está trazendo aumento da pobreza, além de sérios problemas de desintegração e exclusão social e desemprego. Essa situação propõe uma importante questão à humanidade. Justiça social e progresso econômico são incompatíveis? A humanidade conseguirá dominar as aparentemente incontroláveis relações econômicas capitalistas em que se funda esta modalidade de crescimento econômico?

Antes de abordar essas questões, a comunidade internacional precisa reconhecer a natureza estrutural da pobreza. Ela se encontra permeada por desintegração social, desigualdade, desemprego e subemprego. Teorias econômicas puramente liberais do *mainstream* não têm se demonstrado capazes de levar a humanidade à justiça social. Há necessidade urgente de negociação global e intervenção social. Um "contrato social" mundial, como está sendo proposto pelo PNUD, deve substituir as diretrizes econômicas liberais. A Carta de Direitos Econômicos dos Povos das Nações Unidas, votada em 1974 pela Assembleia Geral das Nações Unidas, deve ser respeitada. A Declaração do Milênio das Nações Unidas apresenta um conjunto de objetivos que permitirão que as relações econômicas, sociais e culturais planetárias passem a um nível mais alto, mas são poucos os governos que os tomam em sério.

Para que a humanidade se desenvolva num mundo mais justo e administrável, as perspectivas sociais dos países menos desenvolvidos devem ser tomadas seriamente em consideração. Os países desenvolvidos não podem simplesmente impor sua "sabedoria convencional" e seus paradigmas eurocêntricos aos países do Sul. A definição das Metas de Desenvolvimento do Milênio mostra um caminho baseado em princípios éticos e políticos estabelecidos pela comunidade mundial.

Ouvir o Sul significa aceitar as forças sociais que representam as antigas civilizações, que reúnem fortes particularidades culturais na Ásia, na América, na Oceania e na África. Levando-se em consideração que essas forças étnicas e sociais também estão presentes como importantes minorias nos países desenvolvidos, ouvi-las também significa aceitar a força do dinamismo plural regional.

Se não se pode eliminar uma parte da espécie humana –como pretendeu a "solução final" dos nazistas pensada e aplicada para os judeus durante a Segunda Guerra Mundial–, então há de se aceitar viver em um mundo no qual asiáticos, africanos e latino americanos são a maioria. E a Ásia vem demonstrando que uma parte substancial dessa maioria poderá estar educada e desenvolvida em uma ou duas gerações, mantendo, contudo, as características básicas de sua civilização de origem. O que nega grande parte da construção teórica das ciências sociais eurocêntricas que atribui estas características comportamentais ao "atraso" destes povos.

Temas a pesquisar

Diante da quantidade de pesquisas realizadas sobre globalização e as questões do desenvolvimento global e o novo sistema-mundo, um novo esforço de pesquisa no Sul, capitaneado pelos pensadores e pesquisadores da região e de todo o mundo, com forte apoio financeiro local e internacional, deverá ser realizado com os seguintes objetivos:

Os países em desenvolvimento na África, Ásia e América Latina precisam fortalecer a capacidade de seus próprios sistemas de pesquisa e instituições acadêmicas para estabelecer bases conceituais que permitam a compreensão mais profunda do processo de globalização visto desde uma perspectiva global e não hegemônica; reconhecendo as especificidades nacionais de inserção na economia mundial, capaz, portanto, de diagnosticar os problemas e os objetivos nacionais que sustentam a ação dos Estados nacionais; determinar e desenhar políticas de integração regional e desenvolvimento sustentável capazes de superar esses graves limites estruturais e colocá-los num grau de civilização compatível com a revolução científico-tecnológica.

Por último, mas não menos importante, os cientistas sociais do Sul devem se unir às forças sociais e movimentos políticos a fim de produzir uma resposta efetivas às mudanças globais. Devem congregar esforços locais, regionais e globais na luta por desenvolvimento sustentável e por justiça sócio econômica, de acordo com os ideais do Fórum Social Mundial de Porto Alegre.

A Cátedra UNESCO sobre Economia Global e Desenvolvimento Sustentável (REGGEN) realizou junto com o IPEA uma pesquisa sobre a Integração sul americana no quadro das transformações em curso na economia mundial. Ela está em contato com um grupo internacional de instituições e pesquisadores de muito prestígio, capazes de sustentar um ambicioso plano de pesquisa para desenvolver as seguintes questões:

A revolução científico-tecnológica possibilita produção em escala global, conecta a produção à ciência pura e à pesquisa de ponta, diversifica os mercados em termos de qualidade, condições locais de demanda e oferta, e une a acumulação de capital ao desenvolvimento econômico, social, político, cultural e socialmente sustentável. De forma mais simples, fatores tecnológicos têm um papel central no sistema mundial, impondo uma nova divisão internacional do trabalho e novas estruturas macro e microeconômicas capazes de criar condições para se dirigir este processo global sem as violentas crises e o mal estar cultural e humano que o chamado "livre" mercado não pode evitar.

A necessidade de desenvolver um paradigma metodológico das ciências sociais que enfatize abordagens interdisciplinares e a análise integrada e articulada dos processos mundiais complexos no contexto da economia política mundial e de novos esforços macro e microeconômicos;

A ação de ondas longas (ciclos de Kondratieff e outros ciclos de dimensões seculares) sobre o desenvolvimento histórico-econômico nos posiciona agora no início de uma nova curva ascendente da economia mundial, depois do fim de um período que começou em 1967 e alcançou seu ponto mais baixo em 1993. Desde 1994 começou um novo período de crescimento econômico. Nesse novo período de ascenso econômico, economias nacionais já são e vão ser cada vez mais capazes de assimilar um grande número de avanços científicos e tecnológicos preparados durante os longos anos de recessão, tais como robotização, produção flexível, comunicações modernas, laser, biotecnologias, etc. Um novo período de globalização e integração da economia mundial está em marcha, permeado por um desenvolvimento regional e setorial mais combinado e mais desigual assim como violentas manifestações de crises, sobretudo, no centro do sistema;

Esse novo período de crescimento, cuja realidade está equacionada pela teoria das ondas longas, tenderia a ser relativamente sustentado por algum tempo. Entretanto, ele já começou com um grande problema de desemprego estrutural, consequência do enorme avanço da robotização no processo produtivo e da automação de grande parte das atividades de serviços sem a correspondente diminuição da jornada de trabalho. Diante destas mudanças estruturais determinadas pela revolução científico técnica em marcha, podemos descrever as questões fundamentais que vêm se colocando e que se aprofundarão neste período:

A necessidade de extender o aumento espetacular da produtividade ocorrido no período a todos os trabalhadores através de uma nova jornada do trabalho, adotada no plano mundial. Trata-se de uma drástica diminuição da jornada de trabalho evidentemente sem diminuição dos salários dos trabalhadores;

A urgência de promover novos sistemas de administração das empresas e das instituições ligadas ao setor produtivo em geral, com fortes implicações nas relações humanas e nas políticas micro e macroeconômicas;

Imediata reestruturação das corporações privadas, mistas e públicas seja no sentido de aumentar a participação dos trabalhadores e da sociedade em geral na condução das mesmas, seja no planejamento coletivo das suas atividades como na definição dos seus objetivos;

Formas estruturais de redução da desigualdade social, da exclusão social e da pobreza, cada vez mais incompatíveis com as exigências de sociedades cada vez mais complexas e com alto grau de informação;

A manutenção e agravamento destes desequilíbrios estruturais, resultantes de uma globalização guiada pela apropriação privada deste enorme aumento de capacidade produtiva e dos excedentes econômicos por ela gerados, trazidos pela revolução científico-tecnológica, leva a uma anarquia crescente proporcionada pela conservação do mercado e pela agravação dos desequilíbrios determinados pela intervenção irracional das forças sociais que os sustentam. Tudo isto leva a um mal-estar social que conduz à expansão das atitudes de rebeldia –mais ou menos questionadoras– das normas existentes, à violência criminal, ao consumo de drogas e outros instrumentos de escape de uma realidade angustiante, etc.;

Estes desequilíbrios estruturais provocam, como vimos, uma ameaça cada vez mais profunda à preservação e à melhoria do meio ambiente;

Esses dramas psicossociais formam o legado do crescimento econômico desigual, desequilibrado e socialmente exclusivo que resulta da hegemonia das forças sociais ainda hegemónicas;

As tendências de monopolização e oligopolização dos mercados locais, regionais e globais vão continuar a fortalecer-se nesse período, caracterizado pela formação de blocos regionais, crescente comércio intra firmas, competição combinada com cooperação entre corporações multinacionais, expansão de um gigantesco capitalismo de estado a serviço destes interesses e a gestão e formação de mecanismos de comunicação e redes de telecomunicações avançadas com projetos de hegemonia e domínio cultural, o qual é fundamental para o controle de uma situação social cada vez mais instável.

A questão da governabilidade e governança surge dessas realidades nos planos nacional, regional e global e levam à reconstrução de políticas econômicas e industriais e à reestruturação de instituições, sobretudo aquelas que afetam a economia e a política mundiais, mudanças que já afetam e afetarão as Nações Unidas e o sistema de organizações internacionais;

Destaca-se a necessidade de se estabelecer um projeto global de desenvolvimento sustentável capaz de garantir a preservação e a melhoria do meio ambiente e a eliminação da pobreza e miséria;

Coloca-se a necessidade do avanço das ciências para um plano mais complexo e interdisciplinar e do desenvolvimento de novas tecnologias que produzam novas maneiras de organizar a produção e seu impacto na sociedade como um complexo processo de interação cultural, econômica e social. Novas áreas de conhecimento como biotecnologia, novas tecnologias de comunicação e informação, novas fontes renováveis de energia, nanotecnologia, laser, assim como um redimensionamento colossal de nossa visão do cosmos são desafios impressionantes que colocam em cheque o medíocre sistema de poder e gestão existente, formado num passado já completamente superado.

O papel da economia política

A institucionalização de um pensamento econômico totalmente autista pretende orientar a tomada de posição de nações inteiras, cuja realidade passa por outros fatores como as relações sociais e políticas e as relações históricas de caráter local, nacional ou regional. Não se podem definir políticas concretas sem considerar as realidades geopolíticas em que se inserem os fenômenos econômicos.

O debate atual sobre os processos de integração não pode ser discutido dentro de um plano exclusivamente econômico. Neste plano, se considerarmos o pensamento neoliberal puro, teríamos que aceitar que a única integração correta é a do livre comércio generalizado. As integrações regionais seriam intervenções "artificiais" que impõem limites protecionistas às zonas não integradas.

Entretanto, introduzem-se considerações geopolíticas que indicam as preferências reais dos técnicos e "teóricos" para justificar o apoio a esta ou àquela proposta. Os defensores da ALCA, por exemplo, justificam sua necessidade pela importância do mercado norte-americano que, segundo eles, se abriria através deste mercado comum, o que de fato não correspondia à proposta apresentada. Os estadunidenses propõem uma diminuição de barreiras cambiais devidamente qualificadas, limitadas aos setores comerciais que lhes interessam, e uma abertura total ao livre movimento de capitais, que certamente não pretendem mudar os rígidos controles do movimento de capital, sobretudo do exterior, que opera dentro dos Estados Unidos.

Por que preferir os Estados Unidos como contraparte dos demais países latino-americanos? Como já dissemos não se pode deduzir esta preferência das "leis" econômicas manejadas pelos neoliberais. De seu ponto de vista a única coisa correta é o intercâmbio internacional livre. De repente, surge a alegação de que os Estados Unidos são "o maior mercado do mundo" e que, portanto, seria realista dar-lhes preferência total. Trata-se da inserção subliminar de um argumento geopolítico num discurso econômico "puro".

Por trás desse argumento está a constatação de que as relações internacionais não são relações entre economias equivalentes, como se assume em todas as equações desta escola econômica, e, portanto, temos que raciocinar geopoliticamente quando falamos da economia mundial. Em consequência há que se jogar no lixo todas as equações que se baseiam em primícias equivocadas.

É a partir daí que temos que raciocinar sobre as propostas de mercados regionais, isto é, sobre considerações históricas, culturais e geopolíticas que demonstrem as vantagens de dar preferência por este ou outro país, por esta ou outra região. Quando se trata de dimensão de mercado, por exemplo, por que devemos privilegiar o norte-americano quando a União Europeia tem hoje um mercado similar? O México pode responder com um fator geográfico evidente: sua fronteira com os Estados Unidos. Mas o Brasil e a Argentina não contam com este fator. Pelo contrário, têm um contato muito mais forte com a Europa através do Atlântico. Assinar um tratado preferencial com os Estados Unidos não tem, portanto, nenhuma justificativa.

E uma integração sul-americana e latino-americana tem sentido geopolítico? Na realidade cada país da região teve sua economia organizada em função do mercado europeu e depois do norte-americano. Seu sistema viário se orientava essencialmente para os portos para entregar suas mercadorias às frotas mercantes internacionais. Durante o século XX foi-se introduzindo a possibilidade de impor pouco a pouco um "crescimento para dentro". Em consequência, criou-se alguma estrutura viária voltada para os mercados nacionais. Estas mudanças foram interrompidas pelas políticas de ajuste estrutural e do consenso de Washington nas décadas de oitenta e noventa.

A ideia de um acordo regional sul e latino-americano se fundamenta numa vontade política de criar estas infraestruturas que são significativas oportunidades de investimento na região. Prontamente, se delineia a necessidade de políticas de desenvolvimento em todos ou em quase todos os países da região, os quais privilegiam o aumento de suas rendas nacionais. Desta maneira se converte num fato político mais ou menos explícito o objetivo de gerar novos mercados para o conjunto da região. Trata-se principalmente de criar economias de escala adequadas ao padrão tecnológico atual. É evidente que estas tendências indicam uma necessidade das economias mais poderosas da região protegerem este mercado potencial. A integração dos mercados sub-regionais entre si aparece, assim, como uma medida defensiva além de uma abertura de novas possibilidades.

Se acrescentamos a todas essas conveniências geoeconômicas as tradições históricas e culturais comuns, a formação de uma unidade ideológica e política regional em função da luta pela independência (tendo Bolívar como exemplo), entendemos por que há uma carga emocional espontânea tão forte a favor de uma verdadeira integração regional e não somente de um mercado latino-americano. Na medida em que compreendemos a força histórica e cultural deste caminho, podemos começar a raciocinar sobre os interesses geopolíticos da América Latina em cujo quadro devemos discutir a questão dos mercados e das vantagens preferenciais.

As últimas reuniões de cúpula do MERCOSUL indicam que, apesar de suas complexas necessidades de ajustes e principalmente de institucionalização, ele se estende por toda América Latina. De um lado temos a consolidação das relações entre seus membros plenos: Argentina, Brasil, Paraguai e Uruguai. Os recentes confrontos entre Argentina e Brasil sobre as exportações industriais do Brasil caminham para novas medidas na direção de uma maior coordenação de políticas econômicas e de um melhor quadro institucional.

Na verdade, as disparidades de políticas econômicas foram o principal fator de choques entre os dois países centrais do bloco comercial em formação. Durante a década del noventa, o comércio entre eles esteve determinado por políticas cambiais irrealistas baseadas em convertibilidades artificiais de suas moedas locais. Em consequência, o comércio pendia para a Argentina quando o real se encontrava supervalorizado e vice-versa.

Depois da crise brasileira de 1999, que levou à desvalorização do real, se precipitou a crise argentina que levou ao abandono da convertibilidade do peso e à sua desvalorização. No momento atual ambos países manejam uma política cambial flexível mais realista e menos voluntarista. Isso deveria permitir um melhor equilíbrio comercial. Entretanto, não é assim.

Enquanto a Argentina segue na atualidade uma política de crescimento econômico que aumenta a demanda e, portanto, as importações, o Brasil continua prisioneiro das políticas restritivas que foram concebidas pelo Fundo Monetário Internacional. Elas apertam o cinto de sua população, eliminando gastos públicos de conteúdo social para pagar enormes taxas de juro completamente artificiais, as quais atraem inversões externas financeiras de utilidade duvidosa ou claramente antinacionais que valorizam o real e fazem cair as exportações.

O resultado destas políticas opostas deveria levar a um saldo favorável para a Argentina. No entanto, ocorre um aumento das exportações brasileiras para a Argentina devido a vantagens de escala que favorecem o Brasil e a reação dos industriais argentinos para impor barreiras alfandegárias para as importações industriais do Brasil, particularmente as indústrias chamadas de linha branca, se justificam.

Na realidade, estas exportações de estoques remanescentes por qualquer preço não são boas nem para um lado nem para o outro. Trata-se de um acirramento da competitividade baseada em fatores artificiais. Algo similar às políticas de falsa convertibilidade que caracterizou o período anterior e conduziu a graves crises.

No momento atual, os argentinos se mostram mais realistas e o governo brasileiro se vê prisioneiro de uma ortodoxia econômica absurda que sacrifica o destino dos povos da região. Deve-se esperar, portanto, que o bom senso triunfe e se caminhe para um ajuste e coordenação de políticas econômicas mais saudáveis.

Ao mesmo tempo em que vemos a consolidação dos primeiros membros associados do MERCOSUL, assistimos a pressão dos fatos que fazem com que Chile, Colômbia e Peru se vejam cada vez mais obrigados a superar suas veleidades bilaterais com os EEUU e pan-americanas, como foi a preferência pela ALCA. Ultimamente a debilidade de suas burguesias locais leva a um novo equívoco histórico: uma aliança do Pacífico que tem por líder os Estados Unidos.

Da mesma forma, a Venezuela e o México buscam a aproximação com o bem-sucedido bloco sulista. Isto é excepcionalmente positivo. Esses dois países, produtores de petróleo, estiveram condicionados pelos Estados Unidos a atender exclusivamente seu mercado. Hoje a Venezuela avança para concepções regionais cada vez mais dinâmicas, tanto internamente ao orientar grande parte destes recursos para os setores mais necessitados de sua população, como reorientando suas relações externas a favor da cooperação e da solidariedade regionais. Esta política corajosa e revolucionária consegue impor-se majoritariamente através de uma aliança substancial das suas lideranças com um forte movimento de massas cada vez mais consciente e organizado. Isto acirra a confrontação com as suas classes médias que viveram à custa dos recursos do petróleo sem nenhuma consideração com as necessidades das massas populares, excluídas do gozo destes recursos. Tudo indica que o confronto entre estas duas Venezuelas não se resolverá fácil e rapidamente. A liderança excepcionalmente democrática de Hugo Chávez e de uma vanguarda revolucionária que fracassou nas suas estratégias guerrilheiras mas soube reajustar suas concepções estratégicas e táticas em função das mudanças sociopolíticas nacionais, regionais e mundiais.

A última adesão mais promissora e significativa foi a do México. Para muitos latino-americanos o México havia abandonado definitivamente a região. Seu acordo comercial com o norte parecia levá-lo definitivamente para os mercados de "lá". De fato, o México conseguiu realizar o sonho que os chilenos, os colombianos e os peruanos tanto aspiram. O acordo comercial com os Estados Unidos e só formalmente com o Canadá (NAFTA) abriu para o México mercados colossais, ajudado pela fronteira comum. Tanto é assim que o Canadá pouco participa na expansão comercial mexicana. Mas o México se vê obrigado a tomar cuidado com a dependência quase absoluta do mercado estadunidense gerado por esta política profundamente equivocada. Isto ficou evidente durante a crise norte-americana de 2001 a 2003 quando suas exportações caíram e seu produto bruto caminhou para a recessão, e mais dramático ainda na crise de 2008-2009 da qual ainda não saiu, além de sofrer uma recessão muito profunda, ocultada pela propaganda mediática internacional.

O México se declara latino-americano mesmo quando ocorre uma certa recuperação econômica dos Estados Unidos e se associa à CELAC, importante associação de toda a América Latina e o Caribe que exclue os Estados Unidos. Ao mesmo tempo, busca integrar-se no MERCOSUL não só para assegurar sua identidade latino-americana mas também em busca de seu mercado atual e, sobretudo, potencial. Nunca é demais observar que o México tem que assegurar sua identidade cultural para não converter-se num estado a mais da federação norte-americana, sem direito a voz e voto, como Porto Rico. Não é um fato puramente simbólico a decisão de que a CELAC mantenha uma cadeira vazia à espera da participação da Costa Rica em suas Assembleias.

Por outro lado, através das mesmas fronteiras que se abrem ao comércio de bens escapam os desesperados da região, mexicanos ou latino-americanos em geral, para o centro da expansão capitalista cada vez menos atraente. Aí se prepara uma mudança cultural e até mesmo civilizacional, similar à queda do império romano penetrado pelos bárbaros. A população branca norte-americana, em franca diminuição, assiste o crescimento dos "latinos" em suas vizinhanças, com seus modos anárquicos cheios de alegria, de energia e de criatividade. É melhor que o México não se afaste destes migrantes. Os centros econômicos mundiais têm crescido através deles e as mudanças de poder mundial têm sido feitas com uma crescente participação dos mesmos.

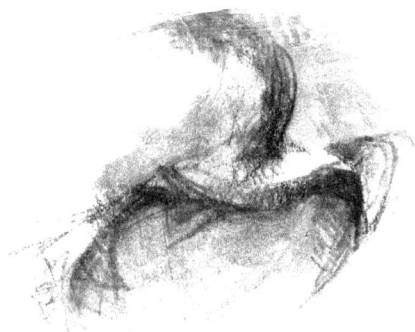

C

Los "procesos integracionistas" de nuestra América: una mirada a algunas de sus tendencias centrífugas

LUIS SUÁREZ SALAZAR[1]

Introducción

Este escrito actualiza y amplía los contenidos de mi ensayo "Los proyectos integracionistas del Gran Caribe: una mirada al escenario más probable", presentado como ponencia en el Congreso de la Asociación Centroamericana de Sociología (ACAS), realizado en Tegucigalpa, Honduras, a fines de agosto del 2012 y publicado casi un año después como epílogo del libro *El Gran Caribe en el Siglo XXI: Crisis y respuestas*, recientemente publicado por el Consejo Latinoamericano de Ciencias Sociales (CLACSO)[2].

Las posibilidades de retomar las ideas planteadas en ese y otros trabajos previamente publicados[3], están dadas porque, sin desmerecer las positivas *tendencias centrípetas* que se

---

[1] Expresidente ALAS, XVIII Congreso, La Habana, Cuba 1991.
[2] Luis Suárez Salazar y Gloria Amézquita (comp.) 2013 *El Gran Caribe en el siglo XXI: Crisis y respuestas* (Buenos Aires: CLACSO).
[3] Me refiero al artículo titulado "El Gran Caribe: una mirada prospectiva de su coyuntura política", que apareció en el libro *El Caribe en el siglo XXI: coyunturas, perspectivas y desafíos*, compilado por Milagros Martínez y Jacqueline Laguardia y que fue publicado por la Editorial de Ciencias Sociales de La Habana en el año 2011. También al ensayo "La contraofensiva plutocrática-imperialista contra las naciones y los pueblos de nuestra *Mayúscula América:* algunas anticipaciones", que fuera publicado el 17 de marzo del 2011 por el *Servicio Informativo "Alai-amlatina"*. Con el título "Contraofensiva plutocrática-imperialista contra nuestra Mayúscula América", una versión editada y actualizada de ese ensayo apareció en el libro *América Latina en tiempos de Bicentenario*. Éste fue coordinado por el doctor Felipe Pérez Cruz y fue publicado en el propio año por la Editorial de Ciencias Sociales de La Habana. En julio de 2011, ambos escritos fueron

observan en la actualidad –como las que se han puesto en evidencia en la institucionalización y profundización de la Alianza Bolivariana para los Pueblos de Nuestra América-Tratado de Comercio entre los Pueblos (ALBA-TCP), de PETROCARIBE, de la Unión de Naciones Suramericanas (UNASUR) y, más recientemente, de la Comunidad de Estados Latinoamericanos y Caribeños (CELAC)—, en las páginas que siguen se acentuarán algunas de las *tendencias centrífugas* que han gravitado y, en el futuro previsible, seguirán gravitando negativamente sobre los diversos, superpuestos y, a veces, contrapuestos proyectos de concertación política, cooperación funcional y/o integración económica que, bajo la definición genérica de "procesos integracionistas", actualmente se desenvuelven en el espacio geográfico, humano y cultural, que en la última década del siglo XIX José Martí denominó *Nuestra América*[4].

---

reproduciros en *Cuadernos de Textos: Historia política y económica de América Latina*, publicado por el Ministerio del Poder Popular para las Comunas y la Protección Social de la República Bolivariana de Venezuela.

[4] Como seguramente conocen los lectores, en el lenguaje de la física se emplea el término "fuerzas centrífugas" para definir a aquellas que se alejan del centro o tienden a alejarse de él. A su vez, se llaman "centrífugas" a aquellas máquinas que, por medio de la fuerza, separan los distintos componentes de una mezcla. Ésas actúan en sentido contrario a las "fuerzas centrípetas": las que propician un movimiento hacia "el centro" o aglutinador de los distintos componentes de una mezcla. En la geografía política, se ha venido reconociendo la existencia de fuerzas y tendencias centrípetas y centrífugas. Las primeras tienden a la unión de estados en unidades geopolíticas más amplias (como la Unión Europea), mientras que las segundas han llevado a la desaparición de algunos de los Estados multinacionales previamente existentes, como fueron los casos de las antiguas Unión Soviética, Yugoslavia y Checoslovaquia. De ahí que me parezca acertado utilizar esos términos para referir aquellas fuerzas o tendencias que propician o dificultan la necesaria "integración económica y política" de los treinta y tres Estados independientes actualmente existentes en América Latina y el Caribe. En razón del espacio disponible sólo me referiré a aquellas "fuerzas centrífugas" que tienen una etiología exógena; pero sin desconocer que otras tienen un origen endógeno, como son los intereses de las clases dominantes y de ciertos sectores subalternos que, por diferentes razones, no han estado ni están identificados con la necesaria unidad de Nuestra América.

Las tendencias centrífugas exógenas: un enfoque lógico-histórico

Ya es un lugar bastante común en el pensamiento crítico y descolonizado, el reconocimiento que, dentro de las múltiples *fuerzas centrífugas endógenas* y *exógenas* que condujeron a la frustración de los ideales de El Libertador Simón Bolívar y de otros próceres de las luchas contra el colonialismo español de "ver formar en América la más grande nación del mundo, menos por su extensión y riqueza que por su libertad y gloria", a la progresiva balcanización de "la América antes española", a sus muchas veces conflictivas interacciones con Brasil y a la prolongación hasta la segunda mitad del siglo XX del "orden colonial" instaurado sobre la mayor parte de los territorios del llamado "Caribe insular" hay que incluir, en un lugar destacado, las diversas estrategias desplegadas por los gobiernos permanentes y temporales de diversas potencias colonialistas, neocolonialistas e imperialistas y, dentro de ellas, en primer lugar, las de los Estados Unidos de América[5].

Luego de culminar su expansión territorial hacia el oeste y el sur de sus fronteras originales, al menos desde fines de la década de 1890, los gobiernos de esa última potencia imperialista avanzaron sin prisa, pero sin pausa en la consolidación de su dominación sobre Cuba, Haití, Puerto Rico y República Dominicana, en el desplazamiento o la distribución de sus "esferas de influencia" en el hemisferio occidental con Francia, Gran Bretaña y Holanda, así como en la elaboración de

---

[5] En la literatura marxista, siempre se ha diferenciado los términos "Estado" y "Gobierno". Desde el reconocimiento su carácter socio-clasista, el primero alude a lo que se denomina "la maquinaria burocrática-militar" y los diferentes aparatos ideológico-culturales, que garantizan la reproducción del sistema de dominación. Mientras que el "Gobierno" alude a los representantes políticos de las clases dominantes o de sectores de ellas, que se alternan en la conducción de la política interna y externa de ese Estado. Curiosamente, esa diferenciación fue retomada por los redactores del famoso documento Santa Fe I. Para ellos, el "gobierno permanente" estaba integrado por "los grupos de poder y poderes fácticos", mientras que los "gobiernos temporales" surgían de los diversos ciclos electorales u otros cambios no democráticos que se producen en diferentes países del mundo.

diversas "alianzas asimétricas" con los representantes políticos, económicos, militares e ideológico-culturales de las clases dominantes en la mayor parte de los Estados independientes o semi-independientes de América Latina y el Caribe[6]. Expresión y a la vez complemento de esas alianzas fue la progresiva institucionalización, ampliación y profundización de la Unión Panamericana (oficialmente fundada en 1910) y, después de culminada la Segunda Guerra Mundial, del Sistema Interamericano.

En razón del virtual poder de veto que casi siempre han tenido los representantes del gobierno estadounidense en el funcionamiento de los principales órganos político-militares de ese "sistema" –la Junta Interamericana de Defensa (JID) y la Organización de Estados Americanos (OEA)–, desde su institucionalización en 1942 y 1948, respectivamente, hasta la actualidad, éstos sólo han respaldado aquellos proyectos de concertación política, cooperación funcional e integración económica entre los gobiernos de sus Estados Miembros que hayan sido percibidos como funcionales a los intereses geoeconómicos, geopolíticos y estratégicos de la llamada "potencia hegemónica en el hemisferio occidental".

Aunque, desde los primeros años de las décadas del cincuenta hasta el comienzo de la década del noventa, existían diversos elementos que así lo demostraban[7], esa proyección se hizo totalmente evidente a partir de la última década del

---

[6] El concepto "Estados semi-independientes" fue acuñado por Vladimir Ilich Lenin en su célebre obra *El imperialismo: fase superior del capitalismo.* Con ese término, se refería a los Estados nacionales o plurinacionales que, luego de haber obtenido su independencia política y, en algunos casos, económica, en las condiciones del "capitalismo monopolista", volvieron a caer bajo la férula de la oligarquía financiera: sujeto socioeconómico dominante en las principales potencias imperialistas.

[7] Entre ellos, el abierto rechazo de los gobiernos de Estados Unidos a la fundación del llamado Grupo ABC (Argentina, Brasil y Chile), así como la sibilina oposición de las autoridades estadounidenses al Mercado Común Centroamericano (MCCA), a la Asociación Latinoamericana de Libre Comercio (ALALC), al Pacto Andino, a la Comunidad de Estados del Caribe (CARICOM), a la Organización Latinoamericana de Energía (OLADE), al Sistema Económico Latinoamericano (SELA), al Grupo de Cartagena, al Grupo de Contadora, al Grupo de Concerta-

siglo XX. En esos años, los representantes políticos, económi-cos, militares e ideológico-culturales, estatales y no estatales, de la oligarquía financiera estadounidense, en consuno con sus principales aliados o subordinados hemisféricos se empeñaron en la institucionalización de "un nuevo orden panamericano" funcional a la recomposición de su multifacético sistema de dominación –hegemonía, acorazada por la fuerza— sobre el continente americano.

Por consiguiente, ese "orden" también estuvo orientado a dirimir a su favor las contradicciones que entonces se le esta-ban presentando a los grupos dominantes en Estados Unidos con los de las demás potencias integrantes de "la tríada del poder mundial" (Japón y la entonces recién fundada Unión Europea), así como a someter a "las disciplinas" del denomi-nado Consenso de Washington a los gobiernos de todos los Estados participes en los diversos procesos de concertación política, cooperación funcional e "integración económico-comercial", previamente existentes: la Organización Latinoa-mericana de Energía (OLADE), el Sistema Económico Latinoa-mericano y Caribeño (SELA), la Asociación Latinoamericana de Integración (ALADI), el Grupo de Concertación y Coopera-ción de Río de Janeiro, el Pacto Andino y la CARICOM.

Igualmente, se orientó a los gobiernos de los Estados latinoamericanos y caribeños que, de manera simultánea, se incorporaron a "los procesos integracionistas" que se funda-ron en los primeros años de la década del noventa bajo los auspicios del ecléctico "regionalismo abierto", impulsado por la Comisión Económica para América Latina (CEPAL); cuales fueron los casos de las Cumbres Iberoamericanas, del Merca-do Común del Sur (MERCOSUR), del Sistema de Integración Centroamericano (SICA) y de la Asociación de Estados del Caribe (AEC). Esta última conformada por todos los gobier-nos de los Estados independientes o semi-independientes del

---

ción y Cooperación de Río de Janeiro, al igual que a los esfuerzos de diversos gobiernos de Brasil orientados a consolidar un Pacto entre los Estados que com-parten la Cuenca del Río Amazonas.

denominado Gran Caribe, al igual que con la participación con el estatus de observadores de los representantes de todas las potencias europeas (Francia, Gran Bretaña y Holanda) que todavía conservan diversos territorios coloniales en esa región.

En consecuencia, desde 1998, la OEA se transformó, por primera vez en su historia, en la Secretaria Ejecutiva de todos los acuerdos multilaterales, tanto en los campos políticos y económicos como de seguridad, que fueron adoptándose en las Cumbres de las Américas (cuya primera cita se realizó en Miami a fines de 1994 y la más reciente en Cartagena de Indias, Colombia, en abril del 2012) y, en particular, de las intensas negociaciones que comenzaron a desarrollarse con vistas a lograr, a más tardar en el 2005, la suscripción por parte de los gobiernos de treinta y cuatro de los treinta y cinco Estados del hemisferio occidental del Acuerdo de Libre Comercio para las Américas (ALCA), impulsado por las administraciones de William Clinton (1993-2001) y George W. Bush (2001-2009)[8].

Paralelamente, se fue produciendo la progresiva "subordinación" de la JID a la OEA. Ésta se formalizó en el 2006 con el propósito de relegitimar el que he llamado "ALCA militar", para connotar la continuidad de las reuniones de jefes de Ejército, Marina y Aviación, así como de las Cumbres de ministros de Defensa, de las Reuniones de ministros de Justicia u otros ministros, procuradores o fiscales generales de las Américas (REMJA, por su acrónimo en el leguaje oficial de la OEA) y de ministros de Seguridad Publica de las Américas (MISPA), al igual que las diversas maniobras militares multilaterales que –bajo la égida de los órganos militares estadounidenses (en particular del Comando Sur de sus Fuerzas Armadas)— se han desplegado y continúan desplegándose en diversos países de América Latina y el Caribe.

Cualesquiera que sean los juicios que merezcan esas afirmaciones, lo cierto fue que la frustración del ALCA –protocolizada en la IV Cumbre de las Américas, realizada en Argentina,

---

[8]   De esos acuerdos siempre estuvieron excluidos los sucesivos gobiernos de la República de Cuba.

en el 2005— no impidió que la "segunda presidencia" de George W. Bush (2005-2009) continuara impulsando diversos tratados bilaterales o plurilaterales de libre comercio con diversos
gobiernos latinoamericanos, orientados a lograr la "integración neoliberal y subordinada" de esos Estados a las necesidades estratégicas de los Estados Unidos. Así, al Tratado de Libre
Comercio de América del Norte (firmado entre los gobiernos
de Canadá, Estados Unidos y México a comienzos de la década
del noventa), en el segundo lustro de la primera década del
siglo XXI, se agregaron los Tratados de Libre Comercio (TLC)
signados, de manera separada, con Chile, Colombia, Panamá
y Perú, al igual que, de forma colectiva, con los gobiernos
de República Dominicana y de todos los Estados integrantes
del SICA.

Estos TLC, al igual que los diversos acuerdos de defensa
y seguridad suscritos por los gobiernos de esos países con
Estados Unidos objetivamente han fortalecido su dependencia estructural y funcional hacia esa potencia imperialista y,
por tanto, potenciado las *tendencias centrífugas endógenas y
exógenas* que han actuado y siguen actuando sobre los Estados Miembros de la CARICOM, del SICA, de la Comunidad
Andina (CAN) y del MERCOSUR. También han entorpecido
la profundización de los acuerdos de otras organizaciones de
concertación política y cooperación del sur político del continente americano, cuales han sido los casos de la OLADE, de
la ALADI, del SELA y del ahora extinto Grupo de Cooperación y Concertación de Río de Janeiro: antecedente inmediato
de la Comunidad de Estados Latinoamericanos y Caribeños
(CELAC), fundada a fines del 2011.

En la fundación de esa última organización de concertación política y de cooperación en ciertas esferas de la actividad
social desempeñaron un importante papel los ocho gobiernos
latinoamericanos y caribeños que en ese momento integraban
el ALBA-TCP y de los cuatro Estados que entonces formaban
parte del MERCOSUR. Éstos lograron concitar el apoyo de los
gobiernos de los demás Estados Miembros de la UNASUR, al
igual que de todos los Estados centroamericanos y caribeños

integrantes de PETROCARIBE, fundada en el 2005 con el auspicio del entonces presidente de la República Bolivariana de Venezuela (RBV), Hugo Chávez.

Las estratagemas de la primera presidencia de Barack Obama

Con vistas a "renovar y prolongar a lo largo del siglo XXI" el mal llamado "liderazgo estadounidense en el hemisferio occidental", así como a tratar de "contener", ralentizar o descarrilar los proyectos de integración latinoamericanos y caribeños mencionados en los dos párrafos anteriores la primera presidencia de Barack Obama (2009-2013) cohonestó los golpes de Estado "institucionales" que se produjeron en Honduras y Paraguay en junio del 2009 y del 2012 respectivamente. También estrechó todos sus compromisos estratégicos bilaterales o multilaterales (políticos, económicos, militares y el terreno de la seguridad) con los gobiernos permanentes y temporales de México, de la mayoría de los Estados centroamericanos (incluidos los de Belice y Panamá), al igual que con los de República Dominicana, Colombia, Perú y Chile. Estos tres últimos integrantes –junto al gobierno de México– de la Alianza del Pacífico, finalmente institucionalizada en junio de 2012.

Como se ha denunciado, esa alianza (articulada con el Tratado Trans-Pacífico que está impulsando el actual gobierno estadounidense con vistas a "contener" los desafíos que le plantea a su "hegemonía" en la región Asia-Pacífico el fortalecimiento de la República Popular China y del llamado Grupo de Cooperación de Shanghái) también persigue debilitar la influencia que han venido adquiriendo en los asuntos internacionales, hemisféricos y suramericanos los actuales gobiernos de Argentina, Bolivia, Ecuador, Venezuela y, sobre todo, de Brasil. Este último integrante del llamado Grupo BRICS (también conformado por los gobiernos de Rusia, la India, la República Popular China y Sudáfrica) e impulsor, desde el 2003, de diversas estrategias orientadas a transformarse en "una potencia global", así como a fortalecer con tal fin su influencia económica y política en Bolivia y Paraguay, al igual que en diversos países del continente americano bañados por el Océano Pacífico, y así como por el Mar Caribe.

Por consiguiente, a las tendencias centrífugas ya señaladas en los párrafos anteriores hay que agregar las diversas dificultades que está confrontando el MERCOSUR (en particular, con los gobiernos de Paraguay y, en menor medida, de Uruguay), las debilidades internas que aún tiene la UNASUR y los asimétricos Acuerdos de Asociación con la Unión Europea (UE), firmados por México, Chile, Colombia y Perú, así como por todos los gobiernos integrantes del SICA. Igualmente, los llamados Acuerdos de Asociación Económica (EPA, por sus siglas en inglés) con la UE, firmados hace cuatro años por todos los Jefes de Estado y de Gobierno de los 14 Estados independientes o semi-independientes que conforman la CARICOM. También, las diversas obligaciones asumidas por sus cancilleres durante "la reunión informal" que el 10 de junio del 2010 sostuvieron en Barbados con la entonces secretaria de Estado de Estados Unidos, Hillary Clinton.

En esta última reunión se adoptaron diversos acuerdos en el terreno económico-comercial, dirigidos a implementar el llamado "Compromiso de Bridgetown: Asociación para la Prosperidad y la Seguridad". Como parte de éste, los participantes en ese conclave respaldaron todos los acuerdos adoptados durante el Dialogo sobre la Cooperación en Asuntos de Seguridad entre EEUU y el Caribe (en el cual también participaron representantes de la República Dominicana), que se había efectuado en Washington desde el 27 de mayo del 2010. Esos diálogos y las acciones que de ellos se derivan estuvieron y están económicamente sustentados en la llamada Iniciativa para la Seguridad de la Cuenca del Caribe (CBIS, por sus siglas en inglés), impulsada por la administración de Barack Obama.

Por consiguiente, siguiendo algunos de los anuncios y prácticas de la "nueva alianza de las Américas", impulsada por esa administración en esos compromisos, también se incluyeron diversos acuerdos vinculados a la Cooperación y a la

Asistencia para "la reconstrucción de Haití", a la cooperación mutua en el terreno de la seguridad energética, así como en diversas áreas vinculadas al cambio climático y a la salud pública. Igualmente, a la extensión, hasta el año 2020, de los accesos preferenciales al mercado estadounidense de los productos caribeños incluidos en la llamada Ley de Asociación Comercial del Caribe, aprobada por la actual administración estadounidense en abril del 2010.

Tal ley incorpora el virtual Tratado de Libre Comercio (TLC) con Haití (conocido como "la Ley HOPE": *Haitian Opportunity for Economic Enhancement*), que previamente había sido prorrogado hasta el 2018, mediante los acuerdos establecidos entre el entonces presidente de Haití, René Préval (2006-2011), y la administración de Barack Obama. Como se sabe, ésta ha seguido respaldando el virtual "protectorado", instaurado en ese país por el antidemocrático Consejo de Seguridad de la ONU y, amparado en sus resoluciones, por la MINUSTAH (capitaneada por las fuerzas armadas brasileñas) tanto antes como después de la tragedia humanitaria causada por el sismo del 12 enero del 2010.

Todo lo antes dicho fortalece la multifacética dependencia estructural y funcional del Caribe insular y continental a las necesidades geopolíticas y geoeconómicas de la potencia hegemónica en el hemisferio occidental: elementos que, en mi consideración, están en la base de la llamada "crisis de gobernabilidad", que viene afectando a la CARICOM y de las grandes dificultades que continúa encontrando la implementación del Mercado y la Economía Única Caribeña (CSME, por sus siglas en inglés), acordado desde el año 2000. Estas dificultades se han potenciado a causa de la creciente subordinación de sus políticas de seguridad a las exigencias de la burocracia político-militar y policial estadounidense. También han aumentado a causa de la constante participación de las fuerzas militares y policiales de esos países en las múltiples maniobras militares que, con diferentes nombres y objetivos "tácticos", han venido desplegando las fuerzas militares y de seguridad norteamericanas en su "tercera frontera". En algunas de esas maniobras también han participado las fuerzas militares de la Organización del Atlántico Norte (OTAN) y, en particular, las de Canadá, Estados Unidos, Francia, Inglaterra y Holanda. Estas últimas cuatro potencias aún mantienen en el continente americano dieciocho territorios sometidos a diversas formas de dominación colonial.

En la percepción de la Casa Blanca, del Pentágono y del poderoso Departamento de Seguridad de la Patria (HSD, por sus siglas en inglés), a la articulación de "su" espacio de seguridad en el Gran Caribe también tributan –además de los referidos acuerdos firmados con la CARICOM– la Iniciativa Mérida (orientada a financiar "la criminal guerra contra las drogas" que, desde el 2006, se ha venido desplegando en México) y la Iniciativa para la Seguridad Centroamericana (CARSI, por sus siglas en inglés), aceptada por todos los gobiernos de los Estados integrantes del SICA, al igual que por los de Belice y Panamá. También tributan los FOL del SOUTHCOM instalados desde el año 2000 –con la anuencia de la monarquía constitucional holandesa– en Aruba y Curazao. Igualmente, las denominadas "Instalaciones de Seguridad Cooperativa" (CSL por sus siglas en inglés), que ya dispone ese comando en Bahamas y en la República Cooperativa de Guyana. Asimismo, la base naval que, con ayuda del Pentágono, están instalando las fuerzas armadas de República Dominicana en la estratégica Isla Saona.

Aunque, según la información difundida, en esa base no permanecerá personal militar estadounidense, su funcionamiento le permitirá a la Marina de Guerra dominicana (y, por tanto, a la estadounidense) tener una presencia permanente en esa área, así como "monitorear las actividades ilícitas" que se desarrollan en el Canal de la Mona, ubicado entre la parte oriental de la República Dominicana y la parte occidental del archipiélago de Puerto Rico. Por consiguiente, esa base interactuará con todas las capacidades que conservan la Marina de Guerra y la Guardia Nacional de Estados Unidos en ese colonizado archipiélago, al igual que en la mal llamada Base Naval de Guantánamo, Cuba.

Éstas –al igual que las FOL y las SCL que tienen dislocadas en otros territorios del Gran Caribe– se "triangulan" con los mandos y efectivos del SOUTHCOM y de la Cuarta Flota de la Marina de Guerra estadounidense, encargada de la vigilancia y "protección" de las "aguas azules" (océanos), "aguas verdes" (litorales) y "aguas marrones" (fluviales), que bañan las costas norte, nororientales u oriental de casi todos los Estados del Caribe insular, al igual que de la República Bolivariana de Venezuela, de la República Cooperativa de Guyana, de Surinam, de la todavía llamada Guyana francesa (Cayena), así como de Argentina, Brasil y Uruguay.

Esto último –al igual que las nuevas FOL o en SCL que se han venido fortaleciendo o instalando en El Salvador, Guatemala y Honduras, así como los controvertidos acuerdos de defensa y seguridad firmados de manera bilateral entre los gobiernos de Estados Unidos, Colombia y Costa Rica– contribuye a explicar la reacción adversa que el despliegue de esa flota ha encontrado entre buena parte de los gobiernos de los Estados integrantes del ALBA-TCP y de la UNASUR. Sobre todo, porque según diversos analistas (incluido el autor de estas páginas), la ralentización de los acuerdos de esa última organización (incluidas las labores de su Consejo de Defensa y de su Consejo Económico), la mediatización de los fundamentos jurídico-político-institucionales de la recién fundada CELAC y el debilitamiento de los acuerdos PETROCARIBE y ALBA-Caribe forman parte de los objetivos estratégicos que han perseguido y persiguen las diversas "estrategia inteligentes" que desplegó la "primera administración" de Barack Obama contra los pueblos y las naciones de Nuestra América y en particular contra los gobiernos integrantes del llamado "núcleo duro" del ALBA-TCP.

Así lo demuestran, entre otras evidencias, la perduración del bloqueo económico, comercial y financiero, así como de otras acciones agresivas del gobierno estadounidense contra el pueblo y el gobierno cubano encabezado, desde el 2008, por Raúl Castro. Igualmente, la hostilidad oficial estadounidense contra los gobiernos de Bolivia y Ecuador, presididos por Evo

Morales y Rafael Correa, respectivamente; los frustrados intentos de Estados Unidos y sus aliados europeos de deslegitimar el resultado de las elecciones generales realizadas a fines del 2011 en Nicaragua, en las que resultó reelecto por un amplio margen de votos el presidente Daniel Ortega; y las constantes conspiraciones del gobierno permanente y del actual gobierno temporal estadounidense, así como de sus "aliados" internos (organizados en la mal llamada Mesa de Unidad Democrática), dirigidas, primero, a evitar la reelección del presidente Hugo Chávez en los comicios presidenciales que se realizaron en la República Bolivariana de Venezuela el 7 de octubre del 2012 y, luego de su desaparición física, a deslegitimar la elección del candidato presidencial del Gran Polo Patriótico, Nicolás Maduro, en las elecciones de igual carácter, efectuadas el 14 de abril del 2013.

En la percepción de los gobiernos –permanente y temporal– de Estados Unidos, la derrota de ese mandatario significará un golpe contundente a los diversos acuerdos de concertación política, cooperación funcional e integración económica que, utilizando sus inmensos recursos energéticos y su "renta petrolera", ha venido impulsando la República Bolivariana de Venezuela con el propósito de edificar un "mundo multipolar", de debilitar el sistema de dominación estadounidense en el hemisferio occidental, de impedir nuevos avances en la institucionalización del ya mencionado "orden panamericano", así como de impulsar un "modelo" de desarrollo económico, social, político e ideológico-cultural (identificado con las aún imprecisas nociones del "socialismo del siglo XXI"), alternativo a los dictados de la "globalización neoliberal" y al capitalismo periférico, semiperiférico y dependiente, instalado en la mayor parte de los Estados de América Latina y el Caribe.

La política hemisférica de la segunda presidencia de Barack Obama

A partir de todos los elementos antes mencionados y de otros excluidos en beneficio de la síntesis, al igual que del análisis de la correlación de fuerzas existentes entre los principales sujetos y "actores" gubernamentales y no gubernamentales, internos y externos, que continuarán actuando en el sur político del continente americano, considero que en el futuro previsible se mantendrán las tendencias centrífugas exógenas y endógenas referidas en los párrafos anteriores. Por tanto, éstas continuarán interactuando de manera compleja y en muchos casos negativamente sobre la mayoría de los "procesos integracionistas" que se están desarrollando en Nuestra América.

Mucho más porque cualquiera sea la evolución en el mediano plazo de las superpuestas crisis que están afectando a la socioeconomía europea y estadounidense, así como de "la hegemonía" global y hemisférica de esa potencia imperialista, las diversas fuerzas económicas, sociales, políticas, militares e ideológico-culturales que controlan sus gobiernos permanente y temporalmente, al igual que el funcionamiento de su sistema político continuarán contando con el poder necesario para defender sus principales intereses estratégicos, geoeconómicos y geopolíticos en el hemisferio occidental. Y, como ya está dicho, esos intereses son contrapuestos a los de todos aquellos actores sociales y políticos, estatales y no estatales, latinoamericanos y caribeños, que han venido impulsando diversos proyectos de concertación política, cooperación funcional e integración económica diferentes a los proyectos "panamericanos" y de "libre comercio" impulsados por sucesivos gobiernos de Estados Unidos.

Por ende, ese propósito seguirá guiando las diversas estrategias, más o menos "inteligentes", que desplegará la administración de Barack Obama durante su "segunda presidencia". Así lo indican, entre otros elementos que no tengo espacio para detallar, la política de defensa hacia el hemisferio occidental hasta el año 2023, difundida por el exsecretario de Defensa Leon Panetta en octubre del 2012, y los resultados de la visita oficial realizada por Obama a México, al igual que de la reunión que sostuvo en San José de Costa Rica con los mandatarios del SICA a comienzos de mayo año 2013. Aunque, colocando la "cooperación económica" por encima de la que ha venido ofreciendo en el terreno de "la seguridad", en esta reunión, al igual que en mencionada visita a México, se comprometió a mantener los fondos que en los años previos le había venido entregando a la "guerra contra las drogas" que se desarrolla en ese país, así como para la continua implementación de la CARSI. Según la información difundida, aunque esos fondos son menores a los de los años precedentes, éstos ya están incluidos en los presupuestos de "ayuda externa" (militar y civil) para el 2014.

A lo antes dicho, hay que agregar los propósitos hegemonistas de la política estadounidense hacia América Latina y el Caribe, definidos públicamente por el vicepresidente de Estados Unidos, Joseph Biden, ante la reunión del Consejo de las Américas, efectuada en Washington a comienzos de mayo del presente año. También, los resultados de las visitas que realizó unos días después a Trinidad y Tobago, Colombia y Brasil. A pesar de las contradicciones que se expresaron en la reunión que efectuó en el primero de esos países con todos los Jefes de Estados y Gobiernos de la CARICOM (en la cual participó el actual presidente de la República Dominicana, Danilo Medina), en ésta se profundizaron los acuerdos en el terreno económico y comercial, así como en el campo de la seguridad de la Cuenca del Caribe, incluidos en el ya mencionado "Compromiso de Bridgetown" y en los diálogos sobre Asuntos de Seguridad que sistemáticamente se han venido realizando desde el 2010.

Del mismo modo en que, en su visita a Colombia, Biden estrechó los vínculos estratégicos existentes entre el actual gobierno temporal de su país y el encabezado por el actual presidente colombiano Juan Manuel Santos. Así lo demuestran el compromiso de Biden de mantener la voluminosa ayuda económica y militar (estimada en 8.500 millones de dólares), que –desde la aprobación del Plan Colombia en 1999 hasta el

2012— su país le ha venido ofreciendo al gobierno permanente y a sucesivos gobiernos temporales colombianos. También, su anuncio de que la administración de Barack Obama respaldará la incorporación de Colombia a la "primermundista" Organización para la Cooperación y el Desarrollo Económico (OCDE), al igual que en las intensas negociaciones que se están desplegando con vistas a protocolizar antes del fin de este año el ya referido Tratado Transpacífico (TPP, por sus siglas en inglés).

A cambio, el mandatario colombiano se comprometió, entre otras cosas, a sostener los diversos acuerdos político-militares y económico-comerciales previamente firmados con Estados Unidos, así como a favorecer las interacciones del gobierno de esa potencia con la referida Alianza para el Pacífico, institucionalizada en junio del 2012. Merece resaltar que esos y otros propósitos también estuvieron presentes en los intercambios que sostuvo el presidente Barack Obama, durante su ya mencionada visita oficial a México, así como durante las visitas oficiales que en junio del presente año realizaron a Estados Unidos los presidentes de Chile y Perú, Sebastián Piñera y Ollanta Humala, respectivamente. Con ambos la actual administración estadounidense firmó diversos acuerdos orientados a consolidar su influencia en América del Sur, al igual que en la región Asia-Pacífico.

Por otra parte, durante su primera visita oficial a Brasil, Biden continuó avanzando en la consolidación y ampliación de los diálogos y acuerdos de alto nivel que, desde el 2010, se han venido realizando y firmando con el gobierno de ese país suramericano, presidido por Dilma Roussef. A pesar de las dificultades que le causó la denuncia del extendido espionaje electrónico que ha venido realizando la Agencia de Seguridad Nacional de Estados Unidos (NSA, por sus siglas en inglés) sobre diversos países del mundo, esos propósitos también estuvieron presentes en las primeras visitas oficiales realizadas a Colombia y Brasil por el actual Secretario de Estado, John Kerry. Según la información difundida, en la primera de esas visitas logró disipar "las molestias" del gobierno colombiano; mientras que en la segunda, a pesar de la decepción que causó su acérrima defensa de esas actividades de espionaje realizadas por la NSA, Kerry continuó dando pasos orientados a preparar la visita oficial que, en octubre de este año, realizará la antes mencionada mandataria brasileña a los Estados Unidos.

En ésta se ha previsto la suscripción de cinco nuevos acuerdos bilaterales y, por tanto, que se profundicen los Diálogos de Alto Nivel entre los gobiernos de ambos países que se han venido efectuando desde el 2010. Según indicó públicamente en ese año el exdirector de la Inteligencia Nacional de Estados Unidos, Dennis Blair, en su perspectiva esos diálogos estaban orientados, entre otras cosas, a utilizar al gobierno brasileño para "contener" a los gobiernos "antiestadounidenses", instalados en diversos países de América Latina y el Caribe; en particular, a los de Hugo Chávez y sus aliados.

Cualquiera que sea la validez de esa afirmación, en mi consideración las futuras interacciones de los gobiernos de Estados Unidos con los de Brasil estarán orientadas a evitar que los representantes políticos, económicos, militares e ideológico-culturales de la llamada "nueva elite brasileña" (formada durante los sucesivos gobiernos del Partido de los Trabajadores) continúen avanzando en los diversos planes políticos, económicos y militares que han venido elaborando con vistas a transformar ese país en una "potencia global", autónoma de los intereses estratégicos, geopolíticos y geoeconómicos de Estados Unidos y de sus principales aliados asiáticos y europeos en diferentes regiones del mundo y, en particular, en el hemisferio occidental.

A modo de conclusión

Sin dudas, en caso de que la administración de Barack Obama logre los propósitos señalados en el apartado precedente, se fortalecerán las fuerzas centrífugas que en los años más recientes han limitado (aunque no impedido) la paulatina profundización del MERCOSUR y de la UNASUR con todas las implicaciones negativas que esto tendría para los demás procesos de concertación política, cooperación e integración económica, que de manera independiente a los Estados Unidos se están desplegando en el sur político del continente americano. Mucho más porque todo parece indicar que –a pesar de las acciones emprendidas por John Kerry durante la Asamblea General de la OEA, realizada en Guatemala con vistas a "normalizar" sus relaciones con el gobierno venezolano presidido por Nicolás Maduro– en los próximos años se mantendrá la hostilidad de la actual administración estadounidense hacia los gobiernos de los diez Estados ahora integrantes del ALBA-TCP y en especial hacia los de Bolivia, Cuba, Ecuador, Nicaragua y la República Bolivariana de Venezuela.

Paralelamente, el último gobierno temporal de Barack Obama, junto a sus principales aliados o subordinados hemisféricos y extra hemisféricos, continuará impulsando o apoyando diversas iniciativas dirigidas a entorpecer aquellos acuerdos de la AEC, del SICA, de la CARICOM, de PETROCARIBE, del MERCOSUR, de la UNASUR y de la CELAC que sean percibidos como desfavorables a los intereses geopolíticos y geoeconómicos de las clases dominantes, de la poderosa burocracia político-militar estadounidense, así como de aquellos sectores de su sociedad y su sistema político que continúan pensando que América Latina y el Caribe siguen siendo "su traspatio" o –como descarnadamente indicaron a comienzos de la década del ochenta los redactores del primer documento de Santa Fe– "el escudo y la espada de la proyección del global estadounidense".

De ahí la validez de lo planteado por el actual presidente de los Consejos de Estado y de Ministros de Cuba y actual presidente *pro tempore* de la CELAC, Raúl Castro:

> "Tendremos que cuidar nuestra unidad dentro de la diversidad e impedir que se nos divida. Sabemos que la consolidación de esta organización enfrentará recios obstáculos, derivados del injusto e insostenible orden internacional, [de] la crisis económica global, [de] la agresiva política de la OTAN, [de] las amenazas

y consecuencias de sus guerras no convencionales y el intento de un nuevo reparto del mundo; [de] la existencia de enormes arsenales nucleares y novedosas armas, así como [del] cambio climático".

La Habana, 27 de agosto de 2013.

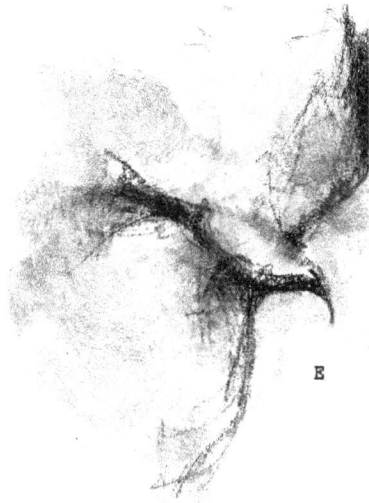

E

¿Por qué resiste Cuba...?

PABLO GONZÁLEZ CASANOVA[1]

A Armando Hart Dávalos

Un día, conversando con un amigo en La Habana, nos preguntamos ¿por qué resiste Cuba cuando el capitalismo ya se restauró en Rusia, China, Vietnam?

Mi amigo dio una respuesta contundente: "Cuba es la mejor prueba de la existencia de Dios".

Como yo soy lego en argumentaciones teológicas, preferí plantear la pregunta con el rigor de un problema científico. En ese sentido quiero recordar algo que dijo Martí: "Hasta aquello de lo que está cierto, hasta allí llega la ciencia del hombre".

Yo tengo algunas respuestas en las que estoy cierto, pero necesito expresarlas para que otros me ayuden a resolver un problema que quiero plantear en términos científicos y en el que busco excluir cualquier intención laudatoria.

En el intento mismo de plantear el problema científico, descubro que mi análisis va a ser necesariamente incompleto. Pienso que otros tendrán que completarlo. También advierto circunstancias concretas por las que el Movimiento 26 de Julio triunfó en Cuba, y por las que Cuba resiste hasta hoy, y que no son generalizables. De hecho, corresponden a un tiempo y a una isla.

Como muchas de esas circunstancias no se dan en todo tiempo y en todo lugar, el movimiento revolucionario cubano ha insistido en que no debe tomársele de ejemplo. Su propues-

---

[1]   Expresidente ALAS, IX Congreso, México DF, 1969; XV Congreso, Managua, Nicaragua, 1983.

ta resulta razonable si se hace extensiva la famosa expresión de Mariátegui, y se afirma que ninguna revolución puede ser "calca y copia" de otra.

Eso no quiere decir que todas las experiencias cubanas se limiten a Cuba y que ninguna de ellas tenga carácter universal. Al contrario muchas experiencias de Cuba tienen carácter universal y en ese carácter merecen ser más exploradas.

Cabe otra aclaración y es el peso mayor o menor que algunas de las medidas y circunstancias tienen en el triunfo y la resistencia de Cuba. Pretender calcular el variable peso es imposible. Su alcance corresponde a fenómenos que los matemáticos consideran "extremadamente no lineales", con lo que quieren decir que en ellos una acción mínima puede producir efectos colosales, incalculables...

El triunfo de Cuba es incalculable. Cuba es un pequeño país, que cuando inició la Revolución tenía seis y medio millones de habitantes y, como todos saben, la isla se encuentra a unas cuantas millas del imperio más poderoso y agresivo en la historia de la especie humana.

Resulta difícil entender cómo esa pequeña isla y sus habitantes han resistido el inhumano bloqueo y el permanente asedio de más de cincuenta años, que Washington ha acompañado de constantes amenazas, agresiones, conspiraciones e intentos de magnicidio, y otros hechos, entre los que destaca el intento de invasión y el triunfo en Playa Girón, donde Cuba puso en derrota a las fuerzas invasoras, armadas y apoyadas por Estados Unidos. También son de recordar la entereza que mostró la isla, con su gobierno y pueblo, en "la crisis de los cohetes" que llevó el chantaje nuclear a sus extremos, y –para no extenderme más– los indecibles sacrificios del "período especial" en que, tras la disolución de la URSS, Cuba perdió una inmensa fuente de sus ingresos y la población entera decidió de todos modos continuar en la lucha por la independencia y el socialismo, a sabiendas de que eso significaría una grave reducción de los niveles de vida y consumo durante largo tiempo.

Semejantes hazañas –y muchas más– obligan a plantearse con la mayor seriedad el problema de saber: ¿Cómo se explica la resistencia de Cuba?

Y evocando a Martí enuncio otros "hechos ciertos" que también caen en el orden del conocimiento científico y que incluyen la herencia del propio Martí, muerto en batalla por su pueblo y su patria en 1895 a la edad de 42 años: Es más, en estas palabras, me voy a limitar a algunas reflexiones con que Martí contribuyó a esa capacidad de revolución y de resistencia.

José Martí es considerado como "el autor intelectual de la Revolución Cubana" por quienes al mismo tiempo se identifican como marxista-leninistas. La aparente contradicción entraña relaciones muy precisas entre un pensamiento, un sentimiento y una expresión que enriquecen al liberalismo radical y al marxismo desde la perspectiva de los pueblos coloniales y sus luchas por la independencia. Liberalismo y luchas por la independencia se expresaron desde Martí como luchas contra el antiguo colonialismo y contra el imperialismo, es decir contra un capitalismo que se rehízo al impulso de los monopolios y que hizo suya "la renta colonial".

Expresión de las luchas humanistas del liberalismo radical de su tiempo, Martí es admirador de la gran corriente de la Ilustración que en Cuba tuvo a notables filósofos cristianos, impulsores del pensamiento ético y crítico y del humanismo más avanzado de fines del siglo XVIII y principios del XIX. Martí logró ser una de las más altas expresiones de quienes en el siglo XIX latinoamericano forjaron los espacios laicos de la pregunta, los espacios laicos del diálogo, de la discusión y el consenso y una capacidad reflexiva y poética, capaz de comprender y expresar el mundo propio y el ajeno.

En la múltiple lucha por nuestra expresión como expresión universal, Martí no sólo vivió en las entrañas del imperialismo como colonialismo, sino como reestructuración monopólica de un capitalismo al que se enfrentaban los trabajadores encabezados por Marx... Martí no sólo anunció que "se viene encima amasado por los trabajadores un universo nuevo", ni sólo hizo ver que Marx "merece honor... por haberse puesto del lado de los débiles", ni nada más citó en el homenaje póstumo a Marx, una bella frase que dice: "La libertad ha caído muchas veces; pero se ha levantado más hermosa de cada caída...", sino que también hizo otro llamado plenamente válido hoy, en que dijo: "Indigna el forzoso abestiamiento de unos hombres en provecho de otros. Mas se ha de hallar la salida a la indignación, de modo que la bestia cese, sin que se desborde y espante". (Parece como si estuviera hablando de hoy en que se quiere abestiar al hombre, en que la bestia se desborda y espanta, y en que todos estamos buscando salida a la indignación).

Martí no expresó sus afirmaciones sobre la lucha de clases y la lucha por la independencia de las naciones en frías formas filosóficas o en tratados o sistemas teóricos. Las expresó en formas a la vez racionales y emocionales, buscando de manera profunda, y con una pasión intensa, la "claridad" y la "sinceridad", muy fuertes ambas en su vida, y muy vinculadas a su lucha por "la vida nueva", en esa forma a la vez emocional y práctica que expresó con su "fe en el mejoramiento humano" y en lo que llamó "la utilidad de la virtud", expresiones ambas que ensamblan los motivos de una pasión intensa y las preocupaciones de una lucha en que se piensa cómo ganar, cómo lograr lo que se quiere.

El rico legado de Martí corresponde a una estrecha vinculación entre el concepto, la palabra y la acción. Sin esa vinculación, lo que Martí dice no se entiende bien, se entiende a medias, se entiende mal. El legado, en su versión escrita y vivida, no sólo alcanza una gran belleza, sino una gran fuerza. El pensamiento estrechamente vinculado a la acción le da otro sentido a la palabra. Funde la palabra con la cosa. Quien escucha la palabra sabe quién la dice. Y por quién la dice entiende que como promesa va a ser cumplida, y que como descripción o explicación de lo que pasa corresponde a hechos ciertos sobre lo que ocurre y sobre lo que es necesario hacer para lograr un objetivo. Y si la validez de lo que dice depende tanto de la moral de quien lo dice como de su saber y experiencia, el que oye entiende que lo que dice es en principio válido y confiable. Y esta junta de moral en la lucha y de la experiencia en el luchar y pensar es base de una fuerza especial: de confianza que integra las acciones colectivas por metas comunes y que se enriquece todavía más con la invitación de quien se expresa a que lo corrijan quienes lo oyen si tienen otra visión o información...

Martí como fuente de una cultura más que de una ideología, hoy se enfrenta mejor que nadie a seguir luchando en plena crisis de las ideologías tras los procesos de restauración y recolonización del capitalismo. El gran triunfo de los neoconservadores no sólo consistió en la restauración mundial del capitalismo –con excepción de Cuba–, sino en la eliminación de la lucha ideológica (como quería Daniel Bell) y en su sustitución por luchas de grupos de interés y grupos de presión, grupos de corrupción y grupos de intimidación dentro de la llamada "clase política". Al ver cómo todos los partidos políticos votan por la misma política del saqueo y la represión neoliberal, ya sean comunistas, socialistas, populistas, demócratas o conservadores... Al ver tan inusitado espectáculo se da una fuerte crisis de las luchas ideológicas. Y en ese momento la "utilidad de la virtud" y todo el realismo político-moral de la lucha por "la nueva vida" adquieren una importancia enorme.

Es más: "que la palabra sea la cosa" y que se reconozca "la utilidad de la virtud" permiten redefinir y recuperar el pensamiento profundo de Marx y de su crítica creadora. Llevan a vincular esa otra fuente del pensamiento y la acción con la cultura de un pueblo en el que se difunde el poder de la virtud como base de la cooperación y la confianza y de la creación histórica. Desde la vida misma de Martí se enriqueció la profunda intuición de lo que en forma sistemática proviene del marxismo. En el Partido Revolucionario del Pueblo Cubano se incluyó a quienes serían fundadores del primer partido comunista, quienes por su parte contarían entre sus herederos con algunos de los teóricos más brillantes del comunismo latinoamericano, y entre ellos, con Julio Antonio Mella.

El éxito de la Revolución Cubana y su inmensa capacidad de resistencia serían inexplicables sin la fuerza que significan la moral de lucha y el valor en el combate para la construcción de un mundo que se encamine a la justicia y la libertad, practicándolas al andar. Martí planteó la posibilidad de convencer "con el valor sencillo y la palabra franca" a quienes tienen valor y de suyo respetan la franqueza. Anunció así que: "del valor oculto crecen los ejércitos del mañana". Pero no se quedó en eso: hizo el elogio de Marx como "organizador incansable".

Y ésta es otra razón por la que resiste y triunfa la revolución cubana: el mito del foco guerrillero en que veinte jóvenes valientes pueden cambiar la historia, nada tiene que ver con el carácter de "organizadores incansables" que tuvieron los dirigentes del "26 de Julio" con las organizaciones de base en Santiago a cargo de Frank País, la de La Habana que originalmente promovió y articuló Armando Hart, o las de la sierra y las playas, éstas últimas a cargo de Celia Sánchez, que fueron quienes descubrieron y salvaron a los náufragos del Granma, y entre otros a Fidel.

En la lucha actual, "vaciada de ideologías" por el imperialismo norteamericano con la política preconizada por Teodoro Roosevelt de "la zanahoria y el garrote", hoy en todo su apogeo, la moral es arma vital contra la corrupción. Y el valor y entereza son valiosos recursos contra la intimidación y el terror. Que moral y valor aparezcan entre contradicciones de corrupción y traición no es la característica general de la revolución. Si lo fuera ya habría sido derrocada. La característica general es la valentía reflexiva y la honestidad incorruptible de los líderes del proceso revolucionario, y de la inmensa mayoría del pueblo cubano, moral, política y militarmente organizado para defender la justicia social y la independencia nacional en una fusión o "complejo" del pueblo que gobierna mediante un inmenso entramado de colectivos y agrupaciones donde el diálogo, la discusión y el consenso convalidan, corrigen, practican y enriquecen las decisiones fundamentales del poder popular nacional y social con su partido y su gobierno, hechos difíciles de entender en el discurso a que estamos acostumbrados. Y si bien "el hombre nuevo" sigue siendo un hombre con contradicciones, se trata sin embargo de un hombre que aprende a encauzar o contener sus contradicciones y a confluir en los consensos y las acciones concertadas.

Dicho de otro modo: Cuba ha podido resistir porque su población sabe muy bien lo que significaría perder la independencia y la justicia social que defiende como poder del gobierno-pueblo, un poder que se enfrenta con éxito al poder articulado del "complejo" militar-empresarial-y-político del imperialismo, con sus asociados y subordinados.

La democracia en Cuba consiste en que el pueblo sabe que si no defiende a su propio gobierno, pierde la soberanía y la justicia social que con los servicios de educación, salud, vivienda y trabajo sigue impulsando el pueblo-gobierno día a día, no sin verse obligado a hacer algunas concesiones, como la zona de turismo destinada a allegarse divisas, o el incremento de la propiedad privada y los empleos comerciales que buscan disminuir el peso de una excesiva burocracia, reforma en parte limitada y corregida tras una inmensa auscultación que en 2012 frenó en gran medida los proyectos privatizadores excesivos y desestabilizadores, aunque no haya todavía dado el peso y la importancia necesaria a las cooperativas, y más que nada a los sistemas de cooperativas de actividades múltiples: agrícolas, industriales y de servicios, horno y escuela de culturas solidarias, y freno de la cultura individualista del mercado... Y como de contradicciones se trata, por qué no señalar la redoblada lucha, contra la corrupción que genera la economía informal, o en que han caído algunos altos funcionarios hoy encauzados judicialmente, e incluso aprisionados, medidas que, sin dar fin a esos graves problemas, frenan su peso y el peligro que representan por débiles que sean... Reconocer y enfrentar a las necesarias contradicciones de toda lucha de los pueblos por la independencia y la justicia social forma parte también del legado martiano y explica por qué resiste y avanza Cuba.

Es indudable que, en las condiciones señaladas, la lectura de los clásicos del pensamiento emancipador cobra una inmensa originalidad y supera la simple perspectiva del mundo y el capitalismo global visto desde las metrópolis. Las experiencias y percepciones que se dan en el mundo colonial o recolonizado siguen reformulando conceptos y viviendo experiencias que enriquecen la lucha ideológica por la independencia, la democracia, la justicia social y el socialismo. Entre las aportaciones más significativas a nivel mundial destacan con las de Cuba los planteamientos que "desde abajo y a la izquierda" hacen los pueblos mayas del sureste mexicano, conocidos como zapatistas, con sus aportaciones universales a las autonomías de los pueblos discriminados y oprimidos, a la pérdida del miedo como un elemento epistemológico fundamental, al enaltecimiento de la dignidad y la autoestima frente a las "acciones cívicas" de la guerra contrainsurgente, que se ha convertido en guerra de recolonización al servicio del capital corporativo. También destacan las aportaciones de los pueblos indios descendientes de los incas y su rica filosofía del "buen vivir", y a ellas se añaden las experiencias y reflexiones que desde fuera y desde dentro del Estado se dan en Bolivia y Venezuela, y cuyo futuro sólo es viable si entre contradicción y contradicción los pueblos van adquiriendo un creciente poder en los gobiernos, que les permita como "complejo de poder popular-gubernamental" resistir al asedio de las corporaciones y sus apoyos del imperio y de las oligarquías.

En la imposibilidad de referirme en este breve espacio a las reestructuraciones de la lucha de clases y las luchas por la independencia y la democracia que se dan en nuestro tiempo, termino con otro legado de Martí que explica la sorprendente capacidad de resistencia y revolución que muestra Cuba; me refiero al nivel cultural y educacional de su población. Escojo uno entre los muchos pensamientos de Martí sobre la educación y la cultura: "Se debe enseñar conversando, como Sócrates, de aldea en aldea, de campo en campo, de casa en casa". Así dijo. Y eso es lo que hace la Revolución Cubana a lo largo de su historia, no sólo en Cuba, sino en África, en América Latina... Sólo que en Cuba la organización de las conversaciones para enseñar y aprender, para preguntarse y responderse, para informar e informarse, se realiza en colectivos de aldeas, de ciudades, campos, fincas, fábricas, casas, y es parte de la compleja trama para la toma de decisiones en el ir y venir de las líneas de mando del pueblo-gobierno. Con un añadido a lo prescrito por Martí, que desde los primeros discursos al triunfo de la Revolución –y aun antes–, Fidel Castro le enseña al pueblo a gobernar, le enseña a tomar decisiones para gobernar, y él por su parte aprende y aprende cómo construir el sistema de actividades varias y de estrategias para una resistencia de "espectro amplio" que hacen de Cuba hoy –con la impresionante participación de su pueblo– el país más avanzado del mundo en la difícil lucha por la soberanía nacional, por la democracia y por el socialismo.

Éstos son algunos de los "conocimientos ciertos" que permiten comprender por qué resiste Cuba.

20 de septiembre de 2012.

Una lectura zapatista[1]

PABLO GONZÁLEZ CASANOVA[2]

En los inicios del Festival[3], en un primer comunicado, el subcomandante Moisés da un mensaje en que enumera uno a uno a los pueblos originarios allí presentes. Los menciona de uno a uno, desde el Yaqui hasta el Ikoot, sin orden alfabético. Son treinta y cinco. Los mencionados sienten que los otros saben que están allí.

Después, el subcomandante enumera a los de la sexta nacional e internacional. Son veintiséis, empezando por México, y siguiendo en orden alfabético desde Alemania hasta Túnez. Allí están Canadá, Estado Español, Estados Unidos, Francia, País Vasco, Rusia, entre otros.

La representación es indígena, es nacional e internacional. El conjunto muestra ser mucho de joven y nuevo, y también una alegría colectiva que trae recuerdos. No sólo es indígena, sino nacional y no sólo es nacional, sino internacional. No sólo guarda memoria y saber de pasadas luchas. También da muestras del conocer actual en que hay mucho de joven, aquí y en el mundo.

En las siguientes palabras el subcomandante Moisés explora un nuevo estilo de expresión. También de comunicación. Los frecuentes puntos y aparte con que en el texto escrito

---

1 Una primera versión de este artículo ha sido publicada en América Latina en movimiento. En ALAI AMLATINA, 09/01/2015, .
2 Expresidente ALAS, IX Congreso, México D.F., 1969; XV Congreso, Managua, Nicaragua 1983.
3 Del 23 de diciembre de 2014 al 3 de enero de 2015, se llevó a cabo el Primer Festival Mundial de las Resistencias y Rebeldías contra el Capitalismo en distintas poblaciones de Chiapas, México, con la participación del Congreso Nacional Indígena, el Ejército Zapatista de Liberación Nacional, entre otros. Ver más en http://enlacezapatista.ezln.org.mx/.

sus pausas se registran tienen sabor de sentencias que se dicen para reflexionar y hacer. Se dicen con respeto y modestia. Y con firmeza.

Al empezar el subcomandante aclara que por su voz habla la voz del Ejército Zapatista de Liberación Nacional. El mensaje va a lo inmediato. Informa que allí están, como invitados de honor que nos honran –dice–, los familiares de quienes nos hacen falta en Ayotzinapa, en México y en el mundo.

En unas palabras junta a la comunidad, al país y al mundo. No aísla las luchas de los pueblos originarios de las luchas nacionales y mundiales.

Desde el principio lanza un postulado, que va a repetir una y otra vez, en que relaciona la organización con la toma de conciencia. Hace ver que sólo como pueblos organizados vamos a lograr la verdad. Y aclara lo que nos ocultamos y lo que nos ocultan: sólo haremos "realidad" organizando el conocimiento y también la acción.

Hay que fijarse: la verdad desaparecida estará ausente mientras no nos organicemos. Es más, sólo organizados con la verdad podremos construir la justicia. Así, desde la organización de la comunidad y del conjunto de comunidades organizadas –en su interior y entre ellas– podremos construir la verdad y la justicia, esas que añoramos y que sin organizarnos no lograremos por más que pensemos o que hablemos.

Ya no se refiere sólo a Ayotzinapa, sino al mundo. Habla de la verdad que ha sido secuestrada, de la verdad que ha sido asesinada en los rincones todos del planeta Tierra.

En ese punto aparece un énfasis teórico y estratégico impresionante. La lectura zapatista ya no sólo se concentra en desconfiar de los malos gobiernos, tema que el zapatismo invocara una y otra vez en la lucha por la libertad. Lo sigue haciendo, pero con más profundidad e insistencia.

En voz del subcomandante, sostiene que esos malos gobiernos son empleados del capital; que sólo sirven a los grandes capitalistas, y que más bien recuerdan a los capataces, mayordomos y caporales de las grandes haciendas capitalistas.

El llamado a la memoria colectiva y a la experiencia histórica de padres y abuelos da mucho que pensar. Ayuda a salirse del mundo de las abstracciones. Junta el pensar y el actuar, el pasado y presente, el antes y ahora, el aquí mismo y el planeta Tierra. Todo por si algo se descuida, o no se considera, o no se sabe. Ésa es la verdad que camina en la casa y en el mundo.

Y no importa lo que digan los malos gobiernos, porque en realidad no son gobiernos que piensen y actúen por su cuenta, sino que mandan obedeciendo al mero mandón que es el capitalismo neoliberal.

En su conclusión del pensar de veras para actuar, afirma que vivimos en un mundo en que todo lo que queramos construir de verdad lo tenemos que construir entre nosotros.

Y allí aparece el ejemplo de los familiares de los asesinados y desaparecidos de Ayotzinapa. Andan construyendo su búsqueda de la verdad y la justicia al construir su propia lucha. Por la construcción de la propia lucha se empieza.

Tras esa reflexión viene otra no menos importante contra el individualismo. Ésa que se da también por los intereses personales o mafiosos, por las clientelas o las sectas y por las "tribus" políticas e incluso revolucionarias, que se destruyen en su interior mismo y que hacen estallar los proyectos emancipadores.

Hay que sostener con firmeza el pensar y actuar en solidaridad con nuestros hermanos vivos o muertos, con esa solidaridad insumisa en que nos ponen el ejemplo los familiares de los asesinados y desaparecidos en Ayotzinapa, los papás y las mamás que dejaron sus casas, sus familias y su trabajo para encontrarse con otras familias que tienen iguales dolores, rabias y ganas de resistencia.

Es decir, no hay que dejarse dominar por los intereses individuales ni sólo por los familiares, ni quedarse nada más en la lucha del poblado, del barrio o de la aldea, sino compartir con las resistencias y luchas que otros dan en otras partes.

Lo primero es luchar contra el individualismo, que tanto daño hace a los lazos familiares, a la fuerza de la comunidad o del movimiento de comunidades, y luchar contra la idea de que un hombre o una mujer por sí solo, como individuo admirable, va a resolver nuestros problemas. No pensar nada más en los intereses individuales ni creer en el individuo que dice que nos va a salvar.

En este punto aparece la crisis de los partidos políticos en el mundo y el fin de las ideologías y de los programas anunciados en las campañas, que ni se respetan ni se cumplen. Esa crisis de las ideologías y de los partidos que tanto quiso y quiere la ultraderecha para imponer el reino de las corrupciones y represiones, pero que también es una realidad que muestra a los pueblos lo engañoso de la democracia en que los pueblos no mandan.

Nada de mediaciones de políticos y partidos que nomás dividen y se olvidan de todo y de todos. Nada de vanas esperanzas en que nos van a salvar, cuando lo único que les interesa es tener bases de apoyo para ganar puestos y concesiones en el interior de sus partidos o de sus gobiernos.

Y dice: convocamos a construir y a extender la organización en cada lugar donde vivimos y donde otros que sufren viven. Para eso es necesario imaginar cómo puede ser una nueva sociedad. Estudiar cómo estamos en esta sociedad en que vivimos.

En lo que se refiere a nosotras y nosotros los zapatistas es una sociedad donde somos explotados, reprimidos, despreciados (pongan atención) y despojados por siglos de patrones y hasta hoy, finales de 2014 y principios de 2015, así sigue la sociedad.

Desde entonces hasta ahora nos han querido engañar, diciéndonos que ellos, los de arriba, son los más chingones (se refiere al neodarwinismo) y que nosotros, nosotras, no servimos para nada (se refiere al neomaltusianismo).

Que somos tontos y tontas, así nos dicen.

Que ellos sí saben pensar, imaginar, crear, y que nosotros y nosotras somos los peones en lo que hacen. "¡Al carajo con eso!", afirma contundente y expresiva... Y vuelve a la organización, con reflexiones cada vez más profundas:

Los compañeros estudiantes desaparecidos nos están llamando a organizarnos para que no nos pase igual en este sistema en que estamos. Porque lo han explicado muy bien los familiares de Ayotzinapa. Como buenos maestros, los familiares han explicado que el responsable del crimen es el sistema capitalista por medio de sus capataces, de sus escuelas para capataces, mayordomos y caporales. Y esas escuelas donde aprenden son los partidos políticos de quienes sólo buscan cargos, puestos, puestecitos. Ahí es donde se preparan los serviles de los malos gobiernos. Ahí es donde aprenden a robar, a engañar, a imponer, a mandar. De ahí salen los que hacen las leyes, que son los legisladores. De allí salen los que obligan a cumplir esas leyes, con la violencia, que son los presidentes grandes, medianos y pequeños, con sus ejércitos y policías. De ahí salen los que juzgan y condenan a los que no obedecen esas leyes, que son los jueces... Su trabajo allá arriba es no dejarnos respirar a los que estamos abajo.

Otra aclaración. La lucha no es de razas, ni de lenguas ni de nacionalidades, ni de generaciones. Y esto es lo que nos enseñan los familiares y compañeros de Ayotzinapa, que es mejor que nos busquemos y nos encontremos quienes padecemos esta enfermedad que se llama capitalismo. Ayotzinapa no está en el estado mexicano de Guerrero, sino que está en todo el mundo...

Con éstas y otras palabras que conmueven vale mucho la pena leer el discurso completo, ya sin las apostillas que le pusimos para hacer ver que la sabiduría humana se expresa por la boca de los zapatistas, y que los zapatistas dejan claro, una y otra vez, que cada quien deberá luchar según su propio pensamiento, según su lugar, según su historia, según su modo.

Con esa amplitud de ideas, de posiciones, de compromisos, tras la crisis de las ideologías, los zapatistas se enrocan en la lucha por un mundo moral y por el redescubrimiento de la teoría crítica. En sus palabras, del "pensamiento crítico", como veremos.

La organización de la verdad y del deber con los de abajo y a la izquierda se convertirá en fuerza, junto con lo que se aprenda de la propia lucha y de otras luchas, a cuyos integrantes se acompañe, y con los que se dialogue, de los que se aprenda. Luchar, dialogar y aprender son tan importantes como organizarse.

Casi al terminar sus palabras con un abrazo de cariño y admiración que los zapatistas les dan a los ausentes y presentes de Ayotzinapa, menciona uno a uno los nombres y apellidos de los cuarenta y seis muertos y desaparecidos... Sus nombres resuenan de manera impresionante... Son de los caídos por un mundo en que desaparezca la explotación, la represión y la discriminación, por un mundo sin capitalismo.

Y volviendo a esa lucha, tenemos que saber que nos van a querer comprar, nos van a querer dividir, nos van a meter todo el miedo o los miedos que puedan, y nos van a poner trampas para distraernos de nuestra verdadera lucha y para que abandonemos (aquí sale un concepto inesperado y presente) nuestro NO a las transnacionales, todo porque sólo queremos vivir en paz sin explotación del hombre por el hombre, con igualdad entre hombres y mujeres, con respeto a lo diferente, y a que decidamos juntos lo que queremos en el campo y en la ciudad.

Vuelve así la creciente idea de las comunidades y sistemas de comunidades que deciden, que tienen el poder organizado de decidir, y que nada tiene de anarquista como creen los marxistas metafísicos con entusiasmo o enojo, sino que corresponde a otro modo nuevo de expresión de una lucha con diferentes actores y su historia, en que cuenta la de los pueblos originarios y la de los compañeros de la Sexta Nacional e Internacional, actuales y potenciales...

Pero nada de vanos alardeos. Sabemos que falta lo que falta. De por sí lo sabemos. Aunque el pensamiento crítico es necesario para la lucha. "Teoría" le dicen al pensamiento crítico. El pensamiento que pregunta, que cuestiona, que duda... Pensar y luchar, luchar y pensar. Ni en las condiciones más difíciles debemos abandonar el estudio y el análisis de la realidad. El estudio y el análisis son también armas para la lucha, para la organización.

Ni solita la práctica, ni solita la teoría. Y recordar: no hay un solo caminante. No hay un solo camino. Son muchos, aunque el destino es el mismo: la libertad, la libertad, LA LIBERTAD.

Que muera la muerte que el capitalismo impone. Que viva la vida que la resistencia crea.

Con esas palabras que el lector podrá encontrar en la dirección de "Enlace Zapatista"[4] y en otros sitios, dejamos estas apostillas a un original que revela el papel fundamental y el pensamiento profundo, que teniendo un alcance universal, proviene de las minorías étnicas y de los pueblos originarios, pioneros en la construcción de otro mundo posible y necesario, en que la sociedad se organice, para que se haga lo que sus integrantes decidan, meta y medio liberador en que se da a la política un papel dialogal y pedagógico sin precedente en la historia de la educación y el diálogo.

---

[4] http://enlacezapatista.ezln.org.mx/

L

El movimiento estudiantil chileno: amenazas y desafíos[1]

EDUARDO AQUEVEDO SOTO

IN MEMORIAM[2]

Los estudiantes secundarios y universitarios que continúan movilizados contra la Ley General de Educación (LGE) y por avanzar hacia cambios de fondo en la educación chilena han reforzado su movilización en estas semanas, pero al mismo tiempo comienzan a enfrentar una resistencia política y mediática, cada vez mejor orquestada y organizada. La ministra ya demanda detener la movilización, pidiendo que se confíe en el parlamento para introducir modificaciones cosméticas, y José J. Brunner hace el mismo llamado, porque a su juicio sería "absurdo no respetar los acuerdos logrados a fines del 2007 entre la Alianza y la Concertación". Al mismo tiempo, el ministro Vidal se molesta con que estudiantes protesten y manifiesten en las calles y sobre todo dentro de la Moneda, como si el propio gobierno y carabineros reprimieran con respeto y cortesía, y más aún como si los más importantes logros en este país no se hubiesen conseguido sin movilización, protestas y luchas sociales.

El grueso de los medios de comunicación inicia igualmente una campaña para desmovilizar o dividir. Los estudiantes mejor informados comienzan seguramente a percibir que ese frente antiestudiantil inicia su movilización, con todos los medios a su alcance, y que estos medios son cuantiosos. Nuevas maniobras políticas, nuevas negociaciones entre gobierno

---

1   Una primera versión de este artículo fue publicada en Ciencias sociales hoy. Weblog. En https://goo.gl/LNuOIE.
2   Expresidente ALAS, recientemente fallecido en 2014, XXII Congreso, Concepción, Chile 1999.

y derecha, operaciones represivas para amedrentar a los estudiantes, aumento de las presiones de los gobiernos a los sostenedores de colegios, y de éstos en contra de padres y estudiantes, etc. Ningún medio se escatimará sin duda para frenar o dividir y desmovilizar.

Las protestas y movilizaciones constantes y masivas, este año y los anteriores, de estudiantes, docentes y trabajadores del país, parecen secundarias e incluso despreciables para la derecha y para sectores importantes del gobierno; lo decisivo para ellos es salvar y proteger como sea un modelo educacional que cuenta con poderosos apoyos en esos sectores, por la muy simple razón de que es funcional a los intereses de los grupos dominantes en este país. Hay un detalle que ya parece evidenciarse: a esta altura, sobre la base de maniobras políticas diversas y represión creciente, el nivel de apoyo de los padres y apoderados a los estudiantes secundarios en particular es menor al del 2006 y, como consecuencia, la campaña que viene, probablemente lo transformará crecientemente en presión familiar contra los estudiantes movilizados. La contra-ofensiva ya en marcha del campo conservador quizás debiera conducir a los estudiantes a reflexionar sobre la táctica a seguir, a partir de cuatro datos básicos.

Primero, que la relación de fuerzas es aún claramente desfavorable para una "victoria decisiva" de los estudiantes en esta coyuntura, y que lo que corresponde es antes que nada "evitar una derrota". Segundo, que los tiempos están corriendo ya en contra de la movilización, con riesgos de desgaste, de debilitamiento progresivo del contingente movilizado, de alargues de semestre o peor aún si el movimiento se prolonga excesivamente, sin desembocar en logros importantes, aunque es evidente de todos modos que "la guerra" no pueda ser ganada en el corto plazo. Tercero, que la estrategia de marchas y tomas tiene límites (en efecto, todo tiene "flujos y reflujos"), y lo peor sería para los estudiantes que el reflujo que vendrá, con la ayuda de la mencionada contra-ofensiva conservadora y con apoyo o complicidad del Gobierno para desmovilizar o dividir al movimiento, disloque la organización estudiantil y su lucha sin alcanzar logros significativos (en Valdivia, Concepción y en algunas universidades de Santiago, como la Universidad de Santiago de Chile –Usach–, ese proceso de repliegue ya comenzó, incluyendo los desalojos violentos de esas universidades en los últimos días). Y cuarto, los estudiantes debieran reflexionar en que, sin afianzar una alianza con los sectores más amplios de docentes, universitarios o secundarios, el aislamiento y el debilitamiento progresivo del movimiento puede comenzar a manifestarse antes de lo imaginable.

En consecuencia, lo inteligente quizás sería considerar esos datos de la realidad, y que por lo demás formaran parte de la experiencia y lecciones del movimiento estudiantil. Una vía consistente de reorientar la lucha, al menos en las universidades, podría ser concentrar fuerzas en un objetivo concreto: promover rápidamente claustros triestamentales, exclusivamente destinados a discutir sobre la realidad de la educación chilena, y lograr resoluciones en favor de los grandes objetivos del movimiento, que se podría traducir en la lucha por una nueva reforma universitaria, que en alguna medida siga la senda de las reformas de los años veinte o sesenta, como lo proclamaron ya los universitarios del continente, reunidos recientemente en Colombia, en el marco de la Conferencia Regional de Educación Superior, CRES 2008. Ese objetivo podría motivar un trabajo conjunto de mediano y largo plazo entre estudiantes y amplios sectores de académicos, que se identifican con ese mismo objetivo central. Ello implica, para restablecer un vínculo adecuado con los docentes, bajar las tomas y volcarse a un trabajo de reflexión y de construcción de una plataforma sólida que permita continuar la lucha por otros medios, creando conciencia y organizando y acumulando fuerzas para potenciar nuevas movilizaciones en el mediano plazo. Con una orientación de ese carácter podría lograrse dar un cauce realista y ambicioso al movimiento, revitalizándolo con el debate, la reflexión y la clarificación de objetivos, y se evitaría entrar en "el callejón sin salida" a que quieren conducirlo los generales del conservadurismo.

Mientras tanto, no olvidemos las grandes coordenadas en que se inscribe el movimiento actual, y los desafíos que debe enfrentar. Eso es lo que queremos subrayar a continuación.

El poder que se opone a la reforma

Lo que debemos subrayar de partida es que, en este caso como en otros, las soluciones y transformaciones que requiere la educación nacional nunca vendrán de la pura inercia o de iniciativas gubernamentales, prisioneras de todo tipo de "amarres" y obstáculos, empezando por estructuras y políticas impuestas por la dictadura, y posteriormente por visiones mercantilistas ancladas tanto en sectores decisivos de la Concertación como, prácticamente, en el conjunto de la oposición de derecha, que simplemente busca perpetuar la obra del régimen militar en este aspecto decisivo. Nadie ignora por lo demás que, detrás de esa derecha política, se encubren poderosos grupos económicos, los más importantes del país, y fuerzas ideológico-religiosas orgánicamente vinculadas a dichos grupos, como el *Opus Dei* y los Legionarios de Cristo. Estos conglomerados socioeconómicos e ideológicos son, por lo demás, el centro del verdadero poder en Chile, con evidentes influencias transversales tanto en la Concertación como, principalmente, en la derecha tradicional expresada a través de la Alianza.

Es el mismo poder real que impuso recientemente su dictado en el Tribunal Constitucional (TC) en el caso de la "píldora del día después", a través de sus representantes o redes internas. Pero esa era una batalla secundaria, en comparación con lo que ahora está en juego en el campo de la educación chilena. En este último, es auténticamente el futuro del país y de la sociedad chilena lo que debe decidirse, comenzando por la conformación de las elites dirigentes de la sociedad para las próximas décadas. Por ello es que esta batalla sólo está comenzando y que serán necesarios muchos combates antes que el problema quede resuelto. Lo más problemático es que, como dijo Churchill durante la segunda guerra, "los que deben ganarla (la guerra), aún la están perdiendo". La derecha chilena tiene, en efecto, hasta ahora el control de la situación, mediante reformas y leyes impuestas bajo la dictadura, en virtud de las cuales se privatizó gran parte del sistema educacional, y su mercantilización continuó reproduciéndose y ampliándose bajo los gobiernos de la Concertación, en cuyo seno la ideología neoliberal se instaló con fuerza, pero no de manera homogénea, y las contradicciones en este plano seguirán manifestándose en el proceso en curso. Pero lo más decisivo, y que puede cambiar la relación de fuerzas a favor de un gran cambio del sistema educacional chileno, es la fuerza creciente del movimiento estudiantil. Éste es el nuevo actor que emerge y que se construye día a día, y que no cesa de perturbar el statu quo. Esto es lo que ocasiona la inquietud mayor del bloque conservador representado por la Alianza, y lo que agudiza las incoherencias y conflictos dentro de la Concertación.

La experiencia está del lado de los estudiantes...

Porque si la experiencia histórica demuestra algo indesmentible en este plano, en efecto, es que sólo de la movilización estudiantil persistente, constante, inteligente, crítica y propositiva, aunque sea con altos y bajos, podrá hacer nacer la fuerza y la energía necesarias para modificar el inmovilismo, el conservadurismo o el conformismo de las fuerzas dominantes. Así quedó ya en evidencia desde el "grito de Córdoba" en 1918, que recorrió durante las décadas siguientes a las sociedades latinoamericanas, introduciendo cambios democratizadores de gran envergadura en los sistemas educacionales en un gran número de países. También quedó en evidencia esa lección histórica con la potente movilización de la juventud, de los estudiantes y trabajadores que se expresaron notoriamente en el "mayo francés", en 1968, así como en muchos otros países de Europa y de América del Norte y del Sur, con reformas, pero también con costos brutales (en México, con la masacre de Tlatelolco el 2 de octubre de 1968, que se saldó con el asesinato de aproximadamente 500 estudiantes), o con nuevos movimientos menos confrontacionales en EEUU (Berkeley, en especial), o más masivos y profundos más al sur, especialmente en Argentina, Brasil y Chile, en esos mismos años. En Chile, en particular, ello se manifestó, desde 1968, cuando los estudiantes universitarios de todo el país, especialmente en Santiago, Concepción y Valparaíso, se alzaron contra un sistema absolutamente anacrónico, imponiendo una profunda reforma universitaria democratizadora y participativa, que sólo la dictadura de Pinochet logró revertir. En todos estos movimientos de reforma, que cambiaron buena parte de las sociedades en que tuvieron lugar, nada cayó del cielo, y menos de la iniciativa de las clases dominantes o de los gobiernos de turno. La fuerza transformadora surgió del movimiento estudiantil, en alianza con sectores asalariados importantes (docentes, trabajadores de diferentes sectores), y apoyados *posteriormente* por sectores políticos progresistas o de izquierda.

En definitiva, del estudiantado y de su movilización depende también en el Chile de hoy que se erosione el conservadurismo mercantilista, heredado de la dictadura, que quede aún más de manifiesto para todos que *la vía mercantil* en educación no es sustentable, ni en el mediano ni en el largo plazo, y que, al contrario, ella conduce inevitablemente a reproducir y profundizar las grandes precariedades del sistema educacional existente, así como las ya excesivas desigualdades y exclusiones sociales de hoy. De la fuerza y persistencia de la movilización estudiantil en curso, independientemente de sus normales flujos y reflujos, dependerá igualmente que se sumen nuevas fuerzas, empezando por los docentes de todos los escalones del sistema, en favor de un proyecto de reformas de fondo del sistema educacional.

Reivindicaciones y desafíos...

Este proyecto, dicho muy en síntesis, debiera incluir la reivindicación básica de gratuidad para la gran mayoría de los estudiantes, el reforzamiento decisivo de la educación pública gratuita, el apoyo o subvención pública a los establecimientos universitarios o pre-universitarios privados, *que efectivamente no tengan fines de lucro*, la calidad docente o académica verificable, el término a la municipalización de la educación, que reproduce precariedad y desigualdad, el incremento sustancial de los recursos para investigación e innovación científica (no inferior al 1% del PIB en lo inmediato), la real participación estudiantil en todos los establecimientos públicos y privados, y en todos los niveles, etc., por nombrar las reivindicaciones más decisivas de un programa de reformas sustantivas, que pudiera denominarse de tercera generación. Esto es, una reforma que retome las reivindicaciones democratizadoras y participativas de los años veinte y sesenta, pero que también incluya reivindicaciones más *cualitativas*, como la calidad de la enseñanza y un salto indispensable en investigación y desarrollo (o innovación científica), exigidas por los procesos de desarrollo social y nacional de la época actual, como lo muestran países de vanguardia en el plano educacional como Finlandia, Noruega, Singapur o Corea del Sur.

De la fuerza que acumule el movimiento estudiantil, a partir de reivindicaciones consistentes que interpreten el interés de la gran mayoría de los estudiantes y de la sociedad chilena, dependerá, en fin, que el poder no pueda sino asumir ese reclamo mayoritario e irreversible de los estudiantes y de la sociedad, so pena de sufrir el más grave aislamiento y rechazo de parte de dichos sectores. A los estudiantes, así como a los trabajadores, nada les será regalado. Por eso la lucha debe continuar y, obviamente, ella cuenta con nuestro modesto respaldo.

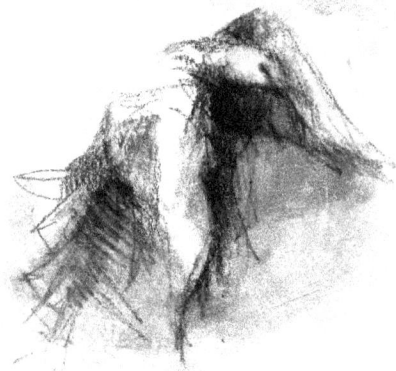

I

El modelo educacional mercantil chileno en plena crisis[1]

IN MEMORIAM[2]

La lucha contra la Ley General de Educación (LGE) en el año 2008 tuvo una significación relevante. La movilización no sólo fue estudiantil, sino que logró sumar a otros sectores sociales. Ello cambió el curso del movimiento y lo reforzó considerablemente para desarrollos posteriores.

En efecto, la movilización estudiantil del primer semestre del 2008, al cual se sumaron los profesores, la Central Unitaria de Trabajadores de Chile (CUT) y sectores crecientes de la ciudadanía, dividiendo a la Concertación, a sus parlamentarios y concitando el apoyo unánime de las juventudes políticas de la concertación y de la izquierda extraparlamentaria, no sólo hicieron retroceder al gobierno y a la conservadora ministra de educación. También dejaron en evidencia que el "consenso" logrado a fines del 2007 entre la concertación y la alianza tuvo un carácter meramente cupular y que era socialmente y políticamente insustentable. Si los principales protagonistas del sistema escolar chileno y sectores cada vez más amplios de la sociedad lo rechazan resueltamente, como ya es evidente, ese acuerdo no tiene sustento y no se puede imponer por la fuerza, o como una operación tecnocrática al modo en que se operó con el transantiago, como pretendía la ministra.

---

[1] Una primera versión de este artículo fue publicada en Ciencias sociales hoy. Weblog. En https://goo.gl/e2O828.
[2] Expresidente ALAS, recientemente fallecido en 2014, XXII Congreso, Concepción, Chile 1999.

219

Que la ministra de Educación y sectores del gobierno sigan defendiendo obsesivamente un esquema resueltamente mercantil en este ámbito tiene ya un costo político cada vez más elevado, como lo deja de manifiesto la reciente encuesta Adimarx, donde no sólo se desaprueba la gestión y rol de la ministra Jiménez, sino que afecta al gobierno de Bachelet en su conjunto.

Sectores cada vez más importantes de la sociedad comienzan a cuestionar con una fuerza inusitada este modelo educacional, marcado por el sello mercantil, en virtud del cual el segmento privado compite ventajosamente, con privilegios resguardados por la ley, con el sector público, garantizándose así el predominio de una visión del quehacer educacional como un negocio, como una actividad empresarial, determinada como tal por el lucro, y no como una función o actividad de vocación primordialmente pública, aunque no sea estatal.

En este sentido el paradigma adoptado por los especialistas chilenos en la materia, tales como el profesor J. Joaquín Brunner, es obviamente el modelo anglosajón y estadounidense en particular. Pero se dice poco sobre las falencias estructurales de este modelo, como por ejemplo que el propio sistema escolar norteamericano desde hace ya una docena de años ha quedado notoriamente rezagado en las mediciones internacionales, como TIMSS y PISA, dando origen a serios debates y cuestionamientos en EEUU sobre su eficacia y pertinencia. En la prueba PISA del año 2006, por ejemplo, EEUU se situó en el lugar 29, por debajo de muchos países europeos y asiáticos. En cambio, Finlandia, así como Corea, Hong Kong, Canadá y Nueva Zelanda, entre otros, ocupan posiciones de liderazgo internacional indiscutido, desde que estas mediciones internacionales se iniciaron en la década del noventa. En muchos de esos países coexisten un sector estatal y uno privado, pero el Estado ejerce funciones regulatorias decisivas que otorgan cohesión y eficacia a los sistemas educacionales y resguardan la "función pública" de la educación, no obstante la participación del sector privado.

Finlandia, el primero de la clase, representa en efecto casi lo totalmente opuesto del segmentado y desregulado modelo norteamericano. En Finlandia, se garantiza una enseñanza universal gratuita y pública, una enseñanza homogénea y de excelencia en todos los escalones, desde la primaria hasta la universidad, con un protagonismo decisivo del Estado en la gestación y reproducción de este esquema exitoso desde hace ya muchas décadas, otorgando igualmente una importancia decisiva a la investigación científica y a la innovación, con los resultados excepcionales que todo especialista o lector medianamente informado reconocen.

De hecho, Finlandia gasta desde hace varias décadas más del 6,5% del PIB en educación (considerando sólo el gasto público), y más de un 3,5% en Investigación y Desarrollo, lo que la sitúa en este ámbito entre los más altos del mundo. Chile sólo incrementó el gasto público en educación al 3,5% del PIB en los últimos años, después de no pasar del 2% durante décadas; en Investigación, Chile no supera aún el 0,65% del PIB también durante décadas. En Investigación, entonces, Chile está por debajo de Brasil y Cuba, que se mantienen o aproximan al 1% del PIB en este rubro. Estos datos primarios indican *el lugar absolutamente secundario que en Chile se atribuye a la Educación y al desarrollo tecnológico, más allá de toda palabrería oficial.* En América Latina, varios países destinan más recursos a Educación, como México y Argentina (ambos con 3,8% del PIB), Brasil (4,4%), Colombia (4,8), pero sobre todo Cuba, que destina un altísimo 9,8% del PIB, con resultados excepcionales en rendimiento escolar, como lo confirma el último informe del CERSE, dependiente de la UNESCO, que sitúa nuevamente al sistema escolar cubano como el de mejor rendimiento en América Latina.

El modelo finlandés representa entonces algo así como el antimodelo chileno, en tanto que el lucro como motivación del emprendimiento educacional está allí excluido de hecho, es decir, no tiene legitimidad social ni sustento legal. Reiteremos que en 2006 por tercera vez Finlandia ocupa el primer lugar en la prueba PISA a escala internacional.

Ya parece evidente que esta aparente ceguera en la elección de paradigma educacional por parte de las autoridades y grupos dominantes chilenos expresa antes que nada una opción resuelta a favor de la educación como negocio o actividad empresarial, donde lo prioritario es el lucro y la ganancia, en desmedro de su esencial función pública y de los intereses primordiales de la sociedad.

Pero esta última parece tomar crecientemente conciencia del fracaso del modelo mercantil en Chile, y las movilizaciones y cuestionamientos recurrentes durante los últimos años limitan considerablemente su sustentabilidad. Si este rechazo social no logra en esta ocasión imponer modificaciones de fondo, en el mediano plazo ello parece inevitable si la movilización se mantiene, aunque sea por otros medios, no obstante la enorme influencia de los poderes que resisten a dicho cambio. Por eso, la lucha debe continuar.

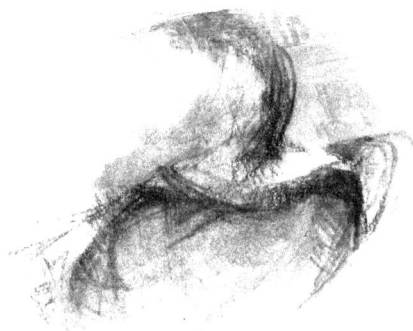

c

Movimientos sociales, algunas definiciones conceptuales[1]

Daniel Camacho Monge[2]

El tema de los movimientos sociales ha suscitado una reciente y abundante producción dentro de la cual no siempre los mismos conceptos se utilizan con idéntica significación. En este artículo, se busca elaborar algunos criterios para avanzar en la definición conceptual de las categorías que se utilizan en el estudio de los movimientos sociales. Centra el debate en la afirmación de que los movimientos sociales no pueden entenderse sin una referencia a las clases. Combate tanto el reduccionismo del esquema simplista, que no ve más allá de dos clases fundamentales y rígidas, como el otro reduccionismo, que consiste en concebir los movimientos sociales sin relación alguna con las clases.

A partir de ahí propone contenidos para una serie de categorías relacionadas con dicho tema.

---

1   Ponencia presentada en el Seminario sobre Movimientos Populares en América Latina (FLACSO, San José, noviembre de 1983), organizado dentro del Proyecto PAL de la Universidad de las Naciones Unidas. El conjunto de las ponencias presentadas en ese Seminario constituyen el libro de 1989 de Camacho, D. y Menjívar, R. (Comp.) *Movimientos Populares en América Latina*, Editorial Siglo XXI, México DF. Artículo publicado en 1987, Revista de Ciencias Sociales, Números 37-38 Páginas 7-21 y en 1988, Revista de Idelcoop: Teoría y práctica de la cooperación, Vol. 15 N° 58.

2   Expresidente ALAS, XI Congreso, San José, Costa Rica1974.

Breve explicación previa

Este trabajo fue escrito en los primeros meses de 1985 en el Instituto de Investigaciones Sociales de la Universidad de Costa Rica. Es una reflexión teórica que servirá de ingrediente en el desarrollo de un Programa de Investigación sobre los Movimientos Sociales que se han organizado dentro del Instituto. En ese sentido, constituye el inicio de una actividad de investigación amplia y de largo aliento.

Sin embargo, estas páginas son, a la vez, una culminación de otro esfuerzo realizado en la Facultad Latinoamericana de Ciencias Sociales, FLACSO, de 1982 a 1984. En esa ocasión se llevó a cabo un estudio, coordinado por el que suscribe y por el Dr. Rafael Menjívar acerca de los movimientos populares en América Latina, con participación de científicos sociales de toda la región, cuyas contribuciones se recogen en el libro Movimientos Populares en América Latina, de próxima aparición en la Editorial Siglo XXI de México.

Salvo algunos detalles, el contenido del presente documento coincide con la introducción del libro mencionado, que será el segundo cronológicamente que producirá el proyecto "Perspectivas de América Latina", dirigido sabiamente por el doctor Pablo González Casanova, del Instituto de Investigaciones Sociales de la Universidad Nacional Autónoma de México, UNAM.

El proyecto "Perspectivas de América Latina" forma parte del programa de trabajo de la Universidad de las Naciones Unidas, UNU, con sede en Tokio, Japón, a cuyo apoyo institucional y financiero y el empeño personal de su vicerrector, doctor Kinide Mushakoji, debe su existencia.

A pesar de ese vasto apoyo institucional, las opiniones aquí emitidas son de exclusiva responsabilidad del autor, quien ha pretendido ser, a la vez, estrictamente objetivo y profundamente comprometido.

No podría ser de otra manera, porque en esta época de confrontaciones el planeta se debate en intensas luchas por la definición de los términos que han de orientar las relaciones sociales del futuro. En ese contexto, los movimientos populares desempeñaron un papel de primer orden. No obstante, es relativamente escasa la atención que los estudiosos les han prestado. Aunque la bibliografía sobre el tema es muy amplia, comparada con la dedicada a otros tópicos, resulta reducida. Por ello, las reflexiones que aquí se presentan son, por ende, necesariamente incompletas. A la par del aporte en el campo de las preocupaciones académicas sobre el tema, esfuerzos como éste pretenden contribuir al desarrollo de los propios movimientos populares. En otras palabras, tienen la pretensión de ayudar en el desarrollo de su propio objeto de estudio.

Esto tiene que ver con el importante papel que se le atribuye a la memoria colectiva en el desenvolvimiento de los movimientos populares, los cuales fortalecen cuando se reconocen a sí mismos como herederos y continuadores de una tradición.

La producción del científico social, en consecuencia, puede influir en el aumento de la capacidad de los movimientos populares para recuperar su propia historia e incorporarla como elemento decisivo de sus luchas. Hay un imperativo ético que gobierna la labor del científico. En nuestro caso, esa exigencia nos coloca al lado del pueblo, en su confrontación con las fuerzas sociales que lo dominan y lo explotan. La pretensión de que sólo es objetivo el científico que es neutral esconde una toma de posición vergonzante.

La objetividad no se pierde si se obedecen imperativos éticos. Un jugador, en una confrontación deportiva, no puede ser neutral, porque tiene el imperativo ético de hacer que su equipo gane; sin embargo, debe ser objetivo en la aplicación de las reglas del juego y en el conocimiento de las leyes físicas que lo gobiernan.

De igual manera, se puede profundizar objetivamente en el conocimiento de la dinámica de los movimientos populares, sin que para ello sea obstáculo obedecer al imperativo ético de luchar porque la explotación cese.

En este sentido afirmamos que se puede ser estrictamente objetivo y, a la vez, profundamente comprometido con la tarea de recuperar la memoria colectiva de los movimientos populares y, en consecuencia, contribuir a su desarrollo y fortalecimiento. Nos proponemos centrar esta reflexión en algunos de los principales problemas teóricos suscitados alrededor del tema, pero no con la atención de resolverlos, sino, por el contrario, de dejarlos planteados en busca de otros aportes.

Como es lógico, la puerta de entrada de esta reflexión es el intento de aclarar qué fenómeno específico enfocamos cuando nos referimos a los movimientos populares.

¿Qué entender por movimientos populares?

Para acercarnos a la comprensión de esa categoría, debemos aclarar la diferencia entre movimientos sociales, movimientos populares y movimiento popular.

Consideramos los movimientos sociales como una dinámica que se genera en la sociedad civil, la cual se orienta intencionalmente a la defensa de intereses específicos. Su acción se dirige a cuestionar de manera fragmentaria o absoluta las estructuras de dominación prevalecientes y su voluntad implícita es transformar, parcial o totalmente, ,las condiciones del crecimiento social (Landinelli[3]).

Los movimientos sociales no tienen que ser necesariamente organizados. Este señalamiento es muy importante, porque a veces se confunde la organización con los movimientos sociales que dice representar. No debe perderse de vista, por un lado, la existencia de movimientos sociales sin organización y, por otro, la circunstancia de que la organización constituye una mediación. Como tal, a veces coadyuva con el logro de los fines de los movimientos y otras, lo obstaculiza. Por ejemplo, el sindicato, que es una organización, a veces media a favor y a veces en contra de los intereses objetivos del movimiento obrero.

---

[3] Los nombres entre paréntesis se refieren a los autores de los artículos en el libro arriba mencionado, según aparecen en la Bibliografía.

Decíamos atrás que el cuestionamiento que los movimientos sociales hacen de las estructuras de dominación puede ser fragmentario o absoluto y la propuesta de transformación puede ser parcial o total. El análisis de esa afirmación puede ser la entrada para la comprensión de la diferencia entre movimientos sociales y movimientos populares.

Los movimientos sociales comprenden tanto aquellos que representan los intereses del pueblo como los que reúnen sectores dominantes en el régimen capitalista. Los sectores dominantes no tienen interés en cuestionar de manera absoluta ni en transformar totalmente las estructuras de dominación. Todo lo contrario, esos sectores derivan sus beneficios del mantenimiento de esas estructuras. Sin embargo, sí tienen interés en cuestionar fragmentariamente el ordenamiento social y proponer reformas parciales en su propio beneficio. Un ejemplo claro lo constituye la acción de los movimientos empresariales y patronales, la cual se dirige hacia la búsqueda de transformaciones que los beneficien aún más, pero dejando intacta la estructura de dominación fundamental de la sociedad. Por el contrario, el cuestionamiento de los movimientos populares es más radical.

Podemos decir entonces que los movimientos sociales tienen dos grandes manifestaciones: por un lado, aquellos que expresan los intereses de los grupos hegemónicos y, por otro, los que expresan los intereses de los grupos populares. Estos últimos son los que conocemos como movimientos populares.

Planteadas así las cosas, se hace necesario precisar qué se entiende por "popular" o, más específicamente, qué se entiende por "pueblo". "Pueblo" es una categoría que, como todas las que representan un contenido real, se modifica con la historia. No es lo mismo el pueblo de la Revolución Francesa que el pueblo de la Revolución Rusa. Marx propone una caracterización rigurosa y útil. Para Marx, el pueblo está constituido por aquellos sectores de la sociedad que sufren la dominación y la explotación (citado por Camacho y Menjívar). La explotación, que refiere al campo de la producción y la dominación, al de la ideología. Con esa concepción, el concepto de pueblo abriga una realidad diferente de aquella a la que se refiere al concepto de clase. Sin embargo, la dinámica del pueblo en movimiento, o sea, de los movimientos populares, no puede comprenderse sin referencia a la clase, pero eso será objeto de un párrafo posterior. Por el momento, basta insistir en la necesidad de considerar como sujeto histórico y, por lo tanto, indispensable objeto de estudio, esta realidad social insoslayable constituida por los movimientos populares. Con demasiada frecuencia, los estudios han considerado como sectores sociales a los caudillos y dirigentes y, en algunos casos, a los partidos y los gobiernos, con lo cual se corre el peligro de caer en el reduccionismo o en la incapacidad de comprender la dinámica social en toda su complejidad.

El estudio de los movimientos populares puede, por el contrario, ayudar a comprender el proceso de constitución de las clases sociales en países de capitalismo atrasado (Ballón) e incluso la nación en formación. No obstante, hay que advertir que su heterogeneidad representa un obstáculo importante para constituir una matriz teórica (Noé).

Por lo cual, se hace necesario, sin abandonar el interés por su especificidad, seguir ahondando en aquellos aspectos que permiten considerar dentro de una misma categoría, fenómenos tan diversos entre sí. Una característica común entre ellos y con los movimientos sociales no populares es su condición de manifestaciones de la sociedad civil frente a la sociedad política, aspecto que nos proponemos abordar seguidamente.

Movimientos sociales, sociedad civil y sociedad política

Partimos de que la diferencia entre sociedad civil y sociedad política es una abstracción, que sirve para distinguir dos dimensiones de la misma realidad. Los mismos hombres y cosas que forman la sociedad civil constituyen la sociedad política o, lo que es lo mismo, el Estado, sólo que en esta última, sus relaciones tienen que ver con el ejercicio coercitivo del poder. En la sociedad civil, los mismos hombres y cosas interactúan de manera no coactiva y por ello las relaciones entre los diversos sectores de la sociedad tienden a la hegemonía y al consenso.

En la sociedad política, las contradicciones se resuelven con decretos o leyes de acatamiento obligatorio o, en última instancia, con la coacción pública. En la sociedad civil, el juego es más difuso y las contradicciones tienden a resolverse por el uso de instrumentos como el convencimiento o la presión. Por ello, los movimientos sociales son la forma idónea de expresión de las tensiones dentro de la sociedad civil. El objetivo de los movimientos sociales es, sin embargo, la sociedad política. En otras palabras, el triunfo mayor de un movimiento social es lograr, en su beneficio, una modificación en el ámbito del Estado. Por ejemplo, una ley de reforma agraria en beneficio del movimiento campesino o una exoneración de pago de impuestos en beneficio del movimiento empresarial. Hay un caso límite y es aquel en el cual un movimiento social logra la transformación total del Estado. Por ejemplo, cuando triunfa el movimiento popular y logra conformar un Estado nuevo. Aun en este caso, al institucionalizarse el Estado nuevo, el movimiento popular vuelve al ámbito de la sociedad civil para constituir, desde ahí y ahí dentro, consenso alrededor del nuevo Estado y también cautelar el cumplimiento de los objetivos populares en el ejercicio del poder político. Ése es el papel, en regímenes populares, de las centrales sindicales, federaciones de mujeres, movimientos de jóvenes, comités de barrios, etc.

Por lo anterior, queda claro que el hecho de ser expresiones de la sociedad civil no los priva, de manera alguna, de sus reivindicaciones políticas y, en el caso del movimiento popular (así en singular), de un proyecto político alternativo, cuando no está en el poder, y oficial, cuando logra el acceso al poder.

Es por ello que, por ejemplo, en Paraguay el estudio de los movimientos sociales debe tener como referente permanente el régimen de fuerza (Salinas) y que en Brasil ciertos movimientos populares, como el sindical, surgieron como apéndices del Estado autoritario, aun cuando a partir de 1970, se desvinculen de la tutela estatal (Noé). Este esfuerzo del Estado autoritario por controlar los movimientos populares se explica precisamente por esa relación directa entre las metas de los movimientos sociales, como expresión de la sociedad civil, por un lado. Y, por otro, la toma de decisiones en el ámbito de la sociedad política. Igualmente, en el Perú de Velazco Alvarado, el Chile de Allende, Nicaragua y Cuba de hoy, el proceso político no puede entenderse sin una referencia permanente a los movimientos populares. En casos menos extremos, como el de México, la notable legitimación del Estado le viene, en buena medida, de los movimientos sociales (León y Marván), pero aun en esos casos, como en Venezuela, los movimientos populares, con sus experiencias y reivindicaciones, aportan elementos para un proyecto político alternativo en construcción (De la Cruz).

En este proceso juega un importante papel la dominación ideológica como base de la desmovilización del pueblo, con el objetivo de prevenir cuestionamientos del Estado provenientes de la sociedad civil.

Esto se presenta tanto en Estados de amplio consenso, como sería el caso de Costa Rica, como en los autoritarios. En la época del Estado autoritario en Brasil, la dominación ideológica silenció a los movimientos populares. Al mismo tiempo que diversos grupos opositores entraban en las salas de tortura, la sociedad era desmovilizada (Noé).

El énfasis puesto en este párrafo acerca de la relación entre movimientos sociales y proyecto político podría hacer pensar que estamos concibiendo los movimientos sociales como una alternativa para la toma del poder, lo cual no sería sostenible. Para la toma del poder, un movimiento social y, más específicamente, el movimiento popular, requiere de una vanguardia política. Pero eso lo trataremos de examinar en un párrafo posterior. Por el momento, centraremos la atención en un proceso previo, cual es la constitución misma del movimiento popular.

El momento constitutivo del movimiento popular

En las luchas del pueblo, la constitución del movimiento popular representa una etapa superior. Los movimientos populares pueden ser locales (luchas por un camino o un puente), regionales (por una mayor porción de presupuesto público para una provincia), clasista (movimiento campesino), pluriclasista (movimiento estudiantil), por reivindicaciones específicas (vivienda), etc.

En muchos casos, son marcados por pulsaciones discontinuas y desarticulados entre sí (Ames, citado por Ballón). Aun aquellos que tienen un carácter permanente, como el movimiento obrero o el campesino, si se encuentran desarticulados de los otros, no pierden su carácter parcial.

El movimiento popular tiene un momento de constitución y es aquel en el cual se pasa de una relación desarticulada entre los diversos movimientos a una acción permanente, estructurada y con objetivos políticos.

Al mencionar los objetivos políticos, estamos haciendo una alusión directa ya no a la sociedad civil, sino a la sociedad política. Ya dijimos que toda acción de los movimientos sociales tiene como objetivo la sociedad política, es decir, el Estado, porque las reivindicaciones parciales tienden a lograr alguna modificación en la toma de decisiones dentro del Estado. Cuando se constituye el movimiento popular, la reivindicación política ya no es parcial, sino total. Tiende a una transformación global del Estado en beneficio del movimiento popular. El movimiento popular es: "[...] un encuentro entre la espontaneidad dinámica de una porción del pueblo movilizada y el descubrimiento de la realidad objetiva de las clases antagonizadas en la organización de la producción y el trabajo" (Ames, citado por Ballón).

Esto quiere decir que no son frecuentes en la historia de los pueblos los momentos de constitución del movimiento popular. Sólo se dan en vísperas de una revolución. Tampoco es un proceso sencillo. Portantiero dice: "[...] la historia de la constitución de las clases subordinadas en sujetos de acción políticas ha reconocido varias vertientes en todos los casos, fue el resultado de una compleja trama histórica en la que varias alternativas se enfrentaban" (Portantiero, citado por Ballón).

En la historia reciente de América Latina, pueden señalarse algunos momentos de constitución del movimiento popular, algunos exitosos como Cuba de 1959 y Nicaragua de 1979. Otros, aplastados en sangre, como Bolivia de 1952, Chile de 1972, Guatemala de 1954. Otros, frustrados por la maniobra política, como el de Perú, desarmado después del derrocamiento de Velazco Alvarado.

En síntesis, el movimiento popular se constituye cuando los movimientos populares confluyen dinámicamente en la lucha por transformar el Estado y los términos del ordenamiento social, para lo cual tratan de destruir el sistema de dominación y de explotación. Es el paso de las luchas corporativas a las luchas políticas. No hay que perder de vista que en el movimiento popular se expresan varios proyectos políticos, surgidos de las clases que pugnan por controlar el potencial social del movimiento (Gandásegui). De acuerdo con esto, el movimiento será más o menos radical, según la clase que lo controla y el tipo de vanguardia que conduzca a esa clase. También, los movimientos populares pueden ser conservadores si las clases dominantes logran su control.

En ese paso, la recuperación de la memoria colectiva del movimiento popular respecto a su propia historia es fundamental. Uno de los elementos que le da continuidad y estructura es sentirse heredero de las luchas de sus antecesores y fundamentar en el pasado el proyecto futuro. Mucha de la fuerza del movimiento popular se basa en el reconocimiento de su propio pasado. La unidad y el proyecto común encuentran su amalgama en el reconocimiento de una identidad y ésta, a su vez, se construye cuando todo el movimiento popular hace suya la historia de cada uno de los movimientos y encuentra, en esos episodios parciales, lecciones para el presente. Esos episodios o momentos, cuando se integran en la memoria colectiva del movimiento popular, adquieren la condición de continuidades y se constituyen en elementos de impulso de nuevas continuidades, contribuyendo, desde la unidad de la historia, a forjar la unidad del futuro.

Cuando se constituye el movimiento popular, con la recuperación de su propia historia y la adopción de su propio proyecto, se percibe con mayor claridad su relación con la dinámica de las clases.

Movimiento popular y clases sociales

El proyecto político de movimiento popular, o las más localizadas reivindicaciones políticas de los movimientos populares, cuestionan por su propia naturaleza, el régimen de dominación. Esto los lleva a oponerse a las clases dominantes. Por ello, encuentra en las clases directamente antagónicas de la dominante y, sobretodo, en sus instancias políticas, la conducción adecuada de sus intereses. En el fondo de toda reivindicación popular, encontramos las contradicciones de clase. Sin embargo, hay una compleja discusión al respecto.

Hay algunos que llevan el entusiasmo por su descubrimiento de los movimientos populares, hasta el punto de elevarlos a la condición de categoría explicativa general. Así, se afirma, por ejemplo, que "la lucha de clases parece no ser, desde entonces, el único motor de la historia" y que los movimientos populares son "[...] autónomos de las clases, los partidos y los sindicatos; [...] son nuevos condicionantes de la sociedad, que responden a nuevas contradicciones" (De la Cruz).

Una posición en el mismo sentido, aunque más matizada, afirmaría que "[...] la concepción de la política y de los conflictos sólo en términos de clase ha significado por mucho tiempo una suerte de renuncia a comprender una parte fundamental del funcionamiento de nuestra sociedad" (Calderón y Laserna).

Aun cuando esta posición pueda ser matizada, lo es menos la conclusión que, naturalmente, la sigue, en el sentido de que:

"[...] la concepción de la política y los conflictos sociales sólo en términos de clase ha significado por mucho tiempo una suerte de renuncia a comprender una parte fundamental del funcionamiento de nuestra sociedad y una especie de cesión gratuita de ésta al control de pequeños grupos, no siempre identificados con los derechos y las aspiraciones de los sectores populares mayoritarios" (Calderón y Laserna).

Es cierto que un desarrollo muy simplista de la teoría de las clases ha abusado del concepto, hasta llegar a un reduccionismo clasista que nada explica. Se ha tratado de reducir la complejidad de sociedades donde el capitalismo no ha terminado siquiera de consolidarse y generalizarse: se ha intentado la búsqueda, a todo trance, de la contradicción entre dos clases fundamentales, como único factor explicativo de la dinámica social. Hay que decir que esas simplificaciones no son propias de una aplicación rigurosa y científica de la teoría de las clases.

Por otro lado, los movimientos populares, por dinámicos que sean, no pueden ser la clave para explicar las fuerzas motrices de la sociedad.

En síntesis, no parece plausible alguno de ambos reduccionismos: ni reducir la explicación a una tosca aplicación mecánica de la teoría de las clases, ni elevar la categoría de los movimientos populares a factor abusivamente explicativo.

La única entrada plausible para interpretar científicamente los movimientos populares y, en general, todos los movimientos sociales, consiste en considerarlos, dinámicamente y en toda su complejidad, con referencia a las clases. Cuando utilizamos la categoría movimiento popular, estamos refiriéndonos a una dinámica social constituida por una voluntad colectiva o, en un grado mayor de desarrollo, a un sujeto social y político. Esa voluntad colectiva con vocación de sujeto político tiene la cualidad de que sintetiza a las masas, sus intereses, sus frustraciones, sus deseos, sus reivindicaciones y, en el grado de mayor desarrollo, su proyecto político. La principal determinación del movimiento popular así concebido es la clase.

Esto quiere decir que, llevadas a sus explicaciones más profundas, las contradicciones del movimiento popular o de los movimientos populares con sus enemigos, desembocan necesariamente en contradicciones de clase. La clase misma no se constituye como tal, al margen de una lucha popular más general. La constitución del movimiento popular determinado por la lucha de clases de la clase envuelta en la lucha del movimiento popular es lo que no ven los reduccionismos a que aludíamos en líneas atrás. Por cierto que los clásicos de la teoría de las clases, como Marx, Lenin, Gramsci y sus más rigurosos seguidores contemporáneos, no caen de manera alguna en esos reduccionismos.

Es por todo lo anterior que Ballón dice:

> "[...] la categoría de movimiento popular hace referencia ya a un sujeto social y político, a una voluntad colectiva que sintetiza la masa y que tiene a las clases como su principal determinación. El pueblo como sujeto de acción histórica no se constituye al margen de las clases, sino, por el contrario, acompaña el mismo proceso de constitución de las clases, y las formas y características que asume, corresponden al nivel y grado de desarrollo de éstas".

Quizás convenga ilustrar un poco lo dicho en relación con la determinación clasista de los movimientos populares. Los movimientos ecologistas luchan en definitiva en contra de una forma de explotación de la naturaleza propia del capitalismo y, más precisamente, de la clase dominante en el capitalismo. En Brasil, una de las más importantes reivindicaciones de los empleados públicos es su lucha contra la privatización de las empresas (Noé). Los movimientos femeninos centran sus reivindicaciones en las formas capitalistas de explotación de la mujer. Aun cuando hay que reconocer que en algunos países no capitalistas el machismo no ha sido superado, se debe considerar que ello no es indispensable al sistema, como sí lo es, en el capitalismo, la doble explotación femenina para la reproducción de la fuerza de trabajo.

Gérard Pierre-Charles, en su análisis sobre los movimientos populares en el Caribe (citado en la bibliografía), concluye que, no obstante su diversidad de momento, de composición social y de estilo, dichos movimientos son, en todos los casos, expresiones de la lucha de clases.

Esta concepción de la clase y del movimiento popular es esencialmente dinámica. Si nos limitamos a un enfoque descriptivo, mal podríamos encontrar esas relaciones. Es necesario ver las clases, no estáticamente, sino en su proceso de constitución y a los movimientos populares en el proceso de su transformación en movimiento popular. Este enfoque nos obligará a ver las determinaciones últimas de sus luchas y es ahí donde la clase aparece íntimamente ligada al proceso de constitución de movimiento popular, lo cual se observa si examinamos algunos aspectos de su dinámica.

La dinámica del movimiento popular

Lo primero que habría que observar es la existencia de una relación íntima entre los momentos de constitución del movimiento popular y las crisis políticas. Así aparece, por ejemplo, en República Dominicana, Curazao, Trinidad y Tobago, Surinam (Pierre-Charles), Perú (Ballón) y Nicaragua (Camacho y Menjívar). En estas ocasiones, el movimiento aparece como una explosión, en la cual se liberan fuerzas hasta ese momento latentes, como sucedió, por ejemplo, en Nicaragua, Curazao y República Dominicana.

Sólo para citar un caso entre muchos, señalaremos que de los obreros de Curazao, aparentemente sujetos a una dominación ideológica total por parte de las clases dominantes de su propio país y de Holanda, su metrópolis, nunca se hubiera sospechado una explosión como la de mayo de 1969 (Pierre-

Charles). De ahí se explica la perplejidad de algunos analistas, que confían mucho en las apariencias y hasta en las encuestas de opinión. Cierta dinámica de lucha puede generar circunstancias para la adhesión de las masas, sin que antes esto pareciera posible.

Una explicación parcial de ese fenómeno puede encontrarse en la radicalidad intrínseca de las demandas populares, las cuales se inician dentro del capitalismo, pero, ante la imposibilidad de ser satisfechas dentro de él, evolucionan hasta convertirse en demandas de cambios sustanciales. De ahí el paso de luchas puramente reivindicativas a luchas de carácter político.

Cuando el movimiento popular, en estrecha referencia a la clase, logra la adhesión de las masas, pone en entredicho al poder preexistente.

Se puede hablar entonces de poder dual. Se dio en República Dominicana en 1969 y, por la misma época en Trinidad y Tobago (Pierre-Charles), en Nicaragua en 1978 y 1979, en El Salvador y en Guatemala en varias ocasiones en los últimos quince años.

Es interesante la relación que, en casos como los anteriores, aparece entre el movimiento popular y las fuerzas armadas. A veces momentos culminantes en la dinámica del movimiento popular fueron caracterizados por una fisura en las fuerzas armadas, en la cual una fracción apoyó el movimiento.

Es el caso de República Dominicana, Surinam, Trinidad y Tobago (Pierre-Charles) y Perú. Cuando esto sucedió así y la fracción partidaria del movimiento popular amenazó con controlar la situación, se hizo presente la fuerza armada metropolitana. Así pasó en 1969 en Curazao, donde llegó la marina holandesa y barcos norteamericanos se aproximaron.

Lo mismo sucedió en República Dominicana, en 1964, donde desembarcó la infantería de marina estadounidense, cubierta públicamente con el carácter de Fuerza Interamericana de Paz, acompañada de algunos centenares de soldados brasileños y un par de decenas de Guardias Civiles de Costa Rica, ¡el país sin ejército! La fuerza armada y los organismos de inteligencia metropolitanos también han tenido participación en aquellos casos en que los movimiento popular ha accedido al poder, como en Nicaragua en 1979 y Chile en 1972. No debe olvidarse tampoco la permanente labor preventiva que el ejército de los Estados Unidos hace en el seno de la mayoría de los ejércitos latinoamericanos, en los cuales realiza labores de entrenamiento y preparación de oficiales, a quienes les inculca un profundo sentimiento antipopular.

En dependencia de las características de cada caso, el movimiento popular adquiere un signo particular respecto de las relaciones internacionales. Se puede observar, en el período estudiado, casos de movimientos que adquieren el carácter de lucha anti-neocolonial como Belice, Puerto Rico y Guadalupe, a diferencia de otros en los cuales el carácter es, más bien, anticolonial como sucedió en Trinidad y Tobago y Surinam. En ocasiones está más presente el signo anti-imperialista, como en Nicaragua, o una combinación de anticolonialismo y anti-imperialismo, como sucedió en Panamá, específicamente en su lucha por la reivindicación de sus derechos sobre el canal.

Importante es observar que, en cada uno de esos casos, la alianza de clases que constituye el movimiento popular es diferente. Para sólo poner un ejemplo, podríamos anotar que, en las luchas anticoloniales, no es sorpresivo encontrar a determinadas fracciones de la burguesía formando parte activa del movimiento, cosa que sucede menos en el caso de luchas más pronunciadamente anti-imperialistas.

De igual manera, dependiendo de las condiciones específicas de cada caso, se articula la relación entre el movimiento popular y otros fenómenos de enorme trascendencia como la construcción de la nación y la democracia.

El movimiento popular, la cuestión nacional y la democracia

Pueden diferenciarse dos situaciones frente a la cuestión nacional. Por un lado, aquellos casos en los cuales se ha llegado muy adelante en la construcción nacional, como podría ser Costa Rica o México. Por otro lado, los países donde las tareas de la construcción nacional aún están pendientes, como sería el caso de Bolivia, donde cada etnia o clase percibe de manera diferente qué quiere decir boliviano (Calderón y Laserna). Las tareas del movimiento popular en cada uno de esos casos son diferentes. En el primero, la tarea que se impone al movimiento popular es la de disputar la definición de lo nacional con quienes hasta ahora han tenido el control de esa definición, o sea, el bloque en el poder.

En el segundo caso, se trata de asumir, por parte del movimiento popular, las tareas mismas de la construcción nacional. El contenido de la definición de la nacionalidad, si es determinado por un bloque oligárquico burgués, será radicalmente diferente que si lo define un bloque diferente, es decir, si lo define un bloque popular. Se habla entonces en el primer caso, de lo nacional-estatal y, en el segundo, de lo nacional-popular (Portantiero). Es importante señalar que, en ambos casos, aunque subordinadas, mantienen presencia las concepciones de los sectores no dominantes. La definición de lo nacional también estará fuertemente teñida, en la concepción nacional-popular, por la clase que logre la hegemonía dentro del movimiento popular, por las características de su vanguardia política y por el tipo de sus alianzas.

En la concepción nacional-estatal, también estará determinada por la clase o fracción de clase dominante, por las características de esa dominación, por el tipo de sus alianzas y, también, por el grado tipo de presencia del movimiento popular. Esto último lleva a concluir que si el sistema político no realiza una apertura para la participación de los movimientos sociales, la democracia es descargada (Noé) tanto en la práctica política como en la definición misma de lo nacional.

El reto ante el cual se encuentra el movimiento popular hoy consiste en que, en muchos casos, la burguesía fracasó en su misión de construir un Estado Nacional, porque perdió autonomía al convertirse, algunas de sus fracciones más influyentes, en socias menores del imperialismo. Esa condición de dominante y dominada la desnacionalizó, por lo cual, en muchos casos, la misión de la construcción nacional queda en espera del ascenso del movimiento popular, el cual, desde el presente mismo, ha de ir cumpliendo, en su lucha cotidiana y, por el momento, fuera del Estado, con el asentamiento de las bases de la futura nación.

En otras palabras, en América Latina, el proceso más visible, *in extremis*, es el de la tensión entre, por un lado, una sociedad desnacionalizada y fragmentaria, sólo integrada por las grandes empresas transnacionales y sus imposiciones culturales, conducida por un bloque burgués-oligárquico, cada vez menos autónomo y más extranjero y, por otro, una concepción popular de la nación y la democracia. Esta última concepción es portada por un movimiento popular en constitución, referido a clases en formación, constructoras de una idea de democracia, aplicable dentro y en una nación que apenas se construye. En esta concepción de categorías transformándose y, entre ellas, de la nación en formación, se encontrará la ceñuda e inspiradora presencia de Mariátegui.

Movimientos populares, organización popular y partido

Se hace necesario sintetizar un poco las relaciones entre los movimientos populares y las organizaciones, tópico que ha tenido una presencia diseminada a lo largo de estas páginas. También en este caso el tema es polémico. Hay una vieja discusión (recordada por Noé), acerca de la idea de los movimientos populares como sucedáneos de los partidos en vista de una alegada inexistencia de tradición representativa en éstos. Por otro lado, es patente el papel mediador de las organizaciones, las cuales pueden convertirse en distractores del cumplimiento de los fines propios del movimiento. Sin embargo, desde otra perspectiva, se reconoce que la consecución de las transformaciones del orden social, necesaria para satisfacer las reivindicaciones más radicales del movimiento popular, sólo es posible por medio de la acción de una vanguardia que las lleve al campo de la lucha política, es decir, de un partido.

Agrega complejidad a la discusión la circunstancia de que las diferentes concepciones sobre la táctica en la lucha del movimiento revolucionario vislumbran de manera diferente el papel de la organización y del partido. Pero la complicación no termina ahí, sino que también es diferente la interpretación que, desde cada una de esas concepciones, se hace de los hechos concretos. Un buen ejemplo de ello es la interpretación de la historia reciente de los movimientos populares. Podríamos poner como ejemplo Uruguay. Al respecto, la interpretación del autor del artículo incluido en la bibliografía (Landinelli) mereció un respetable criterio discrepante emitido en un documento privado que su autor, el profesor Gustavo Beyhaut, muy amablemente nos autorizó a publicar. Para él, en el capítulo relativo al Uruguay "es manifiesta cierta parcialidad". Argumenta su posición diciendo que "el autor no vacila en poner al Partido Comunista" y a una "centralidad obrera muy vinculada a este partido como el eje fundamental de los movimientos sociales en el proceso uruguayo". No es la ocasión de terciar en esa discusión sobre la realidad uruguaya. Sólo la hemos traído para hacer patente la diferencia entre movimiento social o movimiento popular, por un lado y, por otro, organización y partido. Hay casos en los que el movimiento sobrepasa la organización, otros en los que la organización aplaca al movimiento. También existen aquellos casos en los que hay una correspondencia entre organización y movimiento. ¿Cómo se define cuando un proceso concreto está en uno u otro de esos casos? Como lo hemos visto, la respuesta estará siempre influida por concepciones previas respecto de definiciones políticas globales.

Cuando el movimiento carece de estructura organizativa o la tiene incipiente, prevalece, en sus participantes:

> "[...] una fuerte integración psicológica de solidaridad y homogeneidad, característica de la participación de movimiento, como opuesta a la política institucional, en donde los aspectos decisionales tienen un rasgo secundario y en la que imperan modalidades no orientadas utilitariamente en términos de cargos o poder" (García y Palermo).

Éste es un factor de fortaleza del movimiento, porque permite mayor flexibilidad en el estilo de participación y puede asegurarse una amplia audiencia. Pero también ahí radica su debilidad, porque cuando el movimiento logra constituir una organización, adquiere mayores posibilidades de actuar como interlocutor de otras fuerzas sociales, acumula experiencia y encuentra su propia identidad, la cual, sin organización se encontrará en un estado precario (Machado y Ziccardi, citado por Noé).

Pero la mayor capacidad de influencia del movimiento popular se alcanza cuando logra constituir una vanguardia política, tema que es altamente controversial, porque cada partido reclamará, naturalmente, la condición vanguardia. Sin embargo, se pueden hacer al respecto algunas reflexiones interesantes.

El movimiento popular, en su fase de mayor desarrollo, genera una vanguardia y un proyecto político. Toda la dinámica anterior es un avance hacia ese momento. Ese avance es la constitución del sujeto político y, en ese proceso, a veces lento y a veces vertiginoso, se produce esa relación dialéctica entre las categorías masa, pueblo, movimientos populares, clase y partido.

Observando las experiencias latinoamericanas, confirmamos que, para hurgar en esta compleja relación entre movimientos y partidos, es necesario hacer ciertas distinciones. La primera consistiría en distinguir, por un lado, a los partidos que intentan interpretar las aspiraciones propias del movimiento popular y, por otro, a los portadores de la ideología del bloque dominante. Este terreno también es escabroso porque, en su necesidad de legitimación, todos pretenden luchar por el bien de la sociedad y, hasta los más conservadores, alegan que sus programas satisfacen las aspiraciones populares y apelan al apoyo de esos sectores. La mayor dificultad para la distinción, se encuentra en los casos limítrofes de partidos que luchan por reformas sustanciales del orden social, para lo cual cuentan con membresía popular, pero no proyectan cambiar los fundamentos de la relación de clases.

Quizás la clave de la distinción se dé en los objetivos estratégicos, y si en ellos está presente el proyecto de expulsar a la burguesía y a la oligarquía del ejercicio del poder. Solución demasiado simple y presurosa para asuntos tan complejos, sólo excusable porque no se pretende aquí resolver ese problema teórico. Sólo se pretende destacar que la relación del movimiento popular con cada tipo de partido es diferente. En el caso de partidos que no se proponen la sustitución de las clases en el poder, los movimientos populares pueden tener mayor o menor influencia, pero, por definición, no habrá coincidencia entre los proyectos políticos del partido y del movimiento, cosa que sí puede ser posible en aquellos que sí se proponen la sustitución de las clases dominantes, a los cuales, por lo general, se llama revolucionarios. Esto no quiere decir que aquel propósito baste por sí solo para que esos partidos sean fieles intérpretes de las demandas del pueblo. Ya vimos que, como mediadores, puede que no lo sean y, en todo caso, muchas discusiones habrá acerca de si cumplen o no ese propósito.

Al referirnos aquí al partido como vanguardia de movimiento popular, obviamente nos referimos a este último tipo. Los otros, ni se proponen, ni les interesa ser vanguardia de un movimiento que pretende desalojar del poder a las clases que esos partidos representan.

En el análisis de la constitución del partido, si se quiere captar el fenómeno en toda su riqueza, es necesario pasar de los momentos a las continuidades y ver la constitución del partido como sujeto político en todo el dinamismo propio de ese proceso. Esto nos dará pie para observar la presencia de sectores populares muy diversos, que realizan su práctica política en muy variadas organizaciones populares, distintas del partido, pero que confluyen en su constitución. Si nos limitamos al análisis del partido mismo, dejaremos de captar una dinámica política muy rica y unos actores políticos muy diferentes (Ballón).

El partido que se constituye en vanguardia del movimiento popular puede ser de muy diverso tipo, dependiendo de su propia historia, del carácter de la formación social en la que se desenvuelve y, sobre todo, de la clase que logre la hegemonía dentro del movimiento popular que lo genera y de las alianzas de esa clase (Gandásegui).

Pero también las clases no populares tratarán de controlar al movimiento popular. Ahí juega un papel importante el partido no revolucionario, el cual tratará de cooptar al movimiento. Gandásegui dice que en este caso no se trata de hegemonía, sino de dominación.

De todas maneras, los movimientos populares tratan de evitar una influencia muy cercana de este último tipo de partido. Frente a él, se dice que la propia existencia de los movimientos sociales implica una admisión del pluralismo partidario (Noé), lo cual implica una toma de distancia. Sin embargo, en Estados producto de un amplio consenso, como México, Venezuela o Costa Rica, los movimientos populares encuentran enormes dificultades para sustraerse de la influencia de los grandes partidos que tienen posibilidades reales de acceso al poder. En los últimos años, se observó una diversidad de tipos de relación entre partidos y movimientos. Uno de ellos se dio en casos de represión contra los partidos, lo cual permitió que un movimiento específico apareciera encabezando la protesta en la sociedad civil, como ocurrió con el movimiento de los derechos humanos en la Argentina (García y Palermo). En Bolivia, los comités locales de barrio, sirvieron de canales de expresión política cuando disminuyó la práctica del partidos (Calderón y Laserna).

En relación con partidos revolucionarios, es de interés lo ocurrido en Centroamérica, donde se observó, en los últimos quince años, un cambio en el patrón de esa relación.

En el patrón anterior, el partido revolucionario o, lo que es su antecedente, la organización político-militar revolucionaria ya constituida, apelaba a las masas en su apoyo. En el período mencionado, por el contrario, el movimiento popular constituyó de su seno su propia organización político-militar. Esto se observó en Nicaragua y se presenta en Guatemala y El Salvador (Camacho y Menjívar).

En otra situación, como la del Brasil, el proceso de democratización facilitó una in- tensa relación entre movimientos y partidos. Estos últimos cumplieron el papel de unificadores, a escala nacional, de una visión más localizada propia de los movimientos, y lograron articular y representar, a escala institucional, un conjunto de fuerzas sociales heterogéneas (Noé).

En el Caribe, los movimientos populares fueron, en mayor o menor grado, inspirados por agrupaciones políticas (Pierre-Charles).

Esa compleja relación con los partidos también está influida por el tipo de movimiento de que se trate.

Por eso y porque es útil para comprender muchas otras dimensiones de este vasto tema, sería conveniente dar un primer paso en la tarea de establecer una tipología de los movimientos populares en América Latina.

Hacia una tipología de los movimientos populares

En los últimos quince años de manifestó en América Latina una diversidad de movimientos populares que revelan una realidad muy compleja y diferenciada. Sin embargo, no sólo es posible, sino necesario, el intento de descubrir grandes criterios de clasificación que, desarrollados, puedan dar lugar a una tipología. Siguiendo el razonamiento del párrafo anterior, en el cual hablamos de clase, proyecto político y partido, el primer criterio de clasificación será la adscripción de clase. De esta manera distinguiríamos por un lado los movimientos clasistas y, por otro, los pluriclasistas. Entre los primeros se encuentran los movimientos obrero, campesino, de capas medias y, si extendemos la reflexión a los movimientos sociales no populares, los patronales.

Dentro de los movimientos clasistas, aparece como nuevo el objetivo renovado de los sectores medios, que sobrepasaron sus reivindicaciones puramente salariales para proponerse demandas más globales, como la ampliación de su participación política y, en algunos casos, la reforma de aspectos atinentes a la sociedad global. En ese caso están los maestros, bancarios y profesionales, especialmente médico, lo cual fue claro en México (León y Marván).

Entre los pluriclasistas se encontrarían aquellos que reúnen su membresía con individuos que comparten entre ellos una condición posible entre personas de diferentes clases.

Un ejemplo es el movimiento estudiantil, porque hay estudiantes de extracción obrera, campesina o burguesa. Sucede lo mismo con los movimientos femeninos y juveniles, así como en otros, relacionados con asuntos de opinión, como los ecológicos, pacifistas y religiosos. Ya apuntamos que estos movimientos pluriclasistas, al profundizar en sus reivindicaciones, se acercan a las posiciones de clase, porque el capitalismo no es capaz, todo lo contrario, de dar respuesta cabal a sus aspiraciones.

Los movimientos juveniles y femeninos, por ejemplo, pueden ser interpretados como un producto de trauma social, derivado de la modernización, con su secuela de desintegración de antiguas certidumbres (De la Cruz). El movimiento religioso popular encuentra respuesta a sus preocupaciones de justicia terrenas solamente en un cambio profundo de las relaciones de producción.

Hay algunos movimientos pluriclasistas en los cuales fracciones de las clases dominantes juegan un importante papel conductor. Es el caso de los movimientos anticolonialistas que luchan por la independencia política, lo cual se presentó, durante el período último, en Belice y, con otras características, en la lucha por la recuperación de los derechos de Panamá sobre el Canal. En estos casos, no se presenta con tanta claridad el deslizamiento hacia posiciones anticapitalistas (Gandásegui). Por el contrario, esos procesos pueden representar la reafirmación de una fracción específica de la burguesía.

Algo similar sucede con otro tipo de movimiento pluriclasistas, los regionales, que se caracterizan por reivindicar intereses de una región del país y son conducidos por grupos hegemónicos. Son productos del desarrollo desigual del capitalismo. En Perú, por ejemplo, los movimientos regionales fueron frecuentemente conducidos por las Cámaras de Comercio (Ballón), las cuales, por supuesto aprovecharon esa circunstancia para reforzar sus posiciones. En Bolivia el regionalismo de Santa Cruz facilitó la hegemonía de los grupos oligárquicos (Calderón y Laserna). Sin embargo, como su arma más efectiva es el paro general, requieren de la adhesión de los sindicatos, lo cual puede significar alguna ventaja para los sectores subordinados. Así, en Perú (Ballón) los movimientos regionales han dado ocasión para constituir frente de defensa de los intereses del pueblo. En México, ha tomado la forma de movimientos municipales e incluyen reivindicaciones populares (León y Marván). No obstante, la presencia de los grupos hegemónicos marca en definitiva sus metas fundamentales.

Otro gran criterio de clasificación, aunque menos claro teóricamente, es el que distingue a los movimientos tradicionales de los llamados "nuevos" movimientos. Esta última denominación se refiere a la circunstancia de que en los últimos años han aparecido en la sociedad civil actores que antes no se manifestaban. En todos los casos, los nuevos movimientos son pluriclasistas y la mayor parte se ubican en el pueblo, sea por su extracción social o por el tipo de reivindicaciones. Entre los nuevos movimientos se coloca a los femeninos, ecologistas, pacifistas, religiosos-populares y las llamadas organizaciones de base.

Los movimientos ecologistas tienen cada vez una participación más pujante, como lo muestran De la Cruz y Noé.

Las organizaciones de base presentan una dinámica de gran interés y es fuente de prácticas que sobrepasan el papel que la sociedad burguesa asigna a determinadas instituciones, por ejemplo, la familia. Dos casos diversos lo ilustran: los comedores colectivos sobrepasan el papel asignado por ese tipo de sociedad a la familia (Ballón). Por otro lado, en Argentina, al suprimirse violentamente toda forma de solidaridad social, ésta renace a partir de la familia, alrededor de la Madres de la Plaza de Mayo (García y Palermo).

Las organizaciones de base han sido también el germen de una institucionalidad alternativa del Estado al organizar, además de los mencionados comedores colectivos, los clubes de madres, guarderías infantiles, bibliotecas populares, grupos culturales, asociaciones deportivas.

Éste ha sido un fenómeno repetido a lo largo de América Latina, estudiado sobre todo por Noé y Ballón.

Utilizando otros parámetros, pueden distinguirse los movimientos urbanos de los rurales. La diferenciación no carece de interés en vista de que, al parecer, la mayoría de los movimientos de gran alcance son, fundamentalmente, de carácter urbano (Pierre-Charles). Sin embargo, cierto tipo de movimiento rural, pero no campesino en el sentido estricto, como el del proletariado agrícola, puede tener enormes repercusiones, como ha sucedido con los movimientos del proletariado bananero en Centroamérica, Honduras y Costa Rica, principalmente.

A la vez pluriclasista, nuevo y fundamentalmente rural, es muy relevante la presencia del movimiento étnico. Las asociaciones de indígenas en Brasil, Bolivia, Ecuador y Centroamérica, reunidas en Federaciones Internacionales, testimonian una actividad importante. En Centroamérica el fenómeno apareció con fuerza, con la participación política de grupos étnicos en Guatemala y Nicaragua (Camacho y Menjívar) y las protestas de los guaymíes en Panamá en contra del despojo de sus tierras y la consecuente desocupación (Gandásegui).

Para algunos autores (Noé, León y Marván), el movimiento indígena es básicamente una fracción del movimiento campesino. León y Marván señalan que el 35% de las demandas por tierra en México corresponden a indígenas.

Sin embargo, podría pensarse que el movimiento étnico tiene una identidad propia, que lo diferencia del campesino, lo cual se refleja en reivindicaciones muy específicas, como las referidas a la conservación de su cultura, su lengua y su hábitat.

Las anteriores anotaciones no son más que las primeras propuestas para acercarse a una tipología. En éste, como en los otros puntos abordados, resalta el hecho de que estas reflexiones no son más que un modesto punto de partida.

Hacia una cronología

Entre las muchas labores pendientes en el estudio de los movimientos populares en América Latina se encuentra el establecimiento de una cronología. Hasta ahora no hemos avanzado lo suficiente para ello, pero los trabajos sobre el tema incluidos en la bibliografía nos permiten descubrir grandes hitos.

Durante los primeros años sesenta, impulsó al movimiento popular el ejemplo de una revolución triunfante, la de Cuba de 1959.

Con los años setenta, se inició un proceso de ascenso, que venía gestándose desde tiempo atrás, como se nota en Brasil, donde el movimiento negro se activó a mediados de los sesenta (Noé). En Perú, Ballón ubica el período de ascenso del movimiento popular entre 1968-1975, época del gobierno de Velazco Alvarado, durante la cual se produce un gigantesco proceso de organización popular. En Panamá, es en 1968 cuando llega Omar Torrijos al poder y se inicia la lucha por la negociación de los tratados canaleros (Gandásegui). León y Marván ubican en 1968 la preparación del ascenso del movimiento popular mexicano, dentro del cual, el movimiento estudiantil, que culminó ese año, representó la necesidad de un replanteamiento político. La rebelión de Curazao, estudiada por Pierre-Charles, se produjo en 1969.

Es la década del setenta, la que muestra un ascenso palpable, pensamos que no es ajena a ese hecho la circunstancia de que la crisis económica, cuyo inicio se ubica, por lo general, en los sesenta, hace sentir sus efectos precisamente a partir de 1970. Cuando esos efectos golpean fuertemente a los grupos subordinados, éstos acrecientan sus protestas y, en algunos países, la crisis económica deviene crisis de dominación, o sea, crisis política. Las respuestas son múltiples; desde la toma del poder por fuerzas políticas que representan los intereses populares como en Chile, Granada y Nicaragua, hasta el endurecimiento de regímenes dictatoriales de derecha como en el propio Chile, Argentina, Guatemala y El Salvador, pasando por soluciones reformadoras o transformadoras, que no llegan a ser radicales, como en Panamá, Perú, Honduras (en una corta época) y por propuestas de ampliación del consenso alrededor del régimen político existente, como en México, Venezuela y Costa Rica. En cada uno de esos cuatro modelos, el interlocutor es el movimiento popular, sea para satisfacer sus aspiraciones, para reprimirlas, para responder parcialmente a sus reivindicaciones o para ganar su apoyo para un nuevo pacto político. En otras palabras, se trata de reacciones ante un empuje del movimiento popular, que se manifiesta claramente en los acontecimientos, según pasamos a constatarlo. En efecto, en Brasil el movimiento sindical se desvincula de la tutela estatal a partir de 1970 y surgen los movimientos populares como nueva fuerza en el escenario de la llamada apertura de gobierno del General Geisel, a mediados de la década (Noé). En Paraguay, el inicio de la década del setenta representa para el movimiento popular el ingreso a una fase que, de modo gradual, aunque con extrema lentitud, lo conducirá a la salida del largo período de reflujo. En ese país, el año 1975 marca el inicio de una nueva etapa en los hechos sindicales (Salina). El estallido nacionalista del *Black Power* en Trinidad y Tobago se produce en 1970, y en esa misma década toman fuerza el giro nacionalista del gobierno de Forbes y Burnham en Guyana, la política nacionalista y reformista del PNP en Jamaica y, al final de ella, la rebelión del Partido de la Nueva Joya en Granada (1979), las rebeliones nacionalistas en Santa Lucía y Dominica (1980) y la rebelión de los sargentos en Surinam (1980) (Pierre-Charles). En Perú, dentro del período de ascenso ya señalado, en 1970, cambia el carácter de los movimientos populares. A partir de ese momento, se caracterizan por el cuestionamiento político, la exigencia de mayores libertades democráticas y la movilización frente a la privatización de empresas públicas. Ese cambio muestra una cristalización de las relaciones de clase en los paros nacionales, en los cuales se da un claro enfrentamiento entre bloques de clases. En esa época, el movimiento popular exhibió condiciones de continuidad y tradición, pasó a la ofensiva y desarrolló sus organizaciones (Ballón). Todos estos elementos llevan a Ballón a caracterizar esa época como de constitución del movimiento popular. En el período posvelasquista se combina, según dicho autor, la represión oficial con la gran movilización de protesta y un auge de la lucha regional.

En Uruguay, entre 1968-1973, se produjo un período fuertemente crítico, en el cual la fisonomía del sistema se transformó totalmente y se incrementó permanentemente la lucha de clases, una de cuyas manifestaciones consistió en el enfrentamiento, por parte del movimiento obrero, de la política gubernamental de contención drástica de los ingresos populares (Landinelli). Este período terminó con el golpe de Estado ultra conservador de 1973, del cual surgió una política fuertemente represiva de los sectores populares.

En México, el ascenso del movimiento popular se produjo entre 1972-1976, seguido de una reforma política, que amplió las posibilidades de participación (León y Marván).

En Chile, también se produce un período de ascenso que culmina en el gobierno de Unidad Popular, el cual es objeto del golpe de Estado de 1973. Ese año se inicia una cruenta represión contra las organizaciones del pueblo, las que se repliegan entre 1973-1976, sufren una política oficial desarticuladora entre 1976-1978, año, este último, en el que la dinámica de las organizaciones sindicales alcanza gran intensidad, lo cual culmina con su reconstitución a partir de 1979. Estas organizaciones retoman la iniciativa desde 1982 (León).

La década del setenta es también propicia para el desarrollo del movimiento por los derechos humanos en Argentina, el cual a partir del golpe de 1976, se constituye en el único canal de protesta de la sociedad civil y es factor de primer orden en el derrocamiento de la dictadura (García y Palermo).

Son notables los casos de Venezuela y Ecuador, en los cuales, según se explica en los trabajos de Durán y De la Cruz incluidos en la bibliografía, el auge petrolero retrasó el desenvolvimiento de los movimiento populares. Sin embargo, al inicio de la década de los ochenta, en el Ecuador se desarrollaron una intensa actividad sindical y movimientos de protesta en contra de la política económica del gobierno. En Venezuela, fue también en esa época, como lo analiza De La Cruz, cuando se produjo el auge de nuevos movimientos. En Bolivia el golpe del General Bánzer de 1971 provocó un repliegue del movimiento popular, el cual, después de esa primera reacción, desarrolló una tenaz resistencia encabezada por el movimiento obrero. Esa resistencia, el deterioro económico y las presiones internacionales impulsaron un proceso de apertura que culminó en 1977 (Calderón y Laserna).

En Centroamérica, la década del setenta presenta un cambio cualitativo en la relación de los movimientos populares con las organizaciones político-militares (Camacho y Menjívar) y, al final de la década, se produce el ascenso al poder del movimiento popular nicaragüense, lo cual marca un hito de gran importancia para América Latina.

El movimiento popular tuvo una importante participación en el restablecimiento de la democracia liberal en Argentina, Uruguay, y Brasil, fenómenos que se dan en el tránsito de los setenta a los ochenta.

En la década del ochenta, además de la persistencia de los procesos que hemos descrito, se presenta un fenómeno nuevo, que consiste en las protestas, cada vez más generalizadas, en contra de la intervención del Fondo Monetario Internacional en la dirección de la economía doméstica de nuestros países. Concretamente, se protesta contra la restricción del gasto público, la devaluación de las monedas locales frente al dólar norteamericano, la restricción de los salarios y el pago de una deuda externa abultada, de la cual se pone en duda la moralidad de su origen.

Este tipo de protestas contra las medidas impuestas por el Fondo Monetario Internacional se han dado, en menor o mayor grado, en todos los países de América Latina y, de manera notable, en República Dominicana, Panamá, Ecuador, Bolivia y Brasil.

Conclusión

Una vez más repetimos que éstas son propuestas muy provisionales, destinadas a suscitar un debate que permita enriquecer el arsenal conceptual en el estudio de los movimientos populares.

Hay varias discusiones pendientes y, sobre todo, hay muchas tareas por realizar. Entre ellas, algunas se presentan como más útiles y urgentes. Una de ellas es el establecimiento de una cronología que dé base para una periodización. Ésta, a su vez, sería el camino para encontrar, si es que las hay, regularidades y continuidades que nos permitan saber si se puede hablar de un movimiento popular latinoamericano.

Otra de esas tareas es la construcción de una tipología que nos permita tener las claves para observar ese conjunto de fenómenos tan diversos.

Pero también hace falta ahondar en las relaciones concretas, que se dan en América Latina, entre movimientos, organizaciones y partidos, y entre movimientos y sociedad política.

Todo esto con un afán científico y un propósito de contribuir a las transformaciones que nuestros países necesitan para lograr un mayor grado de justicia y de libertad.

Bibliografía

Ballón, Eduardo 1989 "El proceso de constitución del movimiento popular peruano" en Camacho, Daniel y Menjívar, Rafael *Los movimientos populares en América Latina* (Universidad de las Naciones Unidas/Siglo XXI editores México).

Calderón, Fernando y Laserna, Roberto 1989 "Nación, Estado y movimientos regionales en Bolivia (1971-1983)" en Camacho, Daniel y Menjívar, Rafael *Los movimientos populares en América Latina* (Universidad de las Naciones Unidas/ Siglo XXI editores México).

Carrión, Luis 1982 "Etnia y conflicto en Nicaragua" en *Nueva Antropología* (México) Vol.5, N° 20.

Cádiz, S. 1983 "Movimiento campesino en América Latina: de la supervivencia organizacional a las proposiciones alternativas 1960-1980" en *Boletín GEA: estudios agrarios* (Santiago, Chile) N° 12, junio.

Castells, Manuel 1980 *Movimientos sociales urbanos* (Siglo XXI: México).

De la Cruz, Rafael 1989 "Una esperanza para hoy llamada Movimientos Sociales (O de cómo en Venezuela están cambiando las cosas)" en Camacho, Daniel y Menjívar, Rafael *Los movimientos populares en América Latina* (Universidad de las Naciones Unidas/Siglo XXI editores México).

De la Cruz, Vladimir 1981 *Las luchas sociales en Costa Rica* (Editorial Costa Rica: San José de Costa Rica).

Díaz Polanco, Héctor 1981 "Etnia, clase y cuestión nacional" en *Cuadernos Políticos* N° 30, octubre-diciembre.

Durán Barba, Jaime 1989 "Movimientos sociales en Ecuador en 1970: unidad y crisis de las centrales sindicales" en Camacho, Daniel y Menjívar, Rafael *Los movimientos populares en América Latina* (Universidad de las Naciones Unidas/ Siglo XXI editores México).

Escobar, Cristina y de Roux, Francisco 1989 "Movimientos populares en Colombia" en Camacho, Daniel y Menjívar, Rafael *Los movimientos populares en América Latina* (Universidad de las Naciones Unidas/Siglo XXI editores México).

Figueroa, Carlos 1976 El proletariado rural en el agro guatemalteco. (Guatemala: Instituto de Investigaciones Económicas y Sociales de la Universidad de San Carlos de Guatemala).

Gandásegui, Marco A. 1989 "Panamá: unidad nacional y unidad popular. Alternativas para los movimientos sociales" en Camacho, Daniel y Menjívar, Rafael *Los movimientos populares en América Latina* (Universidad de las Naciones Unidas/Siglo XXI editores México).

García Delgado, Daniel y Palermo, Vicente 1989 "El movimiento de los derechos humanos en la transición a la democracia en Argentina" en Camacho, Daniel y Menjívar, Rafael *Los movimientos populares en América Latina* (Universidad de las Naciones Unidas/Siglo XXI editores México).

García Canclini, Néstor 1982 *Las culturas populares en el capitalismo* (México, DF: Editorial Nueva Imagen).

González Casanova, Pablo 1984 *La hegemonía del pueblo y las luchas centroamericanas* (San José de Costa Rica: EDUCA).

León, Samuel y Marvan, Ignacio 1989 "Movimientos sociales en México (1968-1983): Panorama y perspectivas" en Camacho, Daniel y Menjívar, Rafael *Los movimientos populares en América Latina* (Universidad de las Naciones Unidas/Siglo XXI editores México).

León, Patricio 1989 "Dinámica socio política de Chile" en Camacho, Daniel y Menjívar, Rafael *Los movimientos populares en América Latina* (Universidad de las Naciones Unidas/Siglo XXI editores México).

Landinelli, Jorge Emilio 1989 "Centralidad obrera y continuidad histórica en el movimiento popular uruguayo"
en Camacho, Daniel y Menjívar, Rafael *Los movimientos
populares en América Latina* (Universidad de las Naciones
Unidas/Siglo XXI editores México).

Marchetti, P. 1982 "Transición e institucionalización de la
participación popular" en *Diálogo sobre la participación*
(Oxford: UNRISD) N° 2.

Martínez, Severo 1973 *La patria del criollo* (San José, Costa
Rica: EDUCA).

Menjívar, Rafael 1975 "Los problemas del mundo rural" en
Torres Rivas, Edelberto y otros. *Centroamérica hoy* (México, DF: Siglo XXI).

Noé, Alberto 1989 "Movimientos sociales en Brasil (1970-1982)"
en Camacho, Daniel y Menjívar, Rafael *Los movimientos
populares en América Latina* (Universidad de las Naciones
Unidas/Siglo XXI editores México).

Ortega, Manuel; Vélez, Jaime y Boege, Eckart 1983 "El conflicto
etnia-nación en Nicaragua" en *Nueva antropología* (México DF) N° 20, enero.

Pease, Henry y Ballón, Eduardo 1982 "Límites y posibilidades
de los movimientos populares: su impacto en el proceso
político" en *Diálogo sobre la participación* (Oxford:
UNRISD) N° 2.

Pierre-Charles Gérard 1989 "Movimientos sociopolíticos en el
Caribe" en Camacho, Daniel y Menjívar, Rafael *Los movi-
mientos populares en América Latina* (Universidad de las
Naciones Unidas/Siglo XXI editores México).

Portantiero, Juan Carlos 1981 "Lo nacional-popular y la alternativa democrática en América Latina" en *América Latina
80. Democracia y Movimiento Popular* (Lima).

Posas, Mario 1981 *El movimiento campesino hondureño: una
perspectiva general* (Tegucigalpa: Editorial Guaymuras).

Salinas, Darío 1989 "Movimientos sociales y procesos políticos
en Paraguay" en Camacho, Daniel y Menjívar, Rafael *Los
movimientos populares en América Latina* (Universidad
de las Naciones Unidas/Siglo XXI editores México).

Santos de Morais, Clodomir *"Algunas consideraciones en torno a las organizaciones campesinas en Latinoamérica"* en *Sobretiro* (Ginebra, Suiza: Instituto de Estudios Laborales) Boletín N° 8.

Wheelock, Roman J. 1981 *La mosquitia en la revolución* (Managua: CIERA).

Parte II: Sociología

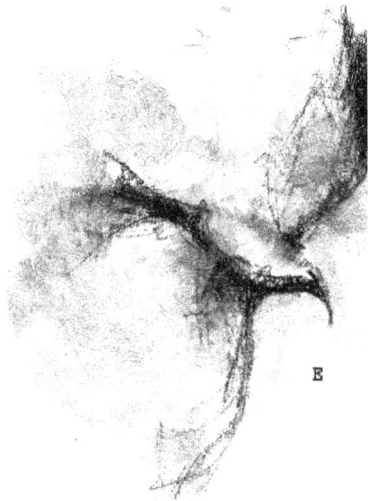

E

Las ciencias sociales en América Latina: ¡un renacer!

THEOTONIO DOS SANTOS[1]

Al analizar los trabajos del Seminario sobre Hegemonía y Contrahegemonía en el sistema mundial contemporáneo, organizado por la Red y Cátedra de Economía Global y Desarrollo Sostenible de la UNESCO y de la Universidad de las Naciones Unidas (www.reggen.org.br) que organicé en Río de Janeiro, en Agosto de 2003, el periódico argentino *Clarín* llamó la atención de un hecho muy importante: el renacimiento del pensamiento social latinoamericano, en articulación con el pensamiento más avanzado de la izquierda contemporánea.

Esta misma constatación ha ocurrido en varios encuentros científicos que hemos realizado en los últimos tiempos. La semana pasada se ha terminado el XXIV Congreso de la Asociación Latinoamericana de Sociología (ALAS) con la misma conclusión. Esta semana se está realizando el V Encuentro Internacional de la Red de Economía Mundial (www.redem.buap.org.mx), que vuelve a tocar esta temática. Ésta fue también tema de mi libro *Teoría de la Dependencia: balance y perspectiva*, que se publicó por Plaza y Janés en México y por Sudamericana en Buenos Aires.

Podemos decir que se trata de una cuestión crucial para nuestros pueblos en el momento actual. Frente a los fracasos sucesivos de las políticas neoliberales que se impusieron a nuestros países en las décadas del ochenta y noventa, y frente a su incapacidad para justificar teóricamente la teoría que la sostiene, los "teóricos" neoliberales y los técnicos que les sirven se niegan sistemáticamente a discutir los fundamentos de

---

[1] Expresidente ALAS, XVI Congreso, Río de Janeiro, Brasil 1985.

su actividad científica y se esconden detrás de la afirmación ridícula de que las políticas económicas que proponen son las "únicas posibles".

Como tratan con políticos sin formación económica, los aplastan con un verdadero "terrorismo intelectual" amenazando con inflaciones terribles si no siguen sus recomendaciones. Este comportamiento sería ridículo si no lo traspasasen para presidentes, ministros y otros altos niveles de decisión del Estado sus ideas anacrónicas y comprobadamente erradas. Claro que cuentan para tal con el apoyo del aparato técnico del FMI, del BIRD y de un gran número de centros académicos, que fueron asaltados por la "escuela de Chicago" en los últimos veinte años.

De esta manera, esta escuela económica que causaba risas en los medios económicos de los años cuarenta, cincuenta, sesenta y setenta consiguió una respetabilidad académica en la medida en que sus seguidores tenían a su disposición los mejores empleos en las organizaciones internacionales, en los bancos centrales y en algunos bancos privados. Y yo digo algunos porque el sistema financiero nunca creyó en estas producciones de teoría económica de bajo nivel, cuya capacidad de aplicarse a la economía real ha sido casi nula.

Mientras sus aparatos ideológicos propagaban las ideologías neoliberales, sus publicaciones más serias republicaban los estudios de Kondratiev sobre las ondas largas, como lo hizo el Lloyds Bank en la década del setenta. Los centros técnicos más serios como la OCDE analizaban las tendencias de la política científico-tecnológica, a partir de la contribución de los neo-schumpeterianos. Los centros de decisión de política económica de los países más desarrollados practicaban un keynesianismo de derecha que condujo a los Estados Unidos a un endeudamiento colosal en las décadas del ochenta y noventa del siglo pasado.

Cupo a las zonas colonizadas del mundo seguir el recetario neoliberal en las décadas del ochenta y noventa, adaptándose a las exigencias de pago de la deuda externa con altas tasas de interés en los años ochenta y a una sobrevaluación de sus monedas nacionales en los años noventa, acompañada de déficits comerciales y altas tasas de interés internas para atraer capital especulativo de los países centrales, en los cuales había una clara caída de la tasa de interés. Es difícil de imaginarse un servilismo más total y radical.

Más increíbles aún son las creaciones de instrumentos de relaciones públicas de los intereses del capital financiero internacional, como el llamado "riesgo" de las naciones, un aparato conceptual totalmente subjetivo, convertido en modelo matemático al servicio de la especulación financiera internacional. El día que se revelen totalmente las debilidades técnicas de estos modelitos ya ellos habrán hecho estragos colosales en las economías de nuestros países, al convertirse en instrumento publicitario que ocupa todos los diarios y medios de comunicación, además de la mente de nuestros políticos.

Frente a esta descalificación de la ciencia económica, rebajada al nivel de instrumento de la especulación financiera más brutal, las personas serias preguntan insistentemente cuál sería la alternativa. Yo diría que las alternativas posibles ya están en gran parte desarrolladas en el pensamiento económico y social de América Latina, expresado en corrientes de pensamiento tan sólidas como el estructuralismo de la CEPAL y la teoría de la dependencia.

Estas corrientes no estuvieron muertas durante los ataques del pensamiento único neoliberal en las décadas señaladas. El estructuralismo evolucionó hacia un neoestructuralismo, que contó con aportes novedosos como los análisis de Fernando Fanzylbert, que condujeron a las propuestas del desarrollo con equidad en la década del ochenta. Asimismo, debemos incluir en las contribuciones fundamentales de este enfoque los ensayos de Raúl Prebisch sobre centro y periferia, y los estudios críticos sobre los impactos del consenso de Washington en la región en los últimos años.

Al mismo tiempo, la teoría de la dependencia evolucionó hacia la teoría del sistema mundial, que se transformó en la referencia fundamental del pensamiento social contemporáneo, anticipando los fenómenos de la globalización y sus desdoblamientos geopolíticos actuales.

Si el lector quiere conocer una verdadera síntesis de estos avances puede buscar el libro publicado por la UNESCO en Caracas y por Perú Mundo en Perú, además de su edición en mandarín, organizada por la Academia de Ciencias Sociales de China bajo el título de *Los Retos de la Globalización: Ensayos en Homenaje a Theotonio dos Santos*. También me gustaría indicarles los cuatro volúmenes que la editorial de la PUC de Rio de Janeiro publicó sobre *Os impasses da Globalização*. Este libro reúne los trabajos presentados en el Seminario de agosto de 2005, al cual ya nos referimos en este artículo.

Me gustaría indicar también los libros que rinden homenaje a los años de trabajo de André Gunder Frank (Development of Underdevelopment), Immanuel Wallerstein y Samir Amin. En todos ellos he colaborado, así como ellos colaboraron en el libro en mi homenaje. Dudo mucho que el lector pueda considerarse poco satisfecho frente a estos trabajos fundamentales para la crítica del pensamiento conservador y para la elaboración de una alternativa conceptual, histórica y política a la ofensiva del neoliberalismo en plena decadencia.

Claro que quedan muchas cosas por hacer, sobre todo en el plan de las propuestas concretas de detalle. Pero las líneas generales de una vuelta de lado en el campo teórico ya están disponibles. Como lo he planteado en otras oportunidades, se está produciendo en realidad un nuevo consenso entre las fuerzas sociales e institucionales principales de nuestros pueblos.

Se trata de reanudar el proceso de crecimiento económico en base a la rebaja drástica de las tasas de interés y de la adopción de políticas industriales que buscan ajustar nuestros países a las nuevas realidades de la economía mundial, de la nueva división internacional del trabajo creada por los cambios de la revolución científico-técnica y de la tercera revolución industrial.

No es aquí el lugar de detallar estas propuestas, que se inscriben en un amplio programa de redistribución del ingreso y democracia participativa, que obliga a nuestros políticos a enfrentar el FMI y el BIRD, tal como lo han expresado sucesivas veces nuestros pueblos en procesos electorales, como en Brasil, con fuerte soporte del pueblo en las calles, como ocurrió en la Venezuela, Argentina, Ecuador y Bolivia. Se deben recordar también los cambios en Nicaragua y El Salvador. Más significativos aún son los avances en procesos de integración, que van desde propuestas tan avanzadas como el ALBA y el Petrocaribe, o importantes éxitos económicos como el MERCOSUR, o políticos como la UNASUR y el reciente CELAC. Es notorio aún resaltar las resoluciones latinoamericanistas dentro de la OEA, antiguo bastión pro-norteamericano. Por detrás de todo esto, se encuentra la resistencia heroica del pueblo cubano, versión moderna de David frente a Goliat, una vez más victorioso.

Esto significa la perspectiva positiva de un encuentro cada vez más fuerte entre nuestros esfuerzos científicos y la experiencia de nuestros pueblos. Trátase de un verdadero renacer de nuestra creatividad intelectual, que tendrá seguramente sus aspectos artísticos y literarios, reinstaurando las voluntades más profundas de transformación revolucionaria con la fuerza del intelecto.

Las aporías del arte y la ciencia

Arte y ciencia

"La obra de arte que necesita ser explicada ya no es obra de arte"
(Pío XII).

Cuando nos preguntamos, por qué en nuestra sociedad, y por tanto al interior del sistema educativo, se otorga una indiscutible preferencia a la enseñanza/aprendizaje de las ciencias, y por ello, deliberada o inconscientemente, se soslaya o minimiza el valor de la educación por el arte, notamos que la pregunta necesariamente debe conducirnos a esbozar algunas respuestas.

Una primera aproximación consiste en reconocer que, en nuestro medio, se asocia la ciencia a la tecnología, y ambas a las mayores posibilidades de obtener vacante en el competitivo mercado laboral. En tanto que la labor artística, se la considera propia de diletantes y hasta de desadaptados, los cuales están casi siempre, condenados a "morirse de hambre". Por otra parte, el rol que se le otorga a la ciencia, como explicación de la realidad, en su multiplicidad de manifestaciones, como descubridora de sus leyes, y por tanto, como dadora y sustento del progreso económico-social; parecieran arrogarle un rol no sólo superior, sino imprescindible, frente al quehacer artístico.

Asimismo, la ciencia, al detentar un carácter objetivo y comprobable, adquiriría mayor confiabilidad frente al arte, el cual, como sabemos, esencialmente es un quehacer subjetivo, y por ello en gran medida, arbitrario. Y estas diferencias

---

[1] Expresidente ALAS, XXIV Congreso, Arequipa, Perú 2003.

y distancias se trasuntan al mundo educacional. Por tanto, aquí también, las actividades artísticas no tienen el boato de la importancia ni el lugar para ser consideradas imprescindibles. Niveles, a los que desde hace tiempo, ha llegado la ciencia. Así, por ejemplo, resultaría inconcebible que en el currículo escolar no se consignara por ejemplo, matemáticas, a diferencia de las asignaturas y las actividades artísticas, a las que se les ha dado un carácter recreativo o complementario en el mejor de los casos.

Graciela Fernández Troiano nos amplía el horizonte, con la siguiente explicación:

"Las diferenciaciones entre arte y ciencia, posiblemente con origen en la modernidad (Ilustración, cientificismo, neoclasicismo, romanticismo), que a pesar de los esfuerzos de algunos filósofos, científicos y artistas no se han diluido totalmente, establecen que la ciencia se basa en la razón: es mental, puesto que se requiere de la inteligencia para su desarrollo; produce saberes objetivos; origina conocimiento; se dirige al mundo para aplicar una metodología que le permite revelar verdades; sustenta la idea de progreso indefinido; es cosa seria; no es metafórica, trabaja desde la teoría y la abstracción y, a la vez, permite descubrir exactitudes sobre la realidad; da pie a la tecnología; es muy necesaria en el mundo para entender y solucionar problemas. La ciencia es un saber único y universal, sus verdades pueden aplicarse a cualquier cultura. El científico tiene gran poder de concentración, es metódico y mental, sin grandes emociones. En cambio, el arte, según esta concepción, se basa en lo emocional; lo que presenta es subjetivo; no necesita de la investigación; requiere de 'capacidad', para el arte se tenga o no se tenga condiciones; permite que el sujeto exprese su interior o que refleje en forma transparente el exterior; no es cosa seria porque su misión es entretener, conmover, adornar; usa la metáfora" (Fernández Troiano, 2010: 23-41).

Sin embargo, y a pesar de todo, para algunos especialistas, el arte no sólo puede equipararse a la ciencia, en cuanto reflejo y conocimiento de la realidad; sino que es cualitativamente superior a ella, precisamente por sus características específicas. Y su especificidad, básicamente tiene que ver con la internalización o degustación de lo bello. Por ejemplo, Jaques Aumont señala que:

> "Ahora, lo bello no coincide ya con lo verdadero como en la metafísica clásica, sino que lo bello es igual a lo verdadero. En consecuencia, la sensación es igual a la razón, la capacidad de sentir lo bello es igual a la capacidad de conocer lo verdadero, y en esto la intuición de lo bello, tanto en Baumgarten como en los empiristas, es superior a la razón porque es más inmediata" (Aumont, 1997: s/p).

Asimismo, recordemos que esta posición tendrá en el romanticismo a uno de sus mayores portaestandartes.

Giordano Bruno fue uno de los primeros pensadores que bocetó las ideas modernas sobre el arte en su obra *Del universo infinito y mundos*; en ella, afirmó que la creación es infinita, que no hay centro ni límites; todo es movimiento, dinamismo y hay tantas artes como artistas. De esta manera, contribuyó a la difusión de la idea sobre la originalidad del artista. El arte no tiene normas, parámetros ni límites. No se aprende, puesto que nace de la inspiración.

El concepto de lo característico, que se inicia con Goethe y Hirt, da a entender a lo bello, como lo perfecto que es o puede ser un objeto de la vista, del oído o de la imaginación, entendiendo lo perfecto como lo que corresponde al fin, a lo que la naturaleza o el arte se proponen en la formación del objeto en su género y especie[2].

Arthur Schopenhauer dedicó el tercer libro de *El mundo como voluntad y representación* a la teoría del arte. Fundamentó que la única vía para escapar del estado de infelicidad propio del hombre es el conocimiento y la degustación del arte e identificó conocimiento con creación artística, señalando que es la forma más profunda de conocimiento. Por ello, la conciencia estética es un estado de contemplación desinteresada, donde

---

2   Cf. Ministerio de Educación Nacional 2000 *Educación Artística: Lineamientos Curriculares* (Bogotá) Página 27.

las cosas se muestran en su pureza más profunda. El arte habla en el idioma de la intuición, no de la reflexión, siendo complementario de la filosofía, la ética y la religión.

A comienzos del siglo XX, Bergson causó enorme impacto, sobre todo por su afirmación de que lo artístico presenta una forma de intuición mucho más profunda y ligada al ser real de las cosas que la misma ciencia (Bergson, 1985).

Y es que lo perfecto, lo admirable, lo máximo, lo simulado, lo disimulado, lo grandioso, lo imponente, lo inefable, el misterio, en fin, la catarsis y la ataraxia, entre otras categorías, por supuesto que solamente se dan en el arte.

Y esto acaece porque lo característico del arte estriba en que refleja la realidad, mediante imágenes artísticas concretas, a diferencia de la forma lógica, abstracta y racional de la ciencia.

Asimismo, debe reconocerse que, entre estas dos formas de conciencia social, se dan un conjunto de especificidades, y a la vez, afinidades y correspondencias. El científico suele recurrir a imágenes y, hasta en determinadas ocasiones, valerse de recursos literarios para dar mayor fuerza y vivacidad al pensamiento que expone. Aun así, la característica básica e irrenunciable en su exposición estriba en la utilización de las categorías conceptuales, abstractas y lógicas, propias del quehacer científico. Asimismo, se acepta sin mayor objeción, que el artista, especialmente el literato, puede de vez en vez, y para otorgarle mayor precisión conceptual a sus personajes o a las circunstancias donde éstos se desenvuelven, hacer uso de un discurso lógico y asaz frío. Empero, estos recursos deben tener en el ámbito artístico una dimensión secundaria o complementaria, puesto que, de no ser así, estaremos frente a un artista mediocre y de talento limitado.

> "Las obras en que la icasticidad cede su puesto a los medios conceptuales del reflejo de la vida son mediocres, artísticamente débiles [...] El arte reproduce siempre la realidad en imágenes y sólo en imágenes" (Zis, 1976: 77).

Si bien es cierto que la ciencia es al lenguaje denotativo, como el arte, al connotativo; sin embargo, en su utilización práctica, se dan coincidencias y necesidades recíprocas. El artista ciertamente piensa por medio de conceptos, así como el científico debe acudir en su vida habitual a la metáfora y a la imagen. Sin embargo, en el quehacer profesional o especializado, las diferencias necesariamente deben darse, para desarrollar una actividad saludable y exitosa. Las imágenes artísticas, al ser aprehendidas por el hombre, le hacen surgir no sólo pensamientos, ideas, sino que fundamentalmente contribuyen para que cultive (lo que la ciencia no puede) sentimientos, vivencias, alegrías, tristezas, esperanzas, etc.; todo ello ha de influir en el afloramiento de principios morales.

De ahí que la función social del arte se concentra en su importancia educativo-formativa del ser humano; y qué mejor que le perfile su mundo espiritual.

Por otra parte, debe reconocerse que las imágenes que el quehacer artístico crea son individuales y concretas. Pero, cuando son verdaderamente valiosas, revelan rasgos comunes a todo un conjunto de fenómenos; y en donde pues, lo general se manifiesta en lo individual. Rendón Wilka, en *Todas las Sangres* de Arguedas, representa a una multitud de compatriotas nuestros, con un alto sentido de rebeldía, invencibilidad, infinita ternura y sentido comunitario. Un solo personaje literario puede representar a todo un pueblo.

Historia, ciencia y arte

El proceso histórico es eidético y esencial al ser humano y sus productos. Sin embargo, entre la ciencia y el arte se dan algunas diferencias que quisiéramos anotar.

La ciencia es social por su origen, contenido y esencia (puesto que no es sino la objetivación del mundo del conocimiento; es decir, una relación entre el sujeto cognoscente y el objeto conocido), por su desarrollo y, aun, por su finalidad.

En cuanto a su desarrollo, ella avanza mediante un proceso de colaboración, dado a dos niveles: 1) entre los científicos que viven el interior de una época o de un ambiente y 2) por la colaboración intrageneracional; y que nos permite explicarnos, por ejemplo, los descubrimientos espaciales, por la presencia y los aportes de una pléyade de científicos, ubicados en diferente estadios de la historia: de Ptolomeo a Copérnico (que creía que la Tierra se movía en círculo), de Kepler (que llegó a la elipse), de Galileo (que descubrió la ley de la velocidad uniforme de los cuerpos en el vacío, y que redescubrió el telescopio), de Newton (con su trascendental ley de la gravitación universal); hasta llegar a Einstein y a nuestros contemporáneos.

La historia del arte nos enseña cómo se han desarrollado las escuelas y tendencias en determinadas sociedades, y a lo largo del tiempo; asimismo, nos enseña las influencias de diverso tipo (estilos, colores, formas y aún temas) entre ellas y los artistas. Pero también por la historia del arte sabemos que la creación artística original no es acumulativa como en la ciencia, sino estrictamente personal. Si Mozart no hubiera compuesto su majestuoso *Réquiem*, nadie lo hubiera compuesto por él. Lo mismo podemos afirmar de Picasso con *Las señoritas de Avignon*.

Si no hubiera existido Vallejo, no existirían *Los Heraldos Negros*, *Espergesia* o *Trilce*, o si no hubiese vivido Alomías Robles, no tendríamos *El Cóndor Pasa*. Así de simple.

Esta característica, de ninguna manera, da a entender que el acto de creación artística es independiente o ajeno del contexto histórico en que el que se realiza. Sin embargo, hay que reconocer que su expresión específica guarda gran autonomía, dada la originalidad y el genio que el artista tiene y demuestra.

La ciencia avanza ascendentemente en un proceso de acumulación, colaboración intrageneracional y dependencia; y por tanto, sus descubrimientos dependen mucho más del momento histórico en que se producen que de la genialidad de los hombres que los llevan a cabo. Por eso es que nos podemos explicar que, de no existir Newton, hoy en día la humanidad sí hubiese llegado a formular la Ley de la Gravitación

Universal, de similar manera podemos afirmar de Halley y su famoso Cometa, o de Wilhelm Röntgen y el descubrimiento de los rayos X. La pera cae cuando está madura.

Por otra parte, debe observarse que en las ciencias "duras" como desarrollo cognoscente no existe la posibilidad de valorar el pasado, en el sentido que fuese mejor que el presente; a pesar de que sus aplicaciones prácticas pudieran conducir a verdaderos estadios de calamidad y exterminio. Verbo y gracia, las bombas atómicas.

Una situación un tanto diferente acontece con el arte, puesto que en algunas ocasiones, suele suceder que hay avance y a la vez retroceso, precisamente por no aguardar una relación umbilical o directa con el desarrollo social. Y en efecto, hoy por hoy tenemos la certeza de la valía mayor de las obras artísticas creadas en la Antigüedad Clásica, sobre todo en la escultura, y en el Renacimiento, con sus inmarcesibles pinturas, enfrente de algunas manifestaciones propias de la globalización, es decir, dadas en el mundo de hoy.

Asimismo, las ciencias "duras" no pueden utilizar las certezas del pasado para solucionar problemas en el mundo de hoy[3], tal el caso de los posesos, o de las sanguijuelas en medicina. En tanto que en el arte, personajes del pasado pueden ser recreados para avivar los sentimientos patrióticos y contestatarios; adecuándolos, por supuesto, a las nuevas circunstancias, en tal suerte que, insuflados de valores, puedan conmover a sus nuevos espectadores o lectores. Es conocido que el Renacimiento, para afianzar sus ideales de humanismo, utilizó temas religiosos tomados de la época anterior –la Edad Media–, por ejemplo: *El Moisés*, *La Piedad*, *La última Cena*. Para atizar los sentimientos nacionalistas, pueden tomarse motivos muy antiguos a la existencia del autor, tales como *El juramento de los Horacios*, de David o *Los burgueses de Calais* (los hechos

---

[3] Debemos reconocer que las ciencias sociales y en primerísimo lugar la Historia sí están en condiciones de revisar, sacar provecho y extraer lecciones del pasado, para modificar o dirigir adecuadamente situaciones del presente.

ocurrieron en 1347) de Rodin. Una situación similar se presenta con *Ulises* de Joyce, *El reino de este mundo* de Alejo Carpentier o *El paraíso en la otra esquina* de Mario Vargas Llosa.

Existen manifestaciones artísticas del pasado, superiores a las que se dan en el presente y, con seguridad, se darán en el futuro. En tanto que en el mundo científico y como una constante que inexorablemente se cumple, encontramos que el adelanto de la ciencia y la tecnología de hoy es siempre superior y más completo que el del pasado; así como el de mañana será superior y mejor que el de hoy. Por cierto, esta aserción interviene la dialéctica con sus categorías, especialmente en las relaciones de verdad relativa y absoluta, como en las de verdad y error.

El valor del arte sobre la ciencia

Hemos dudado sobre la pertinencia de la siguiente pregunta: ¿Quién tiene mayor valor o nivel de superioridad, el arte o la ciencia? Por supuesto que una respuesta rápida y objetiva, nos lleva a aceptar sin mayor esfuerzo, que tanto el arte como la ciencia tienen en el quehacer humano su existencia plenamente justificada. Por consecuencia, esforzarnos por señalar cuál de las dos tiene superioridad frente al otro, no es un asunto serio, y en todo caso, sólo sirve para que diletantes de diversas clases, con sus iridiscentes escarceos pierdan inútilmente el tiempo; dado que la ciencia como el arte, tienen quehaceres específicos y a la vez complementarios.

Sin embargo, en los niveles de aceptación del gran público, que es profano y por desdicha mayoritario en estos menesteres, el fiel de la balanza se inclina ostensiblemente a favor de la ciencia. Y sobre las razones que amparan esta desigualdad, en alguna medida, las hemos tratado anteriormente. De lo que se trata ahora es de optar por una mirada disímil. Es decir, observar cuándo el arte se puede arrogarse una condición superior.

Por ejemplo, en las Ciencias Sociales, y especialmente en la Historia, son bastante conocidos aquellos pasajes donde Marx y Engels señalaban que habían aprendido más sobre economía, política y sociología en las páginas de la novela de Balzac que en las obras especializadas.

> "Marx se remitía con agrado a la observación de Balzac, que se clamaba a sí mismo doctor en Ciencias Sociales. Así como conviene interpretar también la célebre observación de Engels sobre el contenido cognoscitivo de 'La Comedia Humana', cuya lectura le permitió comprender la sociedad de la época, incluso en sus pormenores económicos, mejor que las obras específicas de economistas y estadistas. Marx valoraba igualmente a Dickens, a Thackeray y a Charlotte Bronte, novelistas ingleses del siglo XIX, por considerar que sus libros contenían más verdades político-sociales que las obras de los políticos, historiadores o etnógrafos de aquel tiempo" (Zis, 1976: 45).

A pesar de esto, nadie en su sano juicio podrá negar las diferencias esenciales y metodológicas entre el arte y la Historia. El arte de ninguna manera puede exponer el transcurrir de los hechos de una forma cronológica, fría e imparcial; y más aún, no puede sustentarse en las leyes de la ciencia histórica. Pero, asimismo, la Historia, a diferencia del arte, está baldada para escudriñar o descubrir en un solo personaje, la fuerza, la idiosincrasia o la esperanza y hasta el destino de un pueblo, tal como puede apreciarse en *Hamlet*, en *Por quién doblan las campanas*, en *Así se templó el acero*, o para nuestro caso, en *Todas las sangres*.

Como se comprenderá, el mundo real, en su multiplicidad infinita de manifestaciones, no puede ser reproducido tan sólo con los recursos de la ciencia, como tampoco, con los del arte. Hace falta la complementariedad, lo cual por el otro lado, de ninguna manera da pie a que pudiera pensarse que son intercambiables.

Dos o tres razones más a favor del arte, y que ya han sido expuestas: El arte en cuanto a su conexión con la belleza nos lleva a lo perfecto; en tanto que la ciencia es y será siempre un quehacer perfectible. Y coaligado a la aserción precedente, señalemos que toda obra artística es una obra acabada que no requiere perfeccionarse o completarse en el futuro, en tanto que en la ciencia, toda obra necesariamente se modifica y complementa en el devenir del tiempo.

El arte a través de un solo objeto (sujeto) puede llevarnos a la generalización; en tanto la ciencia, para arribar a este estadio, requiere ciertamente de varios, sometidos permanentemente a verificación.

Por otra parte, debe reconocerse que el desarrollo de la ciencia es generalmente lento, angustioso y difícil, pero, finalmente, ascendente y sin retrocesos traumáticos y definitivos. Sobre el particular, recordamos que Marx había señalado entre otras cosas que: "En la ciencia no hay calzadas reales, y quien aspire a remontar sus luminosas cumbres tiene que estar dispuesto a escalar la montaña por senderos escabrosos y difíciles" (Marx, 1964: XXV).

Arte y tecnología

En el siglo XX, como en el actual, las concepciones científicas y filosóficas, y sobre todo el desarrollo tecnológico, han desempeñado una gravitación significativa en el desarrollo y configuración del arte contemporáneo. Bástenos referirnos la Teoría de la Relatividad de Einstein, la Mecánica Cuántica, la Teoría del Psicoanálisis de Freud, la Biotecnología, la Clonación y el Genoma humano. Y no nos refiramos ya a la energía termo-nuclear, la conquista del espacio, la degradación medio ambiental, la comunicación satelital e Internet, etc.

Un acápite especial merece la máquina en su diversidad de expresiones, y alrededor de ella, las fuerzas sociales contrapuestas, que caracterizan nuestra época. Desde su aparición, ha sido motivo de inspiración. Por eso es que los impresionistas y el realismo social la utilizaron en diversidad de circunstancias. El tema de la locomotora rauda y estruendosa, los obreros, la fábrica y las tensiones.

El fordismo y la maquinización de la realidad fabril fueron expresadas magistralmente en *Tiempos modernos* de Charles Chaplin (1936). Las nuevas tecnologías hacen que el arte adecue sus funciones. En este sentido, debe observarse el papel de la fotografía, el cine y el video.

Hoy en día, se utiliza la computadora, Internet, la comunicación satelital, la imprenta digital en la producción artística, haciendo que los motivos de inspiración provengan no sólo del ámbito social y sus problemas, sino del mundo de la ciencia y la tecnología. Por otra parte, debe tenerse presente que, desde el siglo pasado y de consuno con el desarrollo tecno-científico, se hicieron observaciones valiosas sobre la relación entre arte y técnica, e inclusive se llegó a hablar de la época de la reproducción técnica del arte en sus distintas manifestaciones, tal es el caso de la obra de Walter Benjamin en: *La obra de Arte en la Época de su Reproductibilidad Técnica* (1936).

Al parecer, en nuestros días, el concepto de realidad ha entrado en crisis, por la emergencia de distintas corrientes del pensamiento. Y la pregunta aflora de inmediato: ¿Pensamos a partir de cómo miramos? o ¿vemos como pensamos?

Y es que tenemos que referirnos a la subjetividad del tiempo de Bergson, al papel de la hermenéutica, de las mentalidades etc. Asimismo, observar las maneras cómo el pensamiento de Kierkegaard, Nietzsche, Heidegger, Gadamer, Foucault, Habermas, etc., se reifican en el arte abstracto, donde el artista ya no refleja la realidad, sino su mundo interior, sus sentimientos, sueños y pesadillas.

Y por supuesto, nos referimos a Marx, con la problemática de la estructura y los actores sociales. La cantidad de artistas en todos los ámbitos de la creación y que, de una u otra manera, se han movido bajo su pensamiento, es notable. Bástenos mencionar a César Vallejo, Oquendo de Amat, Pablo Neruda, García Márquez, Máximo Gorki, Bertolt Brecht, Serguéi Prokófiev,

Aram Jachaturián, Mijaíl Shólojov, Sergei Eisenstein, Paolo Passolini, José Saramago, a los mexicanos David Alfaro Siqueiros, Diego Rivera, José Clemente Orozco, Frida Kahlo, etc.

En la historia de la cultura, encontramos a hombres polifacéticos que han destacado en el mundo de la ciencia, la tecnología y el arte. A guisa de ejemplo, recordemos que:

En la eclosión del Renacimiento, destacaron varios artistas y científicos. De ellos, mencionemos a Leonardo, Miguel Ángel y a Galileo Galilei.

- Leonardo da Vinci, pintor florentino y a la vez artista, científico, ingeniero, inventor, médico, matemático, escultor, arquitecto, urbanista, botánico, músico, poeta, filósofo y escritor.
- Miguel Ángel. Pintor, escultor, poeta y arquitecto (una de sus obras más importantes fue la construcción de la cúpula de la Basílica de San Pedro).
- Galileo Galilei. Destacado astrónomo, filósofo, matemático y físico. Tuvo conocimiento e interés por casi todas las artes (música, literatura, pintura).

Siglos después, podemos mencionar a:

- Salvador Dalí. Artista español, interesado por el pensamiento científico y el psicoanálisis durante el pasado siglo.
- Ernesto Sábato. Destacado físico nuclear, que después recalara con éxito en la literatura y la pintura. (*El túnel*, *Abbadón el exterminador*, *Sobre héroes y tumbas*).

Extrañación y arte

Sabernos que el trabajador, durante el transcurso de su actividad, despliega su humanidad y la materializa en sus productos; sin embargo, éstos, ya acabados, es decir, humanizados, absorberán y dominarán a su productor, desprovisto por tanto de su humanidad, que ha sido plasmada en el producto. Por consecuencia, el trabajador ahora se troca ni más ni menos en cosa. Entonces, el hombre que labora, necesariamente se desfigura, rebaja su condición de ser humano hasta llegar a una cosa, a un animal, y por esto es que se huye del trabajo, porque en éste se esclaviza, y sólo recobra su libertad cuando está lejos. Si el trabajador no tiene nada en propiedad, si su esencia humana no es de él, ya que la materializa a favor de los otros, mediante la producción de bienes y servicios, deviene al final, no teniendo ya nada en propiedad, ni siquiera sus actos personales, íntimos y "sagrados".

Asimismo, la humanidad como proceso sólo se mide en relación a lo natural; cuanto más lejos esté, más será su humanidad; pero si el hombre sólo actúa en función de sus características naturales, ¿puede hablarse de humanidad en su vida particular? La crisis del capitalismo posibilita hoy, con mayor facilidad que antes, comprobar que ni siquiera la satisfacción de las necesidades naturales o "animales" es posible; y entonces, sobre los pliegues más íntimos puede que columbre una luz de solución: el suicidio. Pero, como se sabe, tampoco esto es posible por razones obvias.

> "El proletario –dice Gorz–, no encuentra nada que sea 'natural', que se dé por supuesto. Ni siquiera el famoso 'instinto de conservación'. No es 'natural' para él querer comer, respirar, dormir, vivir, cuando la sociedad impugna la legitimidad de esas necesidades en nombre de las exigencias del orden social 'conforme a la naturaleza y a la ley divina' [...]" (Gorz, 1964: s/d).

La procreación de su vida alienada, animalizada, empieza con la procreación de la vida; en otros términos, la enajenación pasa a ser en él algo natural, aun cuando se considere libre lejos del trabajo, y más nítidamente, cuando procrea su existencia postrada es porque procrea el poder de los otros. Lo auténticamente natural en el mundo de la enajenación adquiere un distinto tamiz, como la auténticamente inhumano pasa a constituirse en inherente a la propia naturalidad, por tanto el trabajador:

"Sólo se siente como un ser completamente libre en sus funciones animales, cuando come, bebe y procrea o, a lo la sumo, cuando se viste y acicala y mora bajo un techo, para convertirse en sus funciones humanas, simplemente como un animal. Lo animal se trueca en lo humano y lo humano en lo animal". "Comer, beber, procrear, etc. –prosigue Marx– son también indudablemente, funciones auténticamente humanas. Pero, en la abstracción, separadas de todo el resto de la actividad humana, convertidas en fines últimos y exclusivos, son funciones animales" (Marx, 1968: 79).

Por consecuencia, podemos afirmar que el hombre sólo logra su condición humana, cuando sus actividades fundamentales, como el comer, el procrear, pernoctar, etc., están ligadas al mundo de la cultura y el arte.

Sin embargo, debe advertirse que así como el arte sirve a los intereses más puros y humanos, y por ello contribuye a que vayamos dejando nuestra condición natural o animal, a veces también, está al servicio de los intereses más obscuros, al promover e incentivar nuestras pulsiones montaraces, teñidas de ferocidad, haciendo realidad, una vez más, la calificación que alguna vez hiciera Tomás Hobbes al señalar al hombre como el lobo del hombre. En este sentido, nos viene a la memoria por ejemplo, *El Manifiesto sobre la guerra colonial de Etiopía* de Marinetti –fundador del futurismo– cuando escribe:

"Desde hace veintisiete años nos estamos alzando los futuristas en contra de que se considere a la guerra antiestética [...] Por ello mismo afirmamos: la guerra es bella, porque, gracias a las máscaras de gas, al terrorífico megáfono, a los lanzallamas y a las tanquetas, funda la soberanía del hombre sobre la máquina subyugada. La guerra es bella, porque inaugura el sueño de la metalización del cuerpo humano. La guerra es bella, ya que enriquece las praderas florecidas con las orquídeas de fuego de las ametralladoras. La guerra es bella, ya que reúne en una sinfonía los tiroteos, los cañonazos, los altos el fuego, los perfumes y olores de la descomposición. La guerra es bella, ya que crea arquitecturas nuevas como la de los tanques, la de las escuadrillas formadas geométricamente, la de las espirales de humo en las aldeas incendiadas y muchas otras... ¡Poetas y artistas futuristas... acordaos de estos principios fundamentales de una estética de la guerra para que iluminen vuestro combate por una nueva poesía, por unas artes plásticas nuevas!" (Marinetti, 1935: s/d).

Y es que los procesos de enajenación, cosificación o extrañamiento, no sólo que se han expandido hasta fagocitar todos los niveles de nuestra existencia, sino que también se han profundizado hasta alcanzar nuestra más honda raíz.

En una sociedad materialista, consumista e impersonal como la que tenemos en nuestros días, el arte oficial (u orgánico, como diría Gramsci) se dirige a la excitación de lo sensorial, jamás al intelecto. Y mucho menos a propiciar consideraciones morales en el espectador.

Bibliografía

Aravena, Héctor 1962 *Historia del arte* (Santiago de Chile: Ed. Zigzag).

Arundel, Honor 1969 *La libertad en el arte* Colección 70 (México DF: Editorial Grijalbo, S.A.)

Aumont, Jaques 1997 *La Estética Hoy* (Madrid: Cátedra Signo e Imagen).

Bergson, Henri 1985 "La Risa", introducción en *El autor en el tiempo* (Madrid: Ed. Sarpe).

Bosch, Rafael 1972 *El trabajo material y el arte*. Colección 70 (México, D. F.: Editorial Grijalbo, S.A.).

Cáceres Cuadros, Tito 2006 Sentidos y formas: ensayo de metodología literaria (Arequipa: Universidad Nacional de San Agustín).

Fernández Troiano, Graciela 2010 "Tres Posibles Sentidos del Arte en la Escuela" en *Revista Iberoamericana de Educación* Nº 52.

Freyre, Maynor 2001 *Altas voces del pensamiento y el arte peruanos* (Lima: Universidad Nacional Federico Villarreal. T. II.).

Golmann, Lucien 1974 *Para una sociología de la novela* (Arequipa: Universidad Nacional de San Agustín. Programa Académico de Sociología. Centro de Publicaciones).

Gorz, André 1964 *Historia y enajenación* (México-Buenos Aires: Fondo de Cultura Económica).

Gramsci, Antonio 1967 *La formación de los intelectuales*. Colección 70 (México DF: Editorial Grijalbo).

Hauser, Arnold 1975 *Fundamentos de la sociología del arte* (Madrid: Ediciones Guadarrama. Punto Omega).

Lafargue, Paul 2007 *El derecho a la pereza* (Buenos Aires: Ediciones r y r.).

Lorenzano, César 1982 *La estructura psicosocial del arte* (México: Siglo XXI).

Lunacharsky Anatoly 1975 *El arte y la revolución* (México DF: Ed. Grijalbo)

Mariátegui, José Carlos 1983 *El artista y la época* (Lima: Biblioteca Amauta).

Mariátegui, José Carlos 1983 *La novela y la vida (Siegfried y el profesor Canella)* (Lima: Biblioteca Amauta).

Marinetti, Filippo 1935 *Manifiesto sobre la guerra colonial de Etiopia.*

Marx Carlos 1968 *Manuscritos económico y filosóficos de 1844.* Colección 70. (México).

Marx, Carlos 1964 *El Capital*, prólogo a la edición francesa (México: Fondo de Cultura Económica).

Mendieta y Nuñez, Lucio *Sociología del arte* (México: Ed. Nueva Aurora).

Ortega y Gasset, José 1968 "La deshumanización del arte" en *Revista de Occidente*, Madrid.

Plejanov, Jorge "El arte y la vida social" en *Cuestiones fundamentales del marxismo*. Colección Nueva Cultura (México DF: Ediciones Frente Cultural).

Read, Herbert 1990 *Arte y sociedad* (Madrid: Ediciones Península).

Schelling, Friedrich 1985 *La relación del arte con la naturaleza.* Colección Los Grandes Pensadores. (Madrid: Ed. Sarpe).

Shishkin, Aleksandr Fedorovich 1966 *Ética marxista* (México DF: Editorial Grijalbo).

Taine, Hipólito 1969 *La naturaleza de la obra de arte*. Colección 70 (México DF: Editorial Grijalbo).

Vallejo César 1973 *El arte y la revolución* (Lima: Mosca Azul Editores).

Zis, Avner 1976 *Fundamentos de la Estética Marxista* (Moscú: Editorial Progreso).

L

Bibliografía reciente sobre la vida y obra de Jacobo Arbenz Guzmán

EDUARDO ANTONIO VELÁSQUEZ CARRERA[1]

Ya en el lejano año de 1974, Roberto Díaz Castillo[2] publicaba, en la separata del *Anuario de la Universidad de San Carlos*, su trabajo "El caso Guatemala (1954): Contribución para una bibliografía", que nos fuera de tanta utilidad en su momento para ir conociendo los libros, artículos, ensayos, testimonios, etc.; que nos han ido sirviendo en el estudio de *"los diez años de primavera en el país de la eterna dictadura"*; tal la frase lapidaria del refinado poeta y escritor guatemalteco, Luis Cardoza y Aragón.

No fueron pocas las veces que, estudiando en Downers Grove, Illinois, Estados Unidos de América, en los suburbios de Chicago, allá por los años 1974 y 1975, escuché sobre la intervención a Guatemala en 1954 y la responsabilidad estadounidense en tal evento histórico, tal como sucedía en Chile con el golpe de Estado contra Allende; por esos días. Naturalmente que estudiando los textos del curso de Historia de los Estados Unidos de América (American History) que me obligaron a llevar, se hacía referencia a la historia oficial que el gobierno norteamericano hizo e impulsó para que todos los estudiantes del *high school* estadounidense aprendieran. Sin embargo, fue ahí, por primera vez, que leí *Guatemala: País ocupado* (*Guatemala: Occupied country*) de Eduardo Galeano[3],

---

1   Expresidente ALAS, XXIII Congreso, Antigua, Guatemala 2001.
2   Díaz Castillo, Roberto 1974 "El caso Guatemala (1954): Contribución para una bibliografía" en *Separata del Anuario de la Universidad de San Carlos*, II Época N°5 Páginas 41-62.
3   Galeano, Eduardo 1969 "Guatemala: Occupied Country" en *Monthly Review Press* (New York), 159 páginas.

en su versión inglesa. Además, la opinión pública norteamericana, y sus periodistas y académicos reaccionaban publicando libros como *Fruta Amarga: La CIA en Guatemala* (Bitter Fruit: The untold story of American Coup in Guatemala) de Stephen Schlessinger y Stephen Kinzer[4], cuya publicación por Siglo Veintiuno Editores tuvo un fuerte impacto en Latinoamérica y especialmente en Guatemala, convirtiéndose en un *best seller* en la región. Poco después, Richard H. Immerman[5] publicaba *The CIA in Guatemala: The Foreign Policy of Intervention*, en ese mismo año. Lastimosamente, este extraordinario libro nunca fue traducido al español.

Para entonces, en 1984, yo ya había empezado a gozar de las delicias literarias de las bibliotecas de la Universidad de São Paulo (USP), República Federativa del Brasil, en donde pude leer la mayoría de los libros, artículos, ensayos e interpretaciones que sobre el proceso revolucionario de octubre había en el país continente de aquellos años, dándome la oportunidad de escribir, acicateado por el ensayo del economista Eduardo Weyman Fuentes, *Jacobo Arbenz: Un perfil del expresidente de Guatemala*, el propio titulado *Jacobo Arbenz Guzmán: El hombre desnudo*, ambos publicados entre agosto y septiembre de 1990, en un naciente periódico Siglo Veintiuno. Dichos ensayos fueron publicados posteriormente en la compilación que preparé con motivo del cincuentenario de la Revolución Guatemalteca.

Con la conmemoración de los cincuenta años de la Revolución de Octubre de 1944, que se celebró en 1994, preparé una compilación de dos tomos, valiéndome de los varios ensayos y artículos que había leído en mi estancia paulistana, titulada *Revolución de Octubre, 1944-1954: La Lucha por la Democracia*

---

4   Schlensinger, Stephen C. y Kinzer, Stephen 1982 *Bitter Fruit. The untold story of American Coup in Guatemala. Doubleday*, 320 páginas. En español: 1982 *La Fruta Amarga. La CIA en Guatemala*, 293 páginas.

5   Inmmerman, Richard H. 1982 *The CIA in Guatemala. The foreign Policy of Intervention* (Austin, Texas: University of Texas Press), 291 páginas.

en Guatemala[6], que el Centro de Estudios Urbanos y Regionales de la Universidad de San Carlos de Guatemala –CEUR-USAC– publicó de la mano de la Comisión Universitaria para la celebración de dicho acontecimiento histórico. En esta compilación, se reúnen varios artículos y ensayos que tratan de los antecedentes históricos, la Junta Revolucionaria de Gobierno, el gobierno de Juan José Arévalo Bermejo (1945-1951), el gobierno de Jacobo Arbenz Guzmán (1951-1954), las causas internas de la derrota y testimonio de la esposa de Arbenz, Doña María Cristina Vilanova Castro de Arbenz. De su mano, y por intermedio de Eduardo Weyman Fuentes, recibí como regalo el libro, ahora clásico sobre el período, del politólogo italiano, Piero Gleijeses[7], publicado en 1992, titulado *La Esperanza rota: La Revolución Guatemala y los Estados Unidos, 1944-1954* (Shattered Hope: The Guatemalan Revolution and the United States, 1944-1954).

Por aquellos años, iniciamos con el concurso de Hanna Godoy Cóbar a escanear el álbum de fotografías, que el jefe de campaña de Jacobo Arbenz Guzmán, Humberto González Juárez mandó a hacer y que el fotógrafo y cineasta Rafael Morales concretó en 1950 y tituló: *Historia Gráfica de la campaña presidencial del Teniente Coronel Jacobo Arbenz Guzmán. 1950.* De esta forma, comenzamos la fototeca relativa a Arbenz Guzmán en el seno del CEUR-USAC, siempre con la competente ayuda de Nelson Orlando Morales Borrayo, auxiliar de investigación en el área de informática. Hanna Godoy consiguió de un militar colega de Arbenz el álbum en mención para que lo copiáramos, luego que sobreviviera varios cateos, aunque afectado por las polillas y el paso del tiempo. Cuando fui nombrado

---

6   Velásquez Carrera, Eduardo Antonio 1994 *La Revolución de Octubre: Diez años de lucha por la democracia en Guatemala, 1944-1954* (Ciudad de Guatemala: Centro de Estudios Urbanos y Regionales de la Universidad de San Carlos de Guatemala –CEUR-USAC–). Tomo I: 215 páginas. Tomo II: 235 páginas.

7   Gleijeses, Piero 1992 *Shattered Hope: The Guatemalan Revolution and the United States, 1944-1954* (Princeton: Princeton University Press) 464 páginas. La versión española fue publicada por la Universidad de San Carlos de Guatemala, en 2008, con el título de *La Esperanza rota: La Revolución Guatemala y los Estados Unidos, 1944-1954* (Ciudad de Guatemala: Editorial Universitaria) 619 páginas.

secretario académico de la Facultad de Ciencias Económicas de la Universidad de San Carlos de Guatemala, en el año de 1998, tuve la oportunidad de visitar a la familia del coronel Francisco Morazán, quien fuera miembro de la sección de la inteligencia militar, denominada G-2 de Arbenz, en Managua, Nicaragua. Por oportuno contacto del exdecano de la Facultad de Humanidades de la USAC, Eleazar Monroy Mejía, quien me introdujo en el hogar que conformaban el veterinario Sergio Morazán y la poetisa Vida Luz Meneses, recibí de ellos otras fotografías del acervo familiar de los Morazán, que incorporamos a la fototeca del CEUR-USAC.

En 1995, el 19 de octubre ocurrió la repatriación de los restos mortales del Coronel de la Primavera, que permitió que el dentista y antropólogo Jorge Solares[8] supiera de la existencia de las memorias de Doña María Vilanova de Arbenz[9], que fueran publicadas por primera vez en nuestro país en el año 2000. El 20 de octubre de aquel año memorable, el pueblo de Guatemala despidió multitudinariamente a uno de sus líderes históricos y lo enterró, finalmente, en el Cementerio General de la ciudad de Guatemala[10]. En 1999, ve la luz la obra de Carlos Enrique

---

[8] Jorge Solares, sobre la repatriación de los restos de Arbenz, escribió: "El proceso de repatriación de sus restos a Guatemala, gestado y tramitado largamente desde 1993 en el Consejo Superior de la USAC 1990-1994, y por la Comisión específica nombrada por el Consejo para ello (el gobierno de De León Carpio intervino después). Esto incluye el doctorado honoris causa póstumo (por primera vez en la historia de Carolina). Se trató de un largo y paciente proceso de correspondencia con doña María Vilanova y visitas a ella en Costa Rica. Se resalta el gran papel que jugó nuestra universidad (entre otras cosas, la ubicación privilegiada de la tumba y la construcción del monumento), papel un tanto ignorado, pues suele atribuírsele todo el trabajo al Gobierno de De León. Cada quien tuvo su parte".

[9] Vilanova de Arbenz, María 2003 *Mi esposo, el presidente Arbenz* (Ciudad de Guatemala: Editorial Universitaria) 178 páginas. La primera y la segunda edición tienen el prólogo de María Reinhart.

[10] Durante el gobierno de Ramiro De León Carpio, fueron repatriados los restos del presidente Arbenz, que se encontraban en San Salvador, El Salvador. Jugaron un papel importante en estas gestiones el licenciado Arnoldo Ortiz Moscoso, entonces ministro de Gobernación del gobierno de Ramiro de León Carpio y el Consejo Superior Universitario y la Rectoría de la Universidad de San Carlos de Guatemala, por medio de los doctores Jafeth Ernesto Cabrera Franco y Jorge Solares.

Wer[11], *En Guatemala, los héroes tienen quince años*, que narra el levantamiento de los cadetes de la Escuela Política, el 2 de agosto de 1954. Por esos días, también se presentaron los libros del historiador Augusto Cazali Ávila[12], sobre el gobierno de Arévalo Bermejo y sobre el de Jacobo Arbenz Guzmán. El historiador italiano, Giacomo Morelli[13] realizó su tesis doctoral, titulada *La Revolución democrática de Guatemala, 1944-1954*, en base a los archivos del Congreso de la República de aquellos años y trató de revelar el pensamiento económico, social y político de sus integrantes. Esta tesis doctoral, culminada en el año 2000, desafortunadamente no se ha traducido al español y contiene muchos aspectos desconocidos por el público, en torno de las legislaturas denominadas revolucionarias.

En el año 2001, se publica *Otra vez. Diario Inédito del segundo viaje por Latinoamérica* de Ernesto "Che" Guevara[14]. Como se sabe, el sobrenombre o apodo de "El Che" le fue puesto en Guatemala, durante su estadía en los días del gobierno de Arbenz. Son importantes en este libro las cartas que manda a su madre sobre los acontecimientos en Guatemala y especialmente la reflexión "El Dilema de Guatemala". En ese mismo año, y en el marco del XXIII Congreso Latinoamericano de Sociología, se presentan en el país varias películas, como *El Silencio de Neto* del cineasta guatemalteco Luis Argueta[15] y

---

[11] Wer, Carlos Enrique 1999 *En Guatemala, los héroes tienen quince años* (Ciudad de Guatemala: Editorial del Ejército) 164 páginas.

[12] Cazali Ávila, Augusto 1999 *El gobierno democrático del Doctor Juan José Arévalo Bermejo, 1945-1951* (Ciudad de Guatemala: DIGI-USAC). 59 páginas. También publicó 2001 *El gobierno revolucionario del Coronel Jacobo Arbenz Guzmán, 1951-1954* (Ciudad de Guatemala: DIGI-USAC). 102 páginas.

[13] Morelli, Giacomo 2000 *La Revolución Democrática de Guatemala* (Pisa: Facultad de Ciencias Políticas de la Universidad de los Estudios de Pisa). Tesis de doctorado en Historia y Relaciones Internacionales de los países extra europeos. III Ciclo. Presidente del curso de doctorado, profesor Vittorio Salvadorini.

[14] Guevara, Ernesto "Che" 2001 *Otra vez, Diario inédito del segundo viaje por Latinoamérica* (Barcelona: Ediciones B) 187 páginas.

[15] Estrenada en los Estados Unidos de América en 1994. El guion fue escrito a dos manos, Argueta y Justo Chang. Película varias veces galardonada en festivales de cine internacional.

Los diablos no sueñan del productor suizo Andreas Hoessli[16], que tocan directamente el caso del gobierno de Arbenz y la contrarrevolución armada por la intervención norteamericana de junio-julio de 1954. En este magno evento de la sociología continental, fue invitado especial el exfuncionario arbencista y amigo personal del presidente, Don Ernesto Capuano del Vecchio.

En el año de 2003 y publicada por la Editorial Oscar de León Palacios, sale al mercado el libro *El Ejército de Guatemala y sus relaciones con el imperio. Aquí se dice lo que otros ocultan* de Héctor René Ruano Barrientos[17]. Este libro incluye un resumen de las principales características de cada gobierno que ha ejercido el poder político desde el gobierno del Doctor Arévalo Bermejo hasta el gobierno de Alfonso Portillo Cabrera. En ese mismo año, se publica en México el libro titulado *La Participación política en la primavera guatemalteca. Una aproximación a la historia de los partidos durante el período de 1944-1954* de Guadalupe Rodríguez de Ita[18]. Éste es uno de los estudios pioneros sobre el papel de los partidos políticos en la Revolución de Octubre, 1944-1954.

En el año de 2004, la Facultad de Ciencias Económicas de la USAC organizó las Jornadas conmemorativas del derrocamiento del presidente Jacobo Arbenz y la intervención de los Estados Unidos de América en Guatemala, en junio-julio de 1954[19]. Así, se conmemoraron los cincuenta años de la caí-

---

16 Esta película estuvo en cartelera varias semanas en el Cine Las Américas 1, film promovido por Fedecocagua y el CEUR-USAC; en la semana del 23 al 29 de noviembre de 1996. Hubo necesidad de abrir más funciones ante los miles de guatemaltecos que demandaban verla.

17 Ruano Barrientos, Héctor René 2003 *El Ejército de Guatemala y sus relaciones con el imperio. Aquí se dice lo que otros ocultan* (Ciudad de Guatemala: Editorial Oscar de León Palacios) 291 páginas.

18 Rodríguez de Ita, Guadalupe 2003 *La Participación política en la primavera guatemalteca. Una aproximación a la historia de los partidos durante el período de 1944-1954* (México DF y Toluca: Universidad Nacional Autónoma de México y Universidad Autónoma del Estado de México) 274 páginas.

19 Lo hizo conjuntamente a FLACSO-Guatemala, CIRMA, Fundación Guillermo Toriello, Procuraduría de Derechos Humanos, CEUR, Escuela de Ciencia Política, ambas de la USAC.

da del presidente Arbenz, constitucionalmente gobernante de Guatemala, electo democráticamente por el pueblo, por causa de la intervención norteamericana de junio-julio de 1954. Para entonces, el propio Don Alfonso Bauer Paiz[20] preparó la revista que compiló artículos, ensayos y extractos de libros titulada *Derrocamiento de Arbenz: 50 años después*. Esta revista incluyó un CD con la presentación en *power point* titulada "La Guatemala que se esfumó en el ojo zarco de Jacobo Arbenz", elaborada por el autor de este ensayo[21]. Otros trabajos importantes para la historia de este período, también fueron publicados por el IIES-USAC, como *El Guatemalazo* de Gregorio Selser[22] y el documento que la Comisión Política del Partido Guatemalteco del Trabajo –PGT– elaborara con motivo de la caída de Arbenz y la intervención norteamericana, conocido como "La Leche de magnesia Phillips"[23]. A lo largo del año se presentaron otros libros que tienen que ver con la historia de Guatemala y que nos permiten comprender el complicado proceso de desarrollo capitalista en el país. En ese marco, se publicó el libro *Guatemala, el largo camino de la Modernidad* del economista Alfredo Guerra Borges[24]. Además, a solicitud expresa de varios profesionales se nos pidió que evaluáramos la posibilidad de publicar por parte de la Facultad de Ciencias

---

20 Bauer Paiz, Alfonso 2004 "Derrocamiento de Arbenz: 50 años después" en *Revista Economía* (Ciudad de Guatemala: IIES-USAC) N°162, octubre-diciembre. Edición Especial.190 páginas.

21 Velásquez Carrera, Eduardo Antonio 2004 "La Guatemala que se esfumó en el ojo zarco de Jacobo Arbenz"en CD adjunto a la *Revista Economía* (Ciudad de Guatemala: IIES-USAC) N°162, octubre-diciembre. Edición Especial.

22 Selser, Gregorio 2006 *El Guatemalazo. La Primera guerra sucia* (Ciudad de Guatemala: IIES-USAC). Páginas 1-13. Incluye los comentarios de Don Alfonso Bauer Paiz.

23 Declaración de la Comisión Política del Comité Central del Partido Guatemalteco del Trabajo –PGT–. La Intervención norteamericana en Guatemala y el derrocamiento del Régimen Democrático. Incluye los comentarios de Don Alfonso Bauer Paiz, páginas 1-16. Ciudad de Guatemala: IIES-USAC. 37 páginas. Éste es el documento conocido como el de la Leche de Magnesia Phillips.

24 Guerra Borges, Alfredo 2004 *Guatemala, el largo camino de la Modernidad* (Ciudad de Guatemala: Facultad de Ciencias Económicas de la Universidad de San Carlos de Guatemala e Instituto de Investigaciones Económicas de la Universidad Nacional Autónoma de México) 174 páginas.

Económicas el libro de memorias de un líder anticomunista, Gabriel Martínez del Rosal, que fuera viceministro de gobernación en tiempos de Castillo Armas. Después de que el Consejo Editorial de la Facultad lo hiciera, se procedió a la publicación del libro de Rubén López Marroquínque, que llevó por título, *El último anticomunista: Gabriel Martínez del Rosal*[25]. En esta misma línea, se publica el libro *Testigo de los Testigos* de Alejandro Maldonado Aguirre[26], el testimonio de un miliciano anticomunista. Además, circula entre estudiantes de ciencias sociales de Guatemala un libro titulado *Guatemala: Historia de una década*, compilación realizada por Gustavo E. Lapola[27], con textos de Mario Monteforte Toledo, Alfonso Solórzano Fernández, Guillermo Toriello Garrido, Mario López Larrave y documentos históricos.

La Facultad de Ciencias Económicas de la USAC organizó, ese mismo año de 2004, el Seminario "La caída de Arbenz y el papel de los Estados Unidos de América"[28], que permitió la presentación de varias ponencias sobre este tema en el país, además de los documentos desclasificados de la Central de Inteligencia –CIA– del gobierno norteamericano y del Departamento de Estado, representado por el historiador, Marc J. Susser[29], que entregó los CD´s que contenían los principales documentos desclasificados en el caso guatemalteco, especialmente

---

[25] López Marroquín, Rubén 2004 *El último anticomunista: Gabriel Martínez del Rosal* (Ciudad de Guatemala: Facultad de Ciencias Económicas y Armar Editores) 245 páginas.

[26] Maldonado Aguirre, Alejandro 2004 *Testigo de los Testigos* (Ciudad de Guatemala: Artemis-Edinter) 480 páginas.

[27] Lapola, Gustavo E. 2004 *Guatemala: Historia de una década* (Ciudad de Guatemala: Editorial Estudiantil Fénix).

[28] Celebrado en el Salón Mayor "Doctor Adolfo Mijangos López" del Museo de la Universidad de San Carlos de Guatemala –MUSAC–, en octubre de 2004. Participaron Don Alfonso Bauer Paiz, Carlos Figueroa Ibarra, Enrique Gordillo Castillo, Oscar Guillermo Peláez Almengor, Marc J. Susser, el historiador del Departamento de Estado, el asistente del historiador, Douglas Kraft, el director de la DIGI, doctor Rodolfo Espinosa y el autor de este ensayo.

[29] Office of the Historian. Bureau of Public Affairs 2003 *Foreign relations of the United States, 1952-1954* (Guatemala. Washington, D. C.: United States Printing Office) 461 páginas.

aquellos que tenían que ver con el período de la Revolución de Octubre de 1944-1954[30]. Por su parte, el Departamento de Estado publicó el libro *Relaciones Exteriores de los Estados Unidos, 1952-1954. Guatemala* (*Foreign relations of the United States, 1952-1954. Guatemala*), que fuera entregado también por medio de CD´s. Además, la Facultad de Ciencias Económicas, en septiembre de 2004, publicó con otras instituciones universitarias y la Fundación Guillermo Toriello Garrido, el discurso del jefe de la Delegación de Guatemala, en la X Conferencia Interamericana, el "Canciller de la Dignidad", realizada en Caracas, Venezuela, el 5 de marzo de 1954[31], en el marco de una exposición fotográfica en su homenaje.

En el año 2000 se publicó la biografía del pedagogo y expresidente, realizada por Mario Alberto Carrera Galindo[32], titulada *Juan José Arévalo Bermejo, un político de América*. Posteriormente, cuando se realizó la conmemoración del centenario de Juan José Arévalo Bermejo, en 2005, la Facultad de Ciencias Económicas de la USAC estuvo al frente de la misma y se publicaron varios libros, entre los que se incluían una *Revista Economía*, titulada *El mejor Presidente de la República de Guatemala: doctor Juan José Arévalo Bermejo, 1945-1951*, preparada de nuevo por Don Alfonso Bauer Paiz[33], que publica con el apoyo de las autoridades del IIES-USAC; especialmente del economista Miguel Ángel Castro Pérez, entonces su director.

La Asociación para el Avance de las Ciencias Sociales –AVANCSO– comenzó a publicar en 2001, con su serie de autores invitados, los libros *Denegado en su totalidad* del histo-

[30] US Departament of State (2003) CIA Historical Documents on 1954 Guatemala Coup. Disk 1 and Disk 2.
[31] Facultad de Ciencias Económicas (FCEE) de la Universidad de San Carlos de Guatemala, Fundación Guillermo Toriello Garrido y Centro Cultural del Colegio Mayor Santo Tomás de Aquino (2004). Discurso del jefe de la Delegación de Guatemala, doctor Guillermo Toriello Garrido. X Conferencia Interamericana, Caracas, Venezuela, 5 de marzo de 1954. SNP.
[32] Carrera Galindo, Mario Alberto 2000 *Juan José Arévalo Bermejo, un político de América* (México, DF: Fondo de Cultura Económica) 364 páginas.
[33] *Revista Economía*, N° 165, julio-septiembre. Edición Especial. 400 páginas.

riador estadounidense Greg Grandin[34], que trata de los documentos desclasificados de la CIA y el Departamento de Estado entre 1954-1986. En este libro se encuentran las evidencias de los daños causados al pueblo de Guatemala, por medio de los documentos desclasificados por el gobierno de los Estados Unidos de América, en los que consta cómo planificaron, asesoraron, capacitaron, financiaron y ayudaron a organizarse a los miembros de las fuerzas armadas de Guatemala en los planes contrainsurgentes que llevaron a la ejecución de la primera desaparición forzada de 33 guatemaltecos, que luego fuera implementada a escala continental; especialmente en el cono sur, como el Plan Cóndor, de las dictaduras militares de Chile, Argentina, Uruguay y Brasil. La creación de la Escuela de las Américas, en la zona del Canal de Panamá, en la cual entrenaron y capacitaron a miles de militares guatemaltecos y latinoamericanos para poder establecer el miedo y el terror en Latinoamérica. Dos documentos son denegados en su totalidad, la desaparición masiva de los 33 guatemaltecos militantes del Partido Guatemalteco del Trabajo –PGT– y de otras organizaciones revolucionarias y de las operaciones del Ejército de Guatemala, que culminaron con las masacres en el Triángulo Ixil. Un año más tarde, publica este centro de investigaciones *PBSUCCESS. La operación encubierta de la CIA en Guatemala, 1952-1954* (1999 *Secret History. The CIA´s classified account of its operation*) de Nicholas Cullather[35], que es construido con documentos secretos de la CIA.

Fue por intermedio del entonces director de la Escuela de Ciencia Política, Fernando Molina Meza, quien me presentó al profesor Roberto García Ferreira, por entonces un joven

---

[34] Grandin, Greg 2001 *Denegado en su totalidad* (Ciudad de Guatemala: AVANC-SO). Autores Invitados N° 5. 278 páginas.

[35] Cullather, Nicholas 2002 *PBSUCCESS. La operación encubierta de la CIA en Guatemala, 1952-1954* (Ciudad de Guatemala: AVANCSO). Autores Invitados N° 6. 173 páginas Este texto fue publicado en 1999 en inglés, titulado Secret History. The CIA´s classified account of its operation. Este libro también fue publicado por la Tipografía Nacional en ediciones de 2004 y 2009, titulado *Guatemala Operación PB Success. Las acciones encubiertas de la CIA en apoyo al golpe de Estado de 1954*. Traducción de Mario Abraham Mancilla. 181 páginas.

muchacho recién casado y de visita de placer y de trabajo en nuestro país. Lo recibí en la decanatura de la Facultad de Ciencias Económicas y me contó de su labor investigativa con relación al exilio del expresidente Jacobo Arbenz Guzmán en el Uruguay. Esto debió haber sucedido en 2005. Me invitó a ir al Uruguay a un intercambio académico con la Facultad de Ciencias Humanas de la Universidad de la República, con sede en Montevideo. Para entonces, las publicaciones de García Ferreira comenzaban a darse a conocer en Guatemala, por medio de la *Revista de la USAC*, en la que publicó su artículo[36] "Jacobo Arbenz: La CIA tras un presidente".

La visita a Montevideo pudo concretarse en el año de 2006, cuando en septiembre de aquel año, en el seno del Centro de Estudios Interdisciplinarios Latinoamericanos de la Facultad de Humanidades y Ciencias de la Educación de la Universidad de la República, tuve el honor de brindar dos conferencias tituladas "La revolución guatemalteca de octubre de 1944-1954" y "La presidencia del coronel Jacobo Arbenz Guzmán, 1951-1954", con la participación de investigadores, profesores, estudiantes y miembros del cuerpo diplomático acreditados en aquel país. En ese mismo año, la Editorial de Ciencias Sociales de la Facultad Latinoamericana de Sociología –FLACSO–, sede Guatemala, publicó el libro de Simona Violetta Yagenova[37], titulado *Los Maestros y la Revolución de Octubre (1944-1954). Una recuperación de la memoria histórica del Sindicato de Trabajadores de la Educación de Guatemala (STEG).* Éste es un libro que recupera para el período que estudia la historia de lucha de los maestros.

---

[36] García Ferreira, Roberto 2005 "Jacobo Arbenz: La CIA tras un presidente" en *Revista de la Universidad de San Carlos de Guatemala*. N° 12, Abril-junio. Páginas 51-66.

[37] Yagenova, Simona Violetta 2006 *Los Maestros y la Revolución de Octubre (1944-1954). Una recuperación de la memoria histórica del Sindicato de Trabajadores de la Educación de Guatemala* (Ciudad de Guatemala: Editorial Oscar de León Palacios). 322 páginas.

En el año de 2007, soy nuevamente invitado a Montevideo, en esta ocasión, para ser comentarista del primer libro de García Ferreira, *La CIA y los medios en el Uruguay: El caso Arbenz*, que fuera presentado el 7 de noviembre, con un panel de comentaristas, integrado adicionalmente por el señor rector de la Universidad de la República, doctor Rodrigo Arocena, el distinguido ciudadano uruguayo, doctor José Díaz, de la Fundación Vivian Trías, la profesora panameña radicada en Montevideo, doctora Janette Vallarino[38].

El historiador petenero, Julio Castellanos Cambranes, en el año de 2008, publica su libro *Guatemala: Sobre la recuperación de la memoria histórica. Entrevista a dos voces*. Me parecen importantes las reflexiones de Castellanos Cambranes sobre el libro de Carlos Sabino[39], *Guatemala: La Historia Silenciada (1944-1954)*. En ese mismo año, el CEUR-USAC publica el libro, producto de una compilación, *Jacobo Arbenz Guzmán: El Soldado del Pueblo*[40], que contiene tres ensayos: El primero, "Jacobo Arbenz Guzmán ante la historia" de don Carlos González Orellana, Amadeo García Zepeda y Edeliberto Cifuentes Medina. El segundo, "El Mundo de Jacobo Arbenz"

---

38 El día martes 6 de noviembre de 2007, en las primeras horas de la mañana, fui recibido por el profesor Roberto García Ferreira de la Universidad de la República de Uruguay. Ese mismo día, pero en torno del mediodía, nos concedió audiencia el señor decano de la Facultad de Humanidades y Ciencias de la Educación, junto al señor director del Centro de Estudios Interdisciplinarios Latinoamericanos, con quienes intercambiamos pormenores de las actividades de ambas universidades. Hice una donación de libros publicados por nuestro centro de investigaciones a la biblioteca de dicha facultad. El día miércoles 7 de noviembre, en horas de la mañana, asistí, conjuntamente al doctor García Ferreira, a un programa de televisión del canal del Estado uruguayo sobre el libro que sería presentado en horas de la noche. Posteriormente, al mediodía participamos en un foro organizado en la Radio Oriental, en el programa "Mattuina", sobre los aspectos que trata el libro y de los resultados electorales de Guatemala. Informe de viaje al Consejo Directivo del CEUR-USAC.

39 Sabino, Carlos 2007 *Guatemala: La Historia Silenciada (1944-1989). Revolución y Liberación* (Ciudad de Guatemala: Fondo de Cultura Económica de Guatemala). 340 páginas Tomo I. 2008 *El Dominó que no cayó*. (Ciudad de Guatemala Fondo de Cultura Económica de Guatemala) Tomo II.

40 Velásquez Carrera, Eduardo Antonio (comp.) 2003 *Jacobo Arbenz Guzmán: El Soldado del Pueblo*. (Ciudad de Guatemala: Ediciones CEUR-USAC) 106 páginas.

de Piero Gleijeses[41] y el tercero titulado "El presidente Arbenz Guzmán, 'La Gloriosa Victoria' y la Lección de Guatemala", entrevista realizada por el escritor guatemalteco, residente en París, José "Pepe" Mejía González al exsecretario privado de la Presidencia de Arbenz, Jaime Díaz Rozzotto[42]. El intercambio académico con la Universidad de la República, en Montevideo, se intensificó en el año de 2008, cuando fuera invitado como profesor visitante en el Programa de Posgrado en Historia en ese centro de estudios superiores del país oriental[43]. Impartí, en esa oportunidad un curso sobre Historia de Centroamérica.

En julio de 2008, asistimos al IX Congreso Centroamericano de Historia, que se realizó del 21 al 25 de julio de 2008, en la ciudad de San José de Costa Rica[44]. A instancias de García Ferreira, el día sábado 26 de julio de ese año, fuimos invitados[45] a conocer el archivo personal del expresidente de la

---

[41] Capítulo de su libro *Shattered Hope*, traducido al español por Oscar Guillermo Peláez Almengor.

[42] Publicado por primera vez en abril de 1995, como un Documento para la Historia N°2, en el CEUR-USAC. 24 páginas.

[43] En esa ocasión fui recibido por el señor director del Centro de Estudios Interdisciplinarios Latinoamericanos, doctor Alcides Beretta Curi, y director del Programa de Estudios Latinoamericanos de la Universidad de la República y de la Maestría en Historia Comparada. Inicié las clases con 20 estudiantes de posgrado el mismo día 20 de octubre hasta el día viernes 25 de octubre, en horario de 19 a 22 horas. El día miércoles 22 de octubre, en horas de la mañana asistí, conjuntamente al doctor García Ferreira, a un programa de televisión del canal del Estado uruguayo sobre la evaluación del Tratado de Libre Comercio de Centroamérica, República Dominicana y los Estados Unidos de América.

[44] Presenté en ese Congreso, como representante del CEUR-USAC; el libro titulado *Severo Martínez Peláez: In memoriam. La Patria del Criollo, un cuarto de siglo después*. La presentación se realizó el día viernes 25 de julio en horas de la mañana.

[45] En esa memorable ocasión, tuvimos la oportunidad de saludar personalmente a Doña María Cristina Vilanova Castro, viuda de Arbenz, y a su hijo, Jacobo Antonio. El grupo que visitó el hogar de los Arbenz Vilanova estuvo integrado por los historiadores Julio Castellanos Cambranes, Armando J. Alfonzo, George W. Lovell, Roberto García Ferreira y quien esto escribe. A los historiadores extranjeros los saludó en un buen inglés, que aprendiera en sus años del "College" californiano y a los chapines nos preguntó quiénes éramos. Pudimos ver varias valijas grandes, en las que los Arbenz guardaron y trasladaron el archivo del presidente, en varios países por los que anduvieron exilados, que constaba de varios documentos, entre ellos papeles personales y de gobierno, álbumes de

República, coronel Jacobo Arbenz Guzmán, que está ubicado
en la residencia de la familia Arbenz Vilanova, en el barrio de
Cariari, en San José. Fuimos informados por parte del hijo del
expresidente, Jacobo Antonio Arbenz Vilanova, que la familia deseaba donar dicho legado al pueblo de Guatemala, por
lo que nos solicitaron que hiciéramos las gestiones necesarias con las autoridades universitarias correspondientes, para
que dicho propósito pudiera concretarse. En tal virtud, iniciamos las gestiones –siendo el director del CEUR-USAC– que
se reunieron en una Carta de Entendimiento[46] entre la familia Arbenz Vilanova, representada por Jacobo Antonio Arbenz
Vilanova, el CEUR-USAC por medio de su director, CIRMA,
representada por Lucrecia Arriola Grajeda, representante legal
de la fundación denominada Centro de Investigaciones Regionales de Mesoamérica y Roberto García Ferreira, que actuó
como mediador entre la Familia Arbenz Vilanova y el CEUR
y CIRMA. El objetivo de tal carta de entendimiento era realizar el proceso de rescate del acervo documental y fotográfico,
perteneciente al archivo personal del expresidente de la República de Guatemala, Jacobo Arbenz Guzmán, y de su viuda,
María Cristina Vilanova de Arbenz, localizados en la casa de la
familia Arbenz Vilanova, en la ciudad de San José, Costa Rica.
Ese día memorable, conocimos a Doña María Cristina Vilanova

---

fotografías, cartas recibidas de varias personalidades mundiales, telegramas,
memorándums, etc. Todos estos documentos se encuentran digitalizados en los
Archivos de CIRMA. Posteriormente, la Comisión Presidencial Coordinadora
de la Política del Ejecutivo en materia de Derechos Humanos –COPREDEH–,
entonces dirigida por la Maestra Ruth del Valle, y la familia Arbenz entraron en
contacto para trabajar en el archivo y en el acervo fotográfico de la familia, en el
marco del acuerdo amistoso para el resarcimiento de la familia del expresidente
Arbenz Guzmán. Fue Daniel Hernández Salazar, fotógrafo y curador, contratado
por la COPREDEH, quien hizo la exposición fotográfica que se realizó en el
Palacio Nacional de la Cultura, titulada "Jacobo Arbenz: Fin del Exilio. Apoteosis
del retorno". Dicha exposición se realizó entre septiembre y octubre de 2011.

46 Carta de entendimiento firmada en la ciudad de San José, Costa Rica, el 25 de
noviembre de 2008. Documento de tres páginas.

de Arbenz[47], que se encontraba ya muy ancianita, pero siempre muy jovial y dicharachera, a pesar de haber sido operada, recientemente. El 27 de noviembre de 2008, se firmó la carta de entendimiento[48] con el historiador Roberto García Ferreira para hacer posible la publicación en Guatemala de su libro *La CIA y los medios en el Uruguay: El caso Arbenz.*

En el año de 2009, siendo directora, Amanda Moran da su apoyo para que las ediciones del CEUR-USAC publiquen el primero de los libros del historiador uruguayo, Roberto García Ferreira[49], *La CIA y el caso Arbenz*, que fuera presentado por el autor, otras personalidades uruguayas y el suscrito, en la ciudad de Montevideo, en 2007. En la ciudad de Guatemala, también se hizo la presentación respectiva, con la presencia del historiador uruguayo. En Madrid, en ese mismo año de 2009, la guatemalteca Norma Leonor De León Cano[50] defendió su tesis doctoral en la Facultad de Ciencias Políticas y Sociología de la Universidad Pontificia de Salamanca –UPSA–, titulada *La Reforma Agraria de Arbenz en Guatemala: El Decreto 900, del 17 de junio de 1952, desde el ámbito socio-político-histórico.* De esta tesis doctoral fue impreso un extracto en Madrid, España, que ha circulado también en la ciudad de Guatemala.

---

[47] Ese día, en su casa, nos contó lo que recordaba de la finca de sus padres en El Salvador e inclusive cantó "Allá en el Rancho Grande" y también recordó que molestaban a Arbenz, como ella le decía, cuando hablaba con otras personas ajenas a la familia de su esposo, con la otra canción, que cantó de nuevo: "María Cristina me quiere gobernar", música cubana de moda en los años cincuenta del siglo pasado.

[48] Carta de entendimiento, suscrita por el director del CEUR-USAC, el autor de este ensayo en aquel momento y el historiador uruguayo, Roberto García Ferreira. Este último cedía sus derechos autorales a nuestra institución de investigación universitaria para que, sobre un tiraje de mil ejemplares del libro, el autor tuviera acceso directo del 20%.

[49] García Ferreira, Roberto 2009 *La CIA y el caso Arbenz* (Ciudad de Guatemala: CEUR-USAC) 223 páginas.

[50] De León Cano, Norma 2009 *La Reforma Agraria de Arbenz en Guatemala: El Decreto 900, del 17 de junio de 1952, desde el ámbito socio-político-histórico* (Madrid: Universidad Pontificia de Salamanca). Extracto de la tesis doctoral, asesorada por el doctor Juan José Sanz Jarque. Obtuvo el *Magna Cum Laude Probatus* (10), máxima nota que confiere esta universidad española. Defendida el 25 de noviembre de 2009. 96 páginas.

En enero de 2010, Amina María Figueroa Vergara[51] concluyó su tesis de maestría, en la Facultad de Filosofía, Letras y Ciencias Humanas de la Universidad de São Paulo, titulada *La United Fruit Company y la Guatemala de Miguel Ángel Asturias*. La parte de la revisión histórica de la presencia de la frutera en nuestro país es bastante completa e incluye, naturalmente, los gobiernos de Arévalo Bermejo y de Arbenz Guzmán.

De acuerdo a Figueroa Vergara, a finales del siglo XIX, un joven empresario estadounidense[52] fundó una empresa exportadora de bananos en la República de Costa Rica: la United Fruit Company. A pesar de que el comercio de bananos y de otras frutas tropicales hayan representado apenas una parte de los productos exportados por los países centroamericanos –la exportación de café, por ejemplo, siempre fue la más significativa–, las compañías bananeras fueron eternizadas por diversos novelistas en algunos de los países centroamericanos en donde actuaron. Esta tesis de maestría pretende mostrar la trilogía bananera: *Viento Fuerte* (1949), *El Papa Verde* (1954) y *Los ojos de los enterrados* (1960) del escritor guatemalteco Miguel Ángel Asturias, como una representación de la historia de la United Fruit Company en Guatemala. Utilizando las novelas como fuente histórica y realizando la articulación entre el discurso literario y el discurso histórico, la intención es mostrar la interpretación de Asturias sobre la acción de esta multinacional en su país. Esto se articula problematizando el encuentro entre ambos discursos y haciendo dialogar la información histórica sobre lo ocurrido y el tratamiento literario que Asturias da a esos mismos hechos en su trilogía bananera. Desafortunadamente, este hermoso e interesante trabajo no ha sido traducido

---

[51] Vergara, Amina María Figueroa 2010 *A United Fruit Company e a Guatemala de Miguel Ángel Asturias* (São Paulo: Faculdade de Filosofia, Letras e Ciências Humanas. Universidade de São Paulo) janeiro. 142 páginas. La autora desarrolló buena parte de su trabajo de revisión bibliográfica y de campo en Guatemala, de la mano del personal del CEUR-USAC.

[52] Se llamó Mynor Cooper Keith, a quien Miguel Ángel Asturias en su libro *El Papa Verde* lo convierte en protagonista de su famosa novela, integrante de la trilogía bananera.

del portugués al español y no ha sido publicado en Brasil ni en Guatemala. En el año 2010, la editorial Serviprensa presentó una colección de libros denominada *Cuadernos de Octubre* de varios escritores e intelectuales guatemaltecos. La mencionada colección de cuadernos está integrada por nueve libros: *El caso Guatemala y la Universidad* de Jesús García Añoveros; *¿Qué es y cómo es el guatemalteco?* de Mario Monteforte Toledo, José Humberto Hernández Cobos y Mario Silva Jonama; *La década revolucionaria, 1944-1954* de José Antonio Mobil; *El artista y los problemas de nuestro tiempo* de Huberto Alvarado, Luis Cardoza y Aragón, Raúl Leiva, Otto Raúl González y Guillermo Noriega Morales. Además, de Carlos Navarrete Cáceres, *Luis Cardoza y Aragón y el Grupo Saker –ti*; de José Luis Balcárcel Ordoñez, *Despertar de la conciencia de la clase obrera*; de Jorge Mario García Laguardia, *El Estatuto indígena en la Constitución guatemalteca de 1945*; de Ángel Valle Girón *El Presidente Arbenz y el recurso de amparo en materia agraria* y de Roberto Díaz Castillo, *Artes plásticas de Guatemala: Un soliloquio*. Un buen manjar literario, de hechos y eventos relacionados con la Revolución de Octubre de 1944-1954, que suma al acervo bibliográfico que debe ser conocido por las nuevas generaciones de guatemaltecos y de latinoamericanos.

En 2011, ve a luz el segundo libro que Roberto García Ferreira[53] publicaba como coordinador, con el sello editorial del CEUR-USAC, titulado *Guatemala y la guerra fría en América Latina, 1947-1977*. En el marco del acuerdo amistoso para el resarcimiento de la familia del presidente Arbenz, logrado entre el gobierno de la República y su familia, se publicaron dos libros. El primero de ellos, la tercera edición del libro de Doña María Vilanova Castro de Arbenz[54], *Mi esposo, el Presidente Arbenz*, que tiene un prólogo de Roberto García Ferreira, que la entrevistara en sus últimos días. El historiador guatemalteco,

---

53 García Ferreira, Roberto (coord.) 2011 *Guatemala y la guerra fría en América Latina, 1947-1977* (Ciudad de Guatemala: Ediciones CEUR-USAC) 531 páginas.
54 García Ferreira, Roberto 2011 "Prólogo", páginas 9-24 en Vilanova de Arbenz, María *Mi esposo, el presidente Arbenz* (Ciudad de Guatemala: COPREDEH. Mayagrica) 147 páginas.

residente en San José de Costa Rica, Julio Castellanos Cambranes[55], preparó la biografía, titulada *Jacobo Arbenz Guzmán: Por la Patria y la Revolución en Guatemala, 1951-1954.*

En el año de 2012, Antonio Mobil[56] publica sus dos tomos, titulados *Guatemala, el lado oscuro de la historia*, en cuyo tomo II se ocupa de los gobiernos revolucionarios de octubre y, especialmente, del tercer gobierno revolucionario, cuyo título es "Gobierno de Jacobo Arbenz Guzmán (15 de marzo de 1951-27 de junio de 1954). Democratización política y profundización estructural". Hace apenas unos meses, el historiador argentino Carlos Sabino[57] presentó su libro *Tiempos de Ubico en Guatemala y el mundo*, que trata de evaluar con sus ventajas y desventajas el comportamiento del dictador durante los catorce años.

Finalmente, ahora que se conmemoran los cien años del nacimiento de "El Soldado del Pueblo", el cual se integró la Comisión del Centenario del nacimiento de Jacobo Arbenz, que ha estado trabajando durante un año exacto y que ha desarrollado presentaciones de libros, foros, debates, ciclos de cine, documentales, conciertos, etc. Las novedades librescas que se presentan para este acontecimiento provienen, de nuevo, de Roberto García Ferreira con dos libros. El primero, titulado *Bajo Vigilancia: La CIA, la policía uruguaya y el exilio de Arbenz (1957-1960)*[58], que publica las ediciones CEUR-USAC y el libro *Operaciones en contra: La CIA y el exilio de Jacobo Arbenz*[59], que saca a luz la Facultad Latinoamericana de

55 Castellanos Cambranes, Julio 2011 *Jacobo Arbenz Guzmán: Por la Patria y la Revolución en Guatemala, 1951-1954* (Ciudad de Guatemala: Comisión Presidencial de los Derechos Humanos –COPREDEH-) 193 páginas.
56 Mobil, Antonio 2012 *Guatemala, el lado oscuro de la historia* (Ciudad de Guatemala: Editorial Serviprensa). Tomo I: 415 páginas. Tomo II: 607 páginas.
57 Sabino, Carlos 2013 *Tiempos de Ubico en Guatemala y el mundo* (Ciudad de Guatemala: Fondo de Cultura Económica).
58 García Ferreira, Roberto 2013 *Bajo Vigilancia: La CIA, la policía uruguaya y el exilio de Arbenz (1957-1960)* (Ciudad de Guatemala: Ediciones CEUR-USAC) 262 páginas.
59 García Ferreira, Roberto 2013 "Presentación del libro" en *Operaciones en contra: La CIA y el exilio de Jacobo Arbenz* (Ciudad de Guatemala: FLACSO-Guatemala).

Ciencias Sociales –FLACSO–. El segundo autor que nos presenta su libro es el historiador canadiense Jim Handy[60] (2013), con *Revolución en el área rural: Conflicto rural y Reforma Agraria en Guatemala (1944-1954)*, que ediciones CEUR-USAC trae en su versión española[61]. Por último, se presenta un libro, titulado *Arbenz, tres discursos políticos desde una Guatemala inconclusa*, que fuera hermosamente elaborado, casi parece un hermoso trabajo artesanal de Catafixia Editorial[62], y el Suplemento Cultural de *Diario La Hora*[63], de la ciudad de Guatemala, dedicado al centenario del nacimiento del Coronel Jacobo Arbenz Guzmán, que contiene artículos de Américo Cifuentes Rivas, Factor Méndez Doninelli y Raúl Molina Mejía. Por último, se realizó la publicación de una revista titulada *Arbenz: Palabra viva*[64], que incluye varios de los discursos políticos y entrevistas fragmentadas que Arbenz realizara y concediera, utilizando varios registros fotográficos de la fototeca del CEUR-USAC, cuyos autores son los historiadores Oscar Guillermo Peláez Almengor y Blanca Ileana Ordoñez Montepeque, y la diseñadora gráfica, Diana Estrada Letona, que ha realizado un competente trabajo de edición. Así que, queridos lectores del país y del exterior, tienen cómo regocijarse de las numerosas publicaciones, mientras que los jóvenes lectores no tienen excusa para no leer aspectos diversos y torales de nuestra historia patria.

---

[60] Handy, Jim 1994 *Revolution in the countryside. Social conflict and Land Reform in Guatemala, 1944-1954* (Chapel Hill, NC: North Carolina University Press) 288 páginas.

[61] Traducción al castellano por Oscar Guillermo y Roxana Peláez Almengor.

[62] Arbenz, Jacobo 2013 *Jacobo Arbenz: Tres discursos desde una Guatemala inconclusa* (Ciudad de Guatemala: Catafixia Editorial) 85 páginas.

[63] Publicado el 13 de septiembre de 2013.

[64] Peláez Almengor, Oscar Guillermo et. al. 2013 *Jacobo Arbenz: La Palabra Viva* (Ciudad de Guatemala: Ediciones CEUR-USAC) 59 páginas.

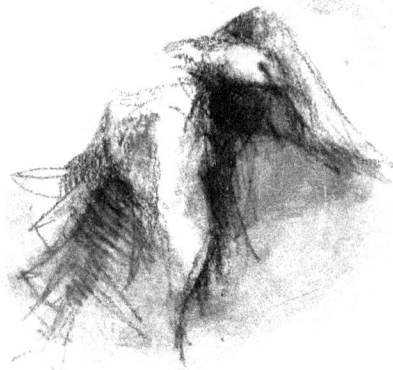

I

La sociología latinoamericana y las tareas de la juventud

MARCO A. GANDÁSEGUI, HIJO[1]

Hemos dividido esta presentación en dos partes. La primera pretende dar cuenta del desarrollo de la sociología en América Latina en los últimos cuarenta años. El período coincide, por un lado, con el XI Congreso de ALAS, celebrado en Santiago de Chile en 1972, durante la Unidad Popular y cuando era presidente de la República de Chile el doctor Salvador Allende. Apenas un año antes del golpe militar pinochetista que inauguró una etapa nueva en el desarrollo capitalista en la región.

En la segunda parte, daremos cuenta de cómo por aquellas fechas se iniciaba la declinación de la tasa de ganancias del sistema capitalista a escala global y cómo influyó sobre América Latina. En la actualidad, el mundo enfrenta una crisis en varios frentes, consecuencia del colapso de las economías reales de los países que ocupan el núcleo central del sistema de acumulación capitalista. Hemos hecho especial mención de Ruy Mauro Marini y Aníbal Quijano, cuyos aportes teóricos han marcado los últimos cuatro decenios y los 20 congresos de Sociología convocados por ALAS.

En el marco del XXIX Congreso de ALAS, nuevamente en esta bella capital, enquistada en las faldas de la cordillera andina, es propicio engarzar ambos fenómenos que responden a una misma realidad. Comencemos por nuestro X Congreso de 1972.

---

[1] Expresidente ALAS, XIII Congreso, Ciudad de Panamá, Panamá 1979.

Los congresos de Sociología de ALAS

1. En el X Congreso de ALAS en Santiago de Chile, en 1972, se produjo una ruptura significativa a nivel del pensamiento social latinoamericano. El cambio se venía anunciando a nivel de los movimientos sociales que sacudían a la región. La juventud llevó las grandes transformaciones que estaban en el debate al escenario montado por los científicos sociales de esa época.

El debate entre positivistas y funcionalistas, introducido en los primeros congresos –entre 1951 y fines de la década del sesenta– por sociólogos de la talla de Poviña y Germani, se hizo añicos ante la avanzada de la juventud de la época. Prácticamente, no quedó huella alguna en los anales académicos posteriores. A partir del X Congreso, surgió un nuevo escenario, con nuevos actores, nuevas instituciones e, incluso, una juventud que se apropió del nuevo debate. Las discusiones se centraron en un optimismo desbordante sobre las posibilidades de desarrollo como resultado de la industrialización, los avances en materia de educación y salud pública, la movilización de las clases obrera y campesina, y el despertar de una juventud que encabezaba a una clase media transformada.

Los grandes debates que estremecieron los cimientos de las ciencias sociales se dieron entre estructuralistas y marxistas. En los congresos de la década del setenta, los debates no planteaban de dónde venía la sociología o qué debería ser su objeto de estudio. Ambas preguntas habían encontrado su respuesta en la revolución cubana. Tanto estructuralistas como marxistas planteaban que la sociología era la mejor herramienta para estudiar las transformaciones que los pueblos de la región habían colocado sobre la agenda. A la vez, señalaban que las nuevas clases sociales, portadoras de esas transformaciones, eran los objetos de estudio.

Había nacido la llamada "sociología latinoamericana", poderosa herramienta que invadió a los partidos políticos, sindicatos, gremios y movimientos sociales. Su impacto se sintió tanto en la región como en el resto del mundo. Las teorías del desarrollo y las nociones sobre la dependencia, debatidas en el congreso de 1972, se convirtieron en los ejes de todo debate a partir de esa fecha.

Como telón de fondo a este debate, se encontraba la revolución cubana con su experimento político, que generaba enormes simpatías a escala global. Igualmente, la experiencia truncada de la Unidad Popular en Chile. Los golpes militares que se sucedieron en el Cono Sur al principio se consideraban como un tropiezo en el camino hacia el proyecto de desarrollo, encabezado por los sectores populares. Poco a poco, el discurso militarista se convirtió en un proyecto de rearticulación capitalista, centrado en ajustes profundos. Se fue apoderando de la región la reacción violenta de los sectores más atrasados, quienes buscaban alternativas para continuar en el poder.

En la base misma del proceso de acumulación capitalista global (desarrollo), se inició la crisis del modelo. En 1973, EEUU desconoció el patrón oro; en 1976, Europa lanzó su proyecto de unión; y en China, el Partido Comunista anunció en 1978 su política de flexibilización. El capitalismo en EEUU no se repone de la baja de su tasa de ganancia, a pesar de seis décadas de una política de guerra permanente o de sus intervenciones en los mercados globales. Las crisis experimentadas a lo largo del período que se iniciara en la década del setenta estallaron en 2008 con el colapso del sistema.

2. La corriente dominante de los estructuralistas se ancló en la CEPAL. Los herederos de Prebisch y sus planteamientos sobre el intercambio desigual dieron luz a las nociones sobre la dependencia "asociada". Surgió un debate entre dos tendencias muy diferentes, que utilizaban las nociones de la dependencia entre 1974-1985: por un lado los marxistas, quienes plateaban una versión de la "desconexión" y, por el otro, los estructuralistas con su versión de desarrollo "asociado". Los congresos de ALAS –entre 1974-1985– en San José, Quito, Panamá, San Juan, Managua y Río recogieron estos debates.

Otra corriente marxista continuó planteando la teoría de los "modos de producción".

3. El debate entre estructuralistas y marxistas pareció terminar en 1990 con el colapso de la URSS y la nueva moda que se apoderó de muchos sociólogos, que comenzaron a especular con la noción sobre "el fin de la historia". Es decir, el fin de la lucha de clases. El fin de la clase obrera. El fin del trabajo. Nociones que años después serían descartadas como ideología por sus propios impulsores. También sufrió los embates del colapso del campo socialista la teoría de los "modos de producción", que fue derrotada por la historia.

4. Entre 1995 (México), São Paulo (1997) y Concepción (1999), los dependentistas volvieron al debate, pero sin un referente concreto. Por un lado, el neoliberalismo hizo avances enormes en el mundo académico y, sobre todo, en los espacios gubernamentales donde el desarrollismo como ideología fue descartado. Por el otro, en Brasil reapareció la "promesa" de un desarrollo dependiente con las dos administraciones de Cardoso. A su vez, Negri y Hart trataron de construir el puente con su teoría del "imperio".

5. Entre 2001 (Guatemala), 2003 (Arequipa), 2005 (Porto Alegre) y 2007 (Guadalajara), se produjo el giro a la izquierda en América del Sur y surgieron múltiples teorías que intentaron darle una explicación al fenómeno. Mientras que unos experimentos políticos nacionales se radicalizaron, otros tomaron un rumbo más de acuerdo con las políticas neoliberales. La teoría marxista de la dependencia y las propuestas de los sociólogos que impulsaban el estudio del sistema-mundo-capitalista encontraron un elemento en común: la crisis final del capitalismo era inevitable. El neoliberalismo fue declarado muerto en el Congreso de Buenos Aires en 2009.

6. En los Congresos de Buenos Aires (2009) y Recife (2011), la noción de la "descolonialidad" de Quijano se colocó en el centro de la mesa. La crisis de hegemonía de EEUU y la sorprendente emergencia de China se definieron como los ejes centrales para tratar de entender el futuro. La derrota del ALCA y la aparición del ALBA y CELAC definieron un nuevo tablero en la región.

7. El período 1972-2013 ha visto surgir nuevos actores, entre los cuales se destacan la mujer, los pueblos indígenas y los trabajadores informales. La desaceleración del crecimiento de las tasas de ganancia y la desindustrialización debilitaron a la clase obrera y a los movimientos campesinos. Ambos perdieron parte de su influencia entre los movimientos sociales. La creciente "clase media", que era un factor político de primer relieve, a la cabeza de movimientos sociales significativos a mediados del siglo XX, se redujo en un indicador en manos de los tecnócratas que estudian las tendencias del consumismo.

8. Los neoliberales introdujeron en la agenda sociológica, a fines de la década del ochenta, la reducción de la pobreza como indicador de desarrollo, crecimiento o una combinación de ambos. También se propusieron metas para reducir la desigualdad. Mediante un sofisticado manejo de estadísticas y gráficas, inflaban las tasas de empleo y reducían la pobreza. Durante dos décadas, muchos congresistas presentaban sus hallazgos sin percatarse que sólo estaban acomodando la realidad a sus teorías. Con el estallido de la crisis en 2008, los esfuerzos teóricos de los neoliberales para convertir estos problemas en centro de debate desaparecieron. Sin embargo –como diría Gramsci–, al no ser reemplazados por nuevas teorías, siguen vigentes en los proyectos gubernamentales.

9. Los veinte años de hegemonía neoliberal transformaron las estructuras sociales latinoamericanas, introduciendo la desindustrialización, la des-campesinación, la desregulación y la flexibilización. Los efectos de estas políticas sobre la cuestión urbana, el empleo, la seguridad, la familia, la salud, la educación y la sexualidad se sienten, en la actualidad, como temas que deben ser abordados urgentemente con nuevos instrumentos y teorías más adecuadas.

10. El XXIX Congreso nos coloca en la encrucijada. A diferencia del XI Congreso de 1972, en 2013 estamos frente a una ruptura, que se resiste y que no logra definir a los actores centrales. Hay que recordar el impulso de la juventud latinoamericana de la década del sesenta, que logró descarrilar aquí en el Congreso de ALAS, en 1972, a esa sociología petrificada

y exigió un nuevo enfoque, una sociología renovada. Quiero rendir homenaje a Nelson Gutiérrez, joven estudiante de Sociología de la Universidad de Concepción, quien en 1972 contribuyó, junto con la juventud de aquella época, a hacer realidad la sociología latinoamericana, que tanto impacto tuvo a escala mundial.

Fue una juventud que rebosaba de energía, que estaba segura que sus sueños se harían realidad. La reacción se levantó para destruir la esperanza y hacer pedazos los sueños, a sangre y fuego. El desarrollo del capitalismo, que entraba en una fase de declinación, hizo ajustes en los procesos de acumulación para intentar modificar la tendencia irreversible. Las políticas que fueran bautizadas con el nombre de "neo-liberales" no sólo fueron económicas, como muchos creen. Sus implicaciones fueron, sobre todo, culturales, sociales e, incluso, ideológicas.

La crisis de acumulación del sistema capitalista

La transferencia de riquezas de las clases subordinadas a los sectores dominantes se hizo mediante la ampliación, extensión y profundización de la explotación del trabajo social, la expropiación de los bienes comunitarios e incorporando nuevas regiones al proceso de acumulación del sistema capitalista. En el centro del sistema, se atacaron las conquistas sociales asociadas con el "Estado de bienestar", se redujeron los salarios, se inició un proceso de "desindustrialización" y, finalmente, se cerró el ciclo con la expropiación de los bienes (viviendas) de los trabajadores. El sistema colapsó en 2008 con la explosión de la burbuja inmobiliaria en EEUU.

En la actualidad, el sistema se mantiene vivo sobre la base del despojo de los trabajadores, en general, y el fortalecimiento de un nuevo polo de acumulación capitalista centrado en China. La dirección política del sistema que estuvo concentrado en el llamado complejo industrial-militar, que implicaba una combinación de acumulación y represión, fue reemplazada por una cúpula financiera. Mientras que la llamada "economía-real" del centro se estancó (en recesión), la expedición de valores a futuro mantiene vivo el sistema. Esta tarea la realiza un grupo de 12 bancos, que cuentan con una red global inclusiva que atraviesa el sistema capitalista mundial.

Al mismo tiempo, el centro político, con sede en Washington, que pretende legitimar los residuos del sistema y ejercer su cada vez más débil hegemonía, continúa militarizando la economía mundial y buscando fórmulas ideológicas para conservar su dominación.

La crisis mundial y América Latina

En la actualidad, las sociedades que hasta hace poco eran la locomotora que arrastraba el tren productivo se han desactivado y apenas avanzan sobre rieles cada vez más carcomidos. Ahora son sociedades con trabajadores improductivos (la mayoría de los trabajadores están refugiados en el sector servicios), con recursos naturales encarecidos (difíciles de acceder) y sistemas políticos insostenibles (secuestrados y despojados por las "troikas" o la banca fuera de control).

El centro en la actualidad se deteriora y ya no es capaz de acumular capital. Una periferia no-dependiente (China) emerge como nueva locomotora industrial mundial. Tiene una clase obrera disciplinada, capaz de generar riquezas (ganancias), que son acumuladas y reinvertidas en el proceso. A su vez, la periferia dependiente (con algunos miembros nuevos) gira hacia un nuevo centro. Es el caso de América Latina, que se ha vuelto en un cliente agro-minero exportador de China.

EEUU se esfuerza por introducir una cuña en la región latinoamericana, creando un pacto político entre algunos países agro y minero exportadores (Chile, Paraguay y Chile), así como con Colombia, México y Centroamérica. La nueva Alianza del

Pacífico incluiría a todos los países que quisieran sumarse, con la única excepción de China. Ya incluye a Vietnam (gobernado por el Partido Comunista) y Brunei (un sultanato islámico).

El Pacto del Pacífico tiene pocas probabilidades de sostenerse. Perú y Chile están comprometidos con sus exportaciones mineras. Igual Paraguay, con sus envíos de soja a la hambrienta economía china. En el caso de Vietnam, la exportación de productos textiles baratos quedaría interrumpido si se viera obligada a comprar algodón a sus nuevos socios: EEUU y Nueva Zelanda. El "modelo" vietnamita dejaría de ser competitivo, en la medida en que no pueda comprar el algodón a precios muy económicos a China.

Según Amín, China tiene un futuro que no podría contabilizarse en años. Esto se debe a que cuenta con una masa de campesinos-agricultores (una población cercana a los 800 millones de personas), con una economía basada en la propiedad comunal de la tierra. Aún no entra en la contradicción propia de la acumulación capitalista. Esa enorme masa de trabajadores fuera del sistema capitalista de acumulación le permite absorber las contradicciones generadas por el proceso de acumulación capitalista que tanto ha sorprendido al mundo.

En cambio, en América Latina, las reformas agrarias han despojado a los campesinos de sus tierras y los ha convertido en fuerza de trabajo disponible. El sistema de acumulación capitalista ha creado en América Latina una masa de trabajadores informales y precarios.

La generación de ganancias es absorbida por el centro a través de la asimetría existente en el proceso productivo. La extracción de ganancias por parte de las trasnacionales que operan en América Latina, según un informe reciente de la CEPAL, supera con creces las inversiones directas extranjeras.

En 2012, las inversiones extranjeras llegaron a un total de 173 mil millones de dólares: el 30% en el sector minero, el 40% en el sector servicios y el 20% en el sector industrial. En EEUU, se invirtieron 175 mil millones en el mismo año. En China, alcanzó los 118 mil millones.

Las inversiones en los sectores mineros y servicios han promovido un nuevo sector social, antes invisibilizado. Se trata de los pueblos originarios, que son objeto del despojo de sus tierras.

Hay dos opciones que se encuentran sobre la mesa en el debate en torno a la crisis o decadencia del capitalismo. El debate se remonta a varias décadas, pero emergió con fuerza inusitada con motivo del estallido de las bolsas de valores, bancarrotas bancarias y colapso del mercado en 2008.

La primera explicación de la crisis señala que el crecimiento y expansión del sistema capitalista –por su propia naturaleza– experimenta problemas periódicos que merecen ser atendidos. Para ese fin, se deben considerar medidas de ajuste. Se destacan en estas filas dos premios Nobel de Economía. Por un lado, Paul Krugman, quien plantea que para salir de la depresión se necesita "claridad intelectual y voluntad política" (Krugman, 2012). Por el otro, participa activamente en el debate, el premio Nobel Joseph Stiglitz, quien señala la importancia de la regulación gubernamental de los mercados. Debe existir un equilibrio entre gobierno y mercado. Tanto Krugman como Stiglitz están afirmando que el capitalismo como sistema puede regularse y orientarse de tal manera que evite los obstáculos que provocan la inestabilidad de los mercados (Stiglitz, 2010).

En una línea similar, el profesor de la Universidad de Harvard, Dani Rodrik, asegura que el sistema capitalista tiene un número plural de opciones para frenar su caída en picada. La más importante se refiere a la fortaleza institucional del sistema. A su vez, menciona la enorme red global, que debe verse como un activo y no un pasivo (Rodrik, 2010).

En América Latina, se destaca José Antonio Ocampo, quien fuera ministro de Economía de Colombia, cuya candidatura a la presidencia del Banco Mundial fue lanzada por Brasil. También ha sido director ejecutivo de la CEPAL y subsecretario general de las Naciones Unidas para Asuntos Económicos y Financieros. "Se mudó al *think tank* de Joseph Stiglitz en la Universidad de Columbia (Nueva York). Igual que el Premio Nobel, cree firmemente en un 'orden financiero internacional' nuevo que transforme el actual, 'tan cuestionado tras los colapsos financieros de EEUU y Europa'" (Ugarteche, 2012). Sin embargo, eran escasas las posibilidades de que Ocampo llegara a ocupar el cargo, sin el apoyo de quienes –como Washington y Bruselas– quieren conservar el actual orden mediante algunos ajustes cosméticos.

Según otros autores, las crisis del sistema tienen soluciones, siempre y cuando se hagan los correctivos. Unos plantean que el culpable de los problemas actuales es el llamado Tercer Mundo (Easterly, 2006). Martenson asegura que la crisis energética y el cambio climatológico son los culpables. Resueltos estos problemas, el crecimiento del sistema capitalista puede continuar su camino (Martenson, 2011). Thomas Edsall indica que la solución a la crisis se asocia con la necesidad de introducir recortes presupuestarios, sobre todo en los programas sociales, e, incluso, en el rubro de gastos militares (Edsall, 2012). Reinhart y Rogoff dan un paso adicional y aseguran que las crisis financieras son recurrentes y no importa de qué régimen económico se trate (Reinhart y Rogoff, 2009).

Tim Jackson asegura que los culpables de la crisis son los países emergentes, que quieren consumir lo mismo que los países del centro. Thomas Friedman señala que, cuando nos recuperemos de la depresión actual, el crecimiento se medirá no cuantificando las cosas que poseemos, sino por la felicidad de la vida.

El pakistaní Anwar Shaikh, profesor de la Universidad *New School of Social Research* de Nueva York, dice que para la ortodoxia no existe crisis. Los neoliberales presentan el sistema concebido por ellos como perfecto e ideal. Las crisis son consideradas como situaciones extrañas. La verdad, empero, es que las crisis son el producto de la búsqueda sistemática de mayores ganancias de los empresarios. La avaricia los lleva a sobreproducir. La consecuencia de esto genera desequilibrios.

Para estos autores, en términos eufemísticos, la crisis del sistema capitalista se asemeja a los límites que tiene el motor de un automóvil, que después de mucho uso debe ser objeto de reparaciones –a veces superficiales en otras ocasiones de fondo–. Son los ajustes que necesita cualquier motor que tiene más de una cierta cantidad de horas de uso o una cantidad dada de kilómetros recorridos. La solución es mecánica.

La segunda explicación de la crisis señala que el crecimiento y expansión del sistema capitalista –por su propia naturaleza– experimenta crisis cíclicas que transforman las estructuras del sistema capitalista periódicamente. En este caso, se destacan autores marxistas como Arrighi, Harvey y Frank.

Frank enfatiza la necesidad de reconocer la "unidad en la diversidad" cuando se habla de la transición. En primer lugar, "hay que reconocer la realidad de una estructura global que nos abraza". A la vez, "el desarrollo histórico de un sistema-mundo de muy larga data". En segundo lugar, hay que promover una "transición" en nuestra manera de pensar. "Esta transición en nuestra manera de pensar nos ayudaría a entender las transiciones reales y nos guiaría en la lucha social por lograr el bienestar"[2].

Estos autores se basan en la crítica de la economía política hecha por Marx. La acumulación capitalista tiene sus límites, en la medida en que el crecimiento de los costos de producción social tiende a neutralizar las ganancias reales. Las crecientes demandas salariales, el incremento de los costos de materias primas y el incremento de los gastos para legitimar políticamente los regímenes políticos borran los márgenes de ganancia capitalista.

¿Hacia dónde vamos?

El neoliberalismo es la etiqueta que los teóricos latinoamericanos le pusieron a las políticas que pretendían frenar (incluso, detener) la caída de la tasa de ganancia de las inversiones capitalistas a partir de la década del setenta. Reagan y Thatcher se

---

[2]   La version original de la frase es: "This transition in thinking could also help us to understand the real transitions that there are and to guide us in the struggle for the good and against the socially bad difference. *A Luta Continua!*"

convirtieron en los campeones de estas políticas en sus respectivos países. Adoptaron como guías ideológicas a los herederos de la corriente conservadora y reaccionaria de Mont Pelerin (Hayek y asociados).

La política consistía –fundamentalmente– en la flexibilización de la fuerza de trabajo, la privatización de las empresas públicas y la desregulación de la administración estatal (gobierno). Se suponía que los recursos ahorrados por este medio –la reducción de los salarios– y la transferencia de bienes públicos (de todos los "ciudadanos") a las manos del capital (sector privado) permitirían mitigar la disminución en el proceso de acumulación capitalista. Las políticas neoliberales fracasaron –prueba de ello, las crisis en la "periferia" (Argentina, México, Rusia y otros países), y el gran "estallido" de 2008 y colapso de los grandes bancos norteamericanos–. La recesión iniciada a partir de ese estallido aún tiene al "centro" del sistema de acumulación capitalista, concentrado en los países del Atlántico Norte, postrado.

Gran parte de América Latina ha eludido los efectos de la recesión, gracias a la emergencia de China como nueva locomotora de la acumulación capitalista. Es el enorme excedente (plusvalía), creado por más de 100 millones de obreros industriales chinos, que genera más inversiones y demanda de recursos primarios (agro-mineros). La clase obrera china crece, cuantitativa y cualitativamente, mediante su incremento demográfico (tiene una reserva de trabajo de casi medio millón de personas) y su capacidad creciente de consumir/realizar su propia producción.

El gigante asiático ha convertido a la región latinoamericana en un gran proveedor de materias primas que necesita para su crecimiento económico. En otras palabras, América Latina ha vuelto a su status del siglo XIX, cuando era exportadora de materias primas para la acumulación capitalista ("desarrollo económico") de Gran Bretaña y otros países. Es la llamada "reprimarización".

China está avanzando rápidamente y transformando su estructura de clases y de acumulación (de plusvalía) capitalista. Es probable que, en un futuro cercano, deje de ser el exportador de bienes industriales de baja tecnología. Un escenario posible es que se transforme en un exportador de bienes y servicios de alta tecnología. Sus importaciones de materias primas podrían disminuir. Esta situación colocaría a sus socios agromineros exportadores –"primarios"– de América Latina en una situación difícil: desempleo, crisis de la balanza comercial y recesión.

La región tiene que aprovechar esta etapa de crecimiento y acumulación, generada por la asociación con China, para transformar sus estructuras económicas. Es una fase de transformaciones a escala mundial con características transitorias. De la misma manera que se abrió, en el futuro próximo se cerrará. Ese futuro lo podemos situar a mediados de la centuria o a fines del siglo XXI. ¿Quizás en el siglo XXII? No sabemos.

Una solución viable para enfrentar los retos que presenta este período de transición sería incorporar a una parte sustancial de la población latinoamericana (específicamente a la clase obrera) al mercado como consumidores. Esta estrategia puede servir de base para iniciar un movimiento de la sociedad, en su conjunto, hacia la producción de bienes y servicios en la "punta tecnológica".

El fin del neoliberalismo y el inicio de una nueva organización social tienen dos posibles "bifurcaciones" a la vista. Primero, el colapso de la estructura social como actualmente la conocemos y la emergencia de una situación de caos. En tal caso, pueden darse múltiples variantes. Depende del nivel de acumulación capitalista. Surgiría probablemente una forma u otra de "capitalismo salvaje" y dependiente. En lo político, no hay que descartar formas de dominación neocoloniales, guerras con potencias en decadencia o emergentes e, incluso, reordenamientos de las actuales fronteras.

Segundo, puede aparecer una sociedad con capacidad de regular la acumulación capitalista y determinar cómo son beneficiadas las distintas clases sociales, los grupos etarios y de género, así como los pueblos originarios y los grupos con intereses especiales. De esta variante, pueden aparecer muchas formas y diseños, dependiendo de las estructuras sociales y contextos culturales de cada país o región.

Me atrevería a decir que los únicos teóricos que han logrado esbozar una salida a la crisis actual y al sistema capitalista en su conjunto, tal como ha evolucionado hacia lo que conocemos hoy, son del llamado "Sur". Por un lado, Samir Amin, el egipcio quien trabaja hace cuarenta años en Senegal. Por el otro, el brasileño Ruy Mauro Marini (fallecido) y el peruano Aníbal Quijano.

Veamos con un poco más de tiempo lo señalado por Quijano. Antes, sin embargo, ¿qué plantean Marini y Samir Amin? Para Marini, el capitalismo mundial funciona con una dialéctica de la dependencia (no confundir con las teorías de la dependencia estructuralistas o asociadas). El capital en esta etapa de su desarrollo logra generar ganancias sobre la base de las relaciones desiguales entre el centro y la periferia de su sistema. Mientras que en el centro del sistema, la masa obrera participa en la realización de la producción capitalista, en la periferia los obreros sólo reponen su fuerza de trabajo, pero no participan en la realización de su trabajo. Esta diferencia es apropiada por el sistema capitalista mundial y distribuida entre los propietarios del capital. Una vez superada esta barrera, el capitalismo como sistema puede ser reemplazado por una forma de producción igualitaria y justa.

Las tesis de Amín se insertan en las nociones de sistema-mundo capitalista y el desarrollo de larga duración. El mundo bipolar clásico (e, incluso, el unipolar menos común) tiende a diversificarse y estamos en una coyuntura que puede ver surgir un mundo multipolar. Es en este marco que se generan las implosiones, las primeras olas de implosión que vive el mundo en la actualidad. Según Amin, los primeros movimientos se originaron en América Latina, y "no es producto del azar que hayan tenido lugar en países marginales como Bolivia, Ecuador y Venezuela. Luego, la primavera árabe. Ya tendremos otras olas en otros países, porque no es algo que esté sucediendo solo en una región específica". Los pueblos están rechazando las soluciones en el marco de este sistema. Luchan por trascender el neoliberalismo y los intentos de éste por construir un capitalismo con rostro humano, entrar en la lógica de la buena gobernanza, la reducción de la pobreza, la democratización de la vida política, etc., porque todos esos son modos de gestionar la pauperización, que es el resultado de esta lógica. La conclusión de Samir Amin es que ésta no es apenas una coyuntura, sino más bien un momento histórico, que se presenta formidable para el pueblo. Existen condiciones objetivas para construir amplios bloques sociales alternativos anticapitalistas, hay un contexto para la audacia, para plantear un cambio radical.

Quijano enfoca el problema desde otra perspectiva. ¿De qué sirve que el sistema capitalista tenga que distribuir en forma más equitativa la riqueza si las relaciones sociales siguen enquistadas en instituciones prisioneras de ideologías colonialistas, racistas y sexistas?

Existe un "patrón de poder" que articula y define la existencia social de la población del planeta Tierra. De ese patrón de poder da cuenta la teoría de la "Colonialidad del poder". Este sistema de dominación social fundado sobra la construcción del concepto de "raza" (asociado a conceptos como "género" y "etnia") define el eje de poder. Quijano insiste en que no sólo está en crisis ese aspecto financiero del sistema capitalista, más bien lo que está en crisis es el patrón de poder.

La crisis del capitalismo actual es muy distinta a las anteriores. Los cambios que se experimentan en la actualidad transformarán las relaciones capital-trabajo. Quijano señala que es riesgoso hacer predicciones, pero cita a Rosa Luxemburgo, quien vivió otro "atormentado período" que acuñó con el término de "barbarie tecnológica". Quijano observa en la actualidad las constantes "guerras privadas", nuevas formas de conflictos sin aparente solución. El conjunto de estos conflictos crea un nuevo "colectivo", que empuja en diferentes direcciones, pero que pueden confluir y crear nuevas condiciones sociales. Incluso puede producir un discurso social "que no tiene origen intelectual o teórico". Más bien, proviene de la necesidad de sobrevivencia.

Es un movimiento, agrega Quijano, que aún no tiene "visibilidad" y urge apoyarlo para que se legitime. Esa "gente" no lucha sólo para su sobrevivencia. Lo hace para "todos los habitantes de la Tierra". Para Quijano hay una luz, existe la utopía, y se pregunta ¿qué hacer con el poder? El mismo se contesta y plantea que "el conflicto comienza a hervir. Esa gente que dice '¡ya no!', aún no tiene legitimidad política, no es un actor determinante, pero podría serlo pronto".

Un leninista diría que falta la dirección desde afuera. Un socialdemócrata clásico señalaría que le falta organicidad desde la base. Un liberal no le prestaría mucha atención, porque es una masa amorfa que sólo puede ser moldeada por ese "patrón de poder". El neoliberal, encerrado en su mundo idílico, cierra el debate con un contundente grito de "fin de la historia".

Quedan en el tintero dos preguntas que faltan contestar:

¿Hay posibilidades de que los trabajadores pauperizados, los pueblos originarios despojados y las capas medias en transición logren llegar a un acuerdo –un bloque histórico– para encaminar los países de la región hacia un objetivo que refleje sus intereses?

¿Se están dando pasos en esa dirección en algunos países de la región?

Santiago de Chile, 4 de octubre de 2013.

Bibliografía

Easterly, William 2006 *The White Man's Burden* (Nueva York: Penguin).

Edsall, Thomas B. 2012 *The Age of Austerity* (Nueva York: Random House Digital).

Krugman, Paul 2012 *End This Depression Now* (Nueva York: W.W. Norton).

Martenson, Chris 2011 *The Crash Course* (Nueva York: Wiley).

Reinhart, Carmen y Rogoff, Kenneth 2009 *This Time is Different. Eight Centuries of Financial Folly.*

Rodrik, Dani 2010 *One Economics, Many Recipes: Globalization, Institutions.*

Stiglitz, Joseph 2010 *Freefall: America, Free Market, and the Sinking of the World Economy.*

Ugarteche, Oscar 2012 "Ocampo al Banco Mundial" en ALAInet (Quito), 31 de marzo.

C

La internacionalización de la sociología crítica y la superación de la colonialidad

José Vicente Tavares dos Santos[1]

La Sociología en América Latina expresa las transformaciones de las sociedades contemporáneas, pues nuevas formas de lo social están siendo configuradas, nuevos agentes, otras luchas sociales hacen emerger procesos sociales innovadores y representaciones sociales diferenciadas. Históricamente, los trazos distintivos del saber sociológico en el continente fueron: el internacionalismo, el hibridismo, el abordaje crítico de los procesos y de los conflictos de las sociedades latinoamericanas y el compromiso social de los sociólogos y sociólogas. Concordamos con Ianni en que la "cultura latinoamericana está marcada por tres inclinaciones más o menos claras: colonialismo, nacionalismo y cosmopolitismo" (Ianni, 1993: 122). De este modo, la sociología expresó las profundas transformaciones vividas por las sociedades latinoamericanas: acompañó el proceso de construcción del Estado y de la Nación, analizó las cuestiones sociales, y percibe actualmente los efectos de la mundialización de las conflictividades.

En las últimas décadas, viene desarrollándose un diálogo internacional múltiple, pues "son importantes las posibilidades que se abren con la pluralidad de la interlocución. Se multiplican las perspectivas de reflexión y creación" (Ianni, 1993: 138). Un diálogo con diferentes abordajes teóricos, con diferentes escuelas y diversificados autores clásicos y contemporáneos.

---

[1] Expresidente ALAS, XXV Congreso, Porto Alegre, Brasil 2005.

El tema central de este texto es la explicación de los límites actuales del proceso de internacionalización de la Sociología en América Latina. Entendemos por diálogo internacional la capacidad de los autores para asimilar múltiples culturas sociológicas, identificando conceptos capaces de ser traducidos de una lengua a otra, de modo de explicar las nuevas cuestiones sociales mundiales en términos de una sociología comparada. La idea central es evaluar la posibilidad de construir una sociología crítica mundializada. Ese momento de la internacionalización de la sociología posibilita enunciar un conjunto de cuestiones:

- ¿Cuál es el papel que la sociología de América Latina puede desempeñar en la etapa de mundialización de conflictividades sociales?
- ¿Cómo desarrollar la "interlocución múltiple" en un espacio-tiempo mundial, observando múltiples sociologías, del Norte y del Sur, de Occidente y de Oriente?
- ¿Cómo explicar las nuevas cuestiones sociales mundiales emergentes en el contexto de diversidad social y cultural latinoamericana?
- ¿Cómo superar un inconsciente colonizado que nos hace reconocer, por ejemplo, en las asignaturas de Teoría Sociológica, solamente a autores del Norte como creadores de teoría, relegando a los sociólogos latinoamericanos a las sociologías especiales, como la sociología del desarrollo, etc.?
- ¿Cómo asegurar el reconocimiento del pensamiento sociológico latinoamericano en la sociología internacional?

Podemos identificar históricamente seis períodos de la Sociología en América Latina y el Caribe:

1. La herencia intelectual de la sociología (del siglo XIX a inicios del siglo XX);
2. La sociología de cátedra (1890-1950);

3. El período de la "Sociología Científica" y el principio de la "Sociología Crítica" (1950-1973);
4. Las crisis institucionales derivadas de las dictaduras, y la consolidación de la "Sociología Crítica" (1973-1983);
5. La sociología de la transición del autoritarismo a las nuevas democracias: participación y exclusión (1983-2000);
6. La consolidación institucional y la mundialización de la sociología crítica desde Latinoamérica, en la Era de la Mundialización de Conflictividades Sociales (del 2001 al presente) (Tavares dos Santos y Baumgarten, 2005: 178-243)

Sobre los cinco primeros períodos, Pablo González Casanova escribió una síntesis de las principales contribuciones de las ciencias sociales en América Latina al conocimiento sociológico, configurada en los siguientes conceptos:

"1) Independencia política; 2) Orden; 3) Progreso (y desarrollo); 4) Libertad; 5) Revolución; 6) Marginación; 7) Centro-periferia (y relación de intercambio); 8) Dependencia (con búsqueda de la Independencia económica, social, política y cultural, o con un nacionalismo superado y el reconocimiento de un capitalismo global; 9) Colonialismo interno; 10) Revolución socialista y revolución moral; 11) Sistemas políticos y sistemas de poder; 12) Sociedad informal y formalismo autoritario, y el de sociedad informal neoliberal; 13) Explotación; 14) Pedagogía del oprimido y pedagogía colectiva (con lectura de textos y del mundo); 15) Teología de la Liberación (respeto a la fe y opción por los pobres; 16) Democracia; 17) Posmodernismo radical y construcción del mundo (con lucha y negociación; con autonomías y redes)" (González Casanova, 2009: 31).

Aunque hubo una interesante mezcla de formulaciones importadas de la sociología del Norte con otras originales, esta tarea de generaciones de sociólogos y sociólogas tuvo que superar, en todos los momentos, la "colonialidad del saber", como escribe Lander:

"Es este contexto histórico-cultural del imaginario que impregna el ambiente intelectual, en el cual se da la constitución de las disciplinas de las ciencias sociales. [...] Esta cosmovisión tiene como eje articulador central la idea de modernidad, noción que captura complejamente cuatro dimensiones básicas: 1) la visión universal de la historia asociada a la idea del progreso [...]; 2) la 'naturalización' tanto de las relaciones sociales como de la 'naturaleza humana' de la sociedad liberal-capitalista; 3) la naturalización u ontologización de las múltiples separaciones propias de esa sociedad; y 4) la necesaria superioridad de los saberes que produce esa sociedad ('ciencia') sobre todo otro saber" (Lander, 2003: 22).

El momento VI de la sociología en América Latina, en la Era de la Mundialización de las Conflictividades Sociales, desde el año de 2001 hasta el presente, puede denominarse el período de la "consolidación institucional y de la mundialización de la sociología crítica desde Latinoamérica".

El primer período del siglo XXI está marcado por la globalización de los procesos económicos y por la mundialización de las nuevas cuestiones sociales.

Se puede entender la globalización, según Therborn, como "estando relacionada a inclinaciones de alcance, impacto o encadenamientos globales de los fenómenos sociales, o a una consciencia mundial entre los actores sociales" (Therborn, 2001: 125). La posición social de las poblaciones más directamente afectadas por la globalización se caracteriza por la desigualdad de oportunidades de vida, esto es, un acceso desigual a recursos y una vivencia de situaciones sociales desiguales, las cuales pueden ser resumidas en ocho dimensiones: salud; vivienda; trabajo; educación; relaciones de sociabilidad; seguridad; información y conocimiento; y participación política. Podríamos reconocer en cada una de estas dimensiones, en función de la consciencia de los agentes sociales y de sus distintas posiciones de clase, de género y de étnica la configuración de las nuevas cuestiones sociales mundiales.

El período actual del proceso de mundialización está también caracterizado por la posmodernidad como forma cultural, por la utilización intensiva del conocimiento científico, por la expansión de la producción industrial, por el avance del capital financiero, por la desigualdad social y por la crisis social mundial (Arrighi, s/f: 292). Es más, "una revolución tecnológica concentrada en las tecnologías de la información está remodelando la base material de la sociedad en ritmo acelerado" (Castells, 2000: 21), y posibilitando la configuración de "culturas híbridas" (Canclini, 1989).

El proceso de formación de la sociedad global se da de modo contradictorio, heterogéneo y desigual, así conceptuado por Ianni:

> "Una sociedad global en el sentido de que comprende relaciones, procesos y estructuras sociales, económicas y culturales, aunque operando de modo desigual y contradictorio. [...] Son diversidades, heterogeneidades y contrariedades mezcladas en amplias proporciones" (Ianni, in: Sader, 1998: 17).

En particular, este desafío expresa los dilemas de una sociedad capitalista e informacional, en la cual esta revolución tecnológica, ejercida por el poder económico y político hegemónico en el proceso de globalización, puede llegar a agravar la desigualdad y crear incluso nuevas formas de exclusión y de fragmentación social (Ianni, 2000).

En este momento histórico de la Era de la Mundialización, a la sociología se le asignan nuevos desafíos. Desde sus fundadores, la sociología ha sido desafiada por configuraciones críticas, de modo que se constituyó como saber en cuanto "forma de autoconsciencia crítica de la realidad" (Ianni, 1999: 31). Este estilo de pensamiento, que asume como tarea la explicación del mundo social, es un "lenguaje de la modernidad" (Ianni, 1999: 32), que ahora tiene la responsabilidad de interpretar los procesos de formación y cambio en las sociedades en proceso de mundialización, percibiendo al mismo tiempo diversos procesos de configuración, ya sean hegemónicos o contrahegemónicos (Ianni, 1999).

Las nuevas cuestiones sociales mundiales se vuelven cuestiones complejas, pues varias son las dimensiones de lo social que pasan a ser cuestionadas, en un espacio-tiempo mundial: la cuestión de la inclusión/exclusión social; la relación del hombre con la naturaleza, indicando la cuestión ecológica; el hallazgo del inconsciente como elemento del proceso de civilización; la cuestión del multiculturalismo; los dilemas de la educación, de la universidad, de la ciencia y de la tecnología; las transformaciones del mundo del trabajo urbano y agrario; los cambios productivos a través de las tecnologías intermediarias; la diversificación de las alternativas de desarrollo para las sociedades contemporáneas tanto en el centro como en la periferia del sistema global.

Hacia la internacionalización de la sociología latinoamericana

La hipótesis que nos guía es la siguiente: no es posible comprender el pensamiento sociológico contemporáneo sin la lectura de los sociólogos latinoamericanos.

Pues aunque la sociología latinoamericana actual esté inserta en el espacio mundializado del conocimiento sociológico, y aunque haya conquistado plena legitimidad académica y científica y sea reconocida por la sociedad latinoamericana y mundial, desde el Estado hasta la sociedad civil, como un saber constructor de una autoconsciencia crítica de la realidad social, todo esto no es suficientemente reconocido por la sociología internacional.

Nos parece importante insistir en que la hipótesis que nos guía es la siguiente: así como no existe teoría sociológica formulada únicamente por autores franceses, anglosajones o alemanes, no es posible comprender el pensamiento sociológico contemporáneo sin la lectura de los sociólogos latinoamericanos.

Sería entonces posible afirmar que no existe una sociología latinoamericana, sino una sociología en América Latina, la cual configura un estilo intelectual marcado por el internacionalismo, la preocupación con el destino de sus sociedades y por las explicaciones e interpretaciones teoréticas.

Esta sociología está ausente en los denominados libros colectivos de "social theory", abundantes en los países anglosajones, lo que contrasta con la destacada presencia de sociólogos latinoamericanos en los acontecimientos mundiales del campo sociológico (Joas y Knobl, 2009; Ritzer y Goodman, 2003). Por ende, sería útil analizar críticamente los programas de las asignaturas denominadas "teoría sociológica" en los programas de grado y posgrado en sociología, para incorporar una perspectiva mundial, lo que significa reconocer la contribución teórica de autores brasileños, latinoamericanos, africanos o asiáticos en este campo de conocimiento.

Desde las reuniones de las distintas asociaciones de Sociología (ISA – Asociación Internacional de Sociología, ALAS – Asociación Latinoamericana de Sociología, CLACSO – Consejo Latinoamericano de Sociología, SBS – Sociedad Brasileña de Sociología), realizadas en el período de 1998-2013, podemos identificar los siguientes conjuntos de temas en la agenda de la sociología internacional[2]:

1. Temas relativos a teoría y métodos

1.1 Historia de la sociología en América Latina: conceptos y teorías;

1.2 El desarrollo institucional de la sociología: instituciones de enseñanza e investigación, asociaciones y sindicatos;

---

[2] Cf. libros disponibles en la Biblioteca Virtual de CLACSO (www.clacso.org.ar); cf. Mejia Navarrete, 2012.

1.3 Las nuevas metodologías de las ciencias sociales: análisis estadísticos multivariados, análisis de discurso mediante herramientas de inteligencia artificial y análisis de geo-referenciamiento.

2. Temas sobre el Estado y las instituciones políticas

2.1 Estado y políticas sociales;

2.2 Política, instituciones y democracia;

2.3 Mundialización, relaciones internacionales, y alternativas democráticas mundiales;

2.4 Fuerzas Armadas, Estado y Sociedad.

3. Temas sobre la mundialización de la economía, las relaciones de trabajo y los sindicatos

3.1 Economía mundial, corporaciones transnacionales y economías nacionales;

3.2 Reestructuración productiva, precarización del trabajo, vulnerabilidad y exclusión social;

3.3 Relaciones de Trabajo y sindicatos.

4. Temas sobre desarrollo social

4.1 Desarrollo urbano y crisis;

4.2 Desarrollo rural y transformaciones sociales;

4.3 Ecología política y desarrollo sostenible;

4.4 Procesos demográficos y migratorios.

5. Temas relativos a los procesos de socialización

5.1 Sociología de la familia;

5.2 Sociología de los grupos generacionales (de la infancia, de la juventud y de los mayores);

5.3 Procesos y crisis de las instituciones de socialización: familia, escuela y grupos de referencia.

6. Temas relativos a las desigualdades y diferencias sociales

6.1 Estructura social y desigualdad social;

6.2 Estudios sobre etnicidad, indigenismo y racismo;

6.3 Estudios de Género.

7. Conflicto social, luchas, movimientos sociales y protestas sociales

8. Temas relativos al control social y a la violencia

8.1 Sociología de la violencia y de los conflictos sociales;

8.2 Políticas de seguridad ciudadana;

8.3 Garantías para los derechos humanos.

9. Temas relativos al conocimiento y al imaginario

9.1 Universidad, ciencia y tecnología;

9.2 Sociología del deporte y del ocio.

10. Los imaginarios sociales y la construcción cultural

10.1 Religión y Sociedad;

10.2 Modos de producción y distribución cultural: culturas híbridas, culturas políticas, medios de comunicación, consumos y prácticas culturales;

10.3 Sociología de la Novela;

10.4 La construcción de nuevas utopías emancipadoras.

Esta homología temática se dispersa si observamos los límites del diálogo continental entre Brasil y otros países de Latinoamérica y el Caribe.

La presencia de autores hispanoamericanos en la sociología de Brasil es muy reducida en la actualidad. Percibimos algunas referencias a autores clásicos, del positivismo argentino y mexicano, a José Carlos Mariátegui, de Perú, así como a Alfredo Poviña y Gino Germani, de Argentina. Después, los autores de CEPAL han sido bastante utilizados.

De los sociólogos contemporáneos, ciertamente están presentes los argentinos Guillermo O'Donnell, Ernesto Laclau, Atilio Boron y Carlos Altamirano; y Pablo González Casanova y Néstor García Canclini, de México; Aníbal Quijano, de Perú; Norbert Lechner y Manuel Antonio Garretón, de Chile; de Colombia, Orlando Fals Borda; y de Venezuela, Roberto Briceño-León y Edgardo Lander.

Sin embargo, el mapa de los referenciales teóricos y conceptuales extranjeros en los trabajos de los sociólogos brasileños se configura como una cartografía circunscrita. Encontramos un mapa cognitivo, conformado por Estados Unidos, algunos países europeos (Inglaterra, Alemana, Francia, Italia o Portugal), y algunas referencias a autores de América Latina, principalmente de Argentina, Perú, Chile, Venezuela y México. En otras palabras, son todavía muy estrechas las ventanas de la gran construcción sociológica del Brasil contemporáneo.

Si uno mira al revés, quizás, no son tampoco muy citadas las obras de autores brasileños en los trabajos de los sociólogos de los demás países de América Latina y el Caribe.

Históricamente, los autores que trabajaron en la CEPAL, como Celso Furtado, a los cuales sucedieran los teóricos de la dependencia, particularmente Fernando Henrique Cardoso, Rui Mauro Marini (muy influido por la Universidad Mexicana), Vania Bambirra y Theotonio dos Santos. El maestro Octavio Ianni fue muy citado, pero actualmente sólo encontramos a Emir Sader, Renato Ortiz, Gustavo Ribeiro, Antonio David Cattani y a José Maurício Domingues. El espejismo del no reconocimiento se reproduce de una tradición sociológica a otra, aun con todos los esfuerzos de las asociaciones y, desde 1967, de CLACSO, por medio de la Biblioteca Virtual (www.clacso.org.ar), así como de REDALYC y de SCIELO.

De este modo, existe la necesidad de avanzar un paso más y construir una sociología realmente internacionalizada; en otras palabras, una sociología orientada a intercambiar conceptos, métodos y explicaciones teóricas de una cultura sociológica nacional a otra, sometiendo tales nociones a nuevas verificaciones empíricas para producir teorías críticas de amplio alcance.

Podríamos llegar, por esta vía, a una "sociología de la transformación", en la cual la calidad del trabajo científico del sociólogo fuese marcado por el imperativo de la responsabilidad social, por el respeto a la dignidad humana y por la contemporaneidad, en el ámbito mundial, de las teorías y de las metodologías.

La nueva frontera: el diálogo con la sociología de la China Contemporánea

Aunque China detiene actualmente un gran rol en la economía exterior de los países latinoamericanos y en las inversiones en América Latina, no se verifica un reflejo en los intercambios intelectuales entre China y América Latina. Sin embargo, hay una gran coincidencia entre los temas de la sociología en América Latina y el Caribe con las preocupaciones de la sociología en la China contemporánea, sobretodo acerca de la desigualdad social (Peilin, 2013).

Desde la fundación de la República Popular de China en 1949, podemos identificar tres principales tradiciones chinas en las ciencias sociales: el estudio de la larga tradición del pensamiento chino, el confucianismo, el taoísmo y el budismo; la investigación de las cuestiones económicas con una perspectiva marxista; y la investigación relacionada con las cuestiones y problemas que provienen de encuestas sociológicas de los países occidentales, principalmente de los estudios empíricos norteamericanos.

Los científicos sociales están involucrados actualmente en el estudio de los siguientes temas: la rápida urbanización, la migración rural-urbana masiva, la reforma de las pensiones, la ampliación de la prestación de servicios de salud pública, la educación universal, el acceso a la vivienda, y la reforma del sistema legal. La novedad teórica reside en los enfoques informados por el concepto de "transición social", o sea, la comprensión de complejidad de una sociedad en proceso de mutación acelerada (Roulleau-Berger, et al., 2008). Podríamos resumir tales temas en el siguiente cuadro:

Temas de la Sociología China
Conflictos Sociales Urbanos
Desarrollo
Estructura Social
Familia
Imaginario
Innovación
Juventud
Migración
Pensamiento Social
Pobreza
Seguridad Social
Trabajo y trabajadores migrantes
Urbanización

Fuente: Elaboración propia con base en Institute of Sociology – Chinese Academy Social Sciences.

Resulta evidente la similitud con los temas más centrales presentes en los estudios sociológicos latinoamericanos. Sin embargo, salvo algunas excepciones –como el Centro de Estudios China-México, en la Universidad Nacional Autónoma de México, coordinado por Enrique Dussel Peters, en México (Dussel, 2013); y el Grupo de Estudios Brasil-China, coordinado por Leila Ferreira y Tom Dwyer, en la UNICAMP (Dwyer, in Scalon et al., 2012) y del ILEA-UFRGS, en Brasil–, hay todo un camino de intercambio a ser cumplido.

Los retos de la construcción sociológica en la América Latina actual

La sociología ha visto crecer, por un lado, la perspectiva multi-disciplinar, capaz de explicar los problemas sociales, mediante un abordaje histórico y complejo. Por otro, las "ciencias sociales críticas" se afirman como "ciencias públicas", o sea, el sociólogo pasa a tener un imperativo de responsabilidad social, de respeto a la dignidad humana y de conducta académica fundada en la justicia social y en la solidaridad, volviéndose un universitario orientado tanto por el mérito científico cuanto por la relevancia social de su trabajo.

Esto conlleva una capacidad creativa, el manejo computacional y la responsabilidad ética, un conjunto de desafíos, densos y fecundos para una sociología de la transformación.

En otras palabras, la nueva sociología crítica supone un "conocimiento decente para una vida prudente" (Sousa Santos, 2003). En este momento de transición paradigmática, que ya no se puede analizar como tendencia, sino como una red de procesos no lineales, con múltiples reversibilidades, la posibilidad de que construyamos una nueva teoría crítica pasa por reconocer la relación entre conocimiento y emancipación, pues todo el conocimiento es auto-conocimiento (Sousa Santos, 2000).

En la Era de la Mundialización de las conflictividades, "una sociología global" parte:

> "de la variabilidad global, del conectividad global y de la interco-municación global. [...] Puntos de vista, experiencias, conceptos de todas las partes del globo se reunirán en redes de intercomunicación global. [...] para que este camino se vuelva una carretera principal, es necesaria una contribución decisiva, proveniente del Sur" (Therborn, 2006: 83).

El autor propone cinco puntos de partida: 1) Los sistemas solamente podrán ser comprendidos de modo apropiado si reconocemos que su sistemática es altamente variable; 2) El mundo está dividido, "con muchas fronteras –culturales, sociales y políticas– muy bien protegidas. [...] Sin embargo, es también un mundo cada vez más vinculado e interdependiente, en lenguaje de Internet, un mundo constantemente conectado"; 3) lo nacional y lo global "pueden [...] estar imbricados entre sí..."; 4) "la creciente regionalización de algunos flujos económicos, particularmente de comercio"; 5) la persistente "importancia del Estado nación" (Therborn, 2006: 93-95).

En los procedimientos de la sociología contemporánea, en todo el mundo, encontramos la diseminación de un *habitus* de investigación, marcado por diversos elementos: duda metódica y cuestionamiento de los conceptos, métodos e hipótesis del trabajo científico; utilización de las metodologías computacionales, a fin de superar las antinomias de los procedimientos cuantitativos/cualitativos, en todos los momentos del proceso de trabajo sociológico; rigor del cotidiano de la pesquisa; organización flexible del trabajo en grupos de pesquisa; responsabilidad social ineluctable; y lugar para el cuestionamiento y la creatividad.

Los ejes de internacionalización y superación de la colonialidad

Los elementos del pensamiento sociológico –investigación científica, participación política e imaginación sociológica– fueron forjando una tensa y estimulante inserción en la perspectiva del espacio-tiempo social, uniendo el rigor investigativo y el pensamiento crítico a los procesos de transformación social, acompañando e incorporando las rupturas epistemológicas del tiempo presente.

Pablo González Casanova reflexiona sobre las grandes inquietudes de las ciencias sociales en América Latina. La actual reestructuración de conceptos en ciencias y humanidades plantea problemas de congruencia y rigor, que no son meros ejercicios académicos. La inconsecuencia con los resultados de esta reestructuración afecta a la vida académica y a la acción política. Atender a la novedad de los conceptos no sólo permitirá una mejor comprensión del mundo en que vivimos, sino también una mejor construcción de alternativas y una lucha más eficaz para alcanzar objetivos (González Casanova, 2004).

Si por paradigma entendemos "una forma de plantear y resolver problemas", la crisis de hoy abarca tanto los principales paradigmas de la investigación científica como los principales paradigmas de la acción política. Por ende, se debería buscar la herencia, formación y reestructuración de los conceptos y categorías que América Latina ha formulado y reformado, que constituyen su aporte a las ciencias sociales de la región y del mundo. Partir de esa perspectiva regional-mundial es reconocer nuestra "posición" de observación, experimentación, construcción y lucha.

Apunta, aún, a la necesidad de señalar la posición epistemológica propia, necesidad que hoy se reconoce no sólo en ciencias de la vida, sino en ciencias de la materia, y que en nuestro caso se complementa con otra posición importante: la que propone el paradigma político-social alternativo de un mundo más democrático, más libre y menos injusto, que para alcanzar sus objetivos sociales reestructura sus conceptos científicos y políticos. El propósito es concentrarnos en un trabajo de "acumulación teórica", relacionado con la actual reestructuración de conceptos y con su formación reciente, en función de objetivos o metas teórico-prácticas del paradigma alternativo de una democracia universal o "democracia de todos".

Propone el problema de un humanismo hecho de muchos humanismos, pueblos y etnias; culturas, civilizaciones y creencias. Esto es, la construcción de un mundo alternativo "hecho de muchos mundos", y cuyo primer objetivo consiste desde ahora en cambiar a quienes quieren cambiar el mundo, para que cultiven un respeto político-moral a la dignidad propia y de los otros que regule las conductas con las personas, las instituciones y los pueblos.

Como camino y utopía, "la democracia de todos" se presenta como el problema central del paradigma emergente de las ciencias sociales. Así es que el pensamiento crítico necesita la construcción de un nuevo paradigma, a fin de poder imaginar políticas alternativas:

> "[...] el pensamiento crítico tiene mayores posibilidades de triunfo si redefine la dialéctica con las tecno-ciencias y con las ciencias de la complejidad, siempre que fortalezca el pensar-hacer de las relaciones contradictorias con las experiencias críticas de las clases, las naciones, las ciudadanías, y que las organice como complejos y redes para alcanzar objetivos" (González Casanova, 2004: 438).

Del mismo modo, César Barrera insiste en "la importancia de adquirir y consolidar un instrumental teórico-metodológico capaz de dar cuenta de la diversidad y complejidad de los problemas socioculturales" (Barrera, 2005: 140).

En este sentido, crecen las preocupaciones sociológicas con los temas de la diferencia y de los derechos humanos, los movimientos sociales transnacionales, el movimiento feminista, y el papel de las ideas en la producción de alternativas de desarrollo para Latinoamérica y los temas de la violencia y de las conflictividades (Barrera, 2005; Grossi-Porto, 2005).

A partir de las consideraciones anteriores, podemos sugerir cuatro ejes para la internacionalización de la Sociología en América Latina:

1. El primer eje se relaciona con un intercambio más sistemático entre la producción en lengua española y en lengua portuguesa. Además, hay un desconocimiento de la sociología producida en los países caribeños o continentales, en lengua inglesa, francesa y holandesa;

2. La necesidad de renovar el diálogo entre la sociología crítica del norte y la sociología crítica latinoamericana (desde W. Mills a Barawoy; de Touraine, Foucault, Bourdieu y Wieviorka; de Hobsbawm a Eagleton; o la obra de Boaventura de Sousa Santos);

3. El deber de superar la colonialidad del saber, presente en las instituciones y en muchas obras sociológicas, incorporando el saber teórico elaborado en América Latina y el Caribe;

4. El imperativo de hacer un reconocimiento de la sociología africana, hindú y china, capaz de innovar con un diálogo crítico acerca de los cambios sociales e intelectuales en curso.

La tarea de nuestros días futuros es profundizar los debates mundiales y los efectos que tienen *en* la sociología y *en* las ciencias sociales latinoamericanas y caribeñas, y a la vez subrayar los aportes *de* las ciencias sociales latinoamericanas al debate teórico y político mundial. Pues, si "otro mundo es posible", otra ciencia social es necesaria para explicar el mundo y, por ende, reconocerse como fuerza de transformación.

Bibliografía

Arrighi, Giovanni 2008 *Adam Smith em Pequim: origens e fundamentos do Século XXI* (São Paulo: Boitempo).

Arrighi, Giovanni 1996 *O Longo Século XX: dinheiro, poder e as origens do nosso tempo* (São Paulo: Ed. UNESP / Contraponto).

Arrighi, Giovanni y Silver, Beverly, J. 2001 *Caos y gobernabilidad en el moderno sistema mundial* (Río de Janeiro, Contraponto/Ed. de UFRJ).

Barreira, César; Tavares dos Santos, José Vicente; González Arana, Roberto y González Ortiz, Felipe (ed.) 2013 *Conflictos sociales, luchas sociales y políticas de seguridad ciudadana* (Toluca, México; UAEM/CLACSO), octubre.

Barreira, César (org.) 2003 *A Sociologia no Tempo: memória, imaginação e utopia* (São Paulo: Cortez).

Barreira, César; Leão Rego, Ruben Murilo; Dwyer, Tom (orgs.) 2006 *Sociologia e Conhecimento: além das fronteiras* (Porto Alegre).

Brunner, José Joaquín 1988 *El caso de la Sociología en Chile* (Santiago de Chile: FLACSO).

Camacho, Daniel 1979 *Debates sobre a teoría de la dependencia y la Sociología latinoamericana* (São José: EDUCA – Editorial Universitaria Centro-americana).

Canclini, Néstor 1989 *Culturas híbridas* (México: Grijalbo).

Cardoso, Fernando Henrique y Faletto, Enzo 1970 *Dependência e desenvolvimento na América Latina* (R. J.: Zahar).

Castells, Manuel 2000 *A sociedade em rede* (São Paulo: Paz e Terra). (1996 *La Era de la información: economía, sociedad y cultura* (Madrid: Alianza), Vol. I.

Delich J. Francisco 2004 *Repensar América Latina* (Barcelona: Gedisa).

Díaz Mota, Laura y Cattani, Antonio David (coords.) 2004 *Desigualdad, pobreza, exclusión y vulnerabilidad en América Latina* (México, AUEM / ALAS/ UFRGS).

Domingues, José Maurício 2009 *La modernidad contemporánea en América Latina* (Buenos Aires: Siglo Veintiuno/ CLACSO).

Fals Borda, Orlando 1976 (1972) *El Reformismo por dentro en América Latina* (México: Siglo Veintiuno) 3ª. Ed.

Fals Borda, Orlando 1971 (1968) *Las revoluciones inconclusas en América Latina (1809-1968)* (México: Siglo Veintiuno) 3ª. Ed.

Fals Borda, Orlando *Acción y espacio: autonomías en la nueva República* (Bogotá: IEPRI – Univ. Nacional / Tercer).

Fernandes, Florestan 1975 *A revolução burguesa no Brasil (ensaios de interpretação sociológica)* (Rio de Janeiro: Zahar).

Germani, Ana Alejandra 2004 *Gino Germani: del antifascismo a la Sociología* (Buenos Aires: Taurus).

Germani, Gino 1971 (1959) *Política y sociedad en una época de transición* (Buenos Aires: Paidós) 4ª. Ed.

Giarracca, Norma 2001 *Una Nueva Ruralidad en América Latina* (Argentina: Clacso).

González Casanova, Pablo 2004 *Las nuevas Ciencias y humanidades. De la academia a la política* (Barcelona: Anthropos / México: UNAN).

Graciarena, Jorge 1971 (1967) *O Poder e as Classes Sociais no Desenvolvimento da América Latina* (São Paulo: Mestre Jou).

Grossi Porto, Maria Stela y Dwyer, Tom (orgs.) 2006 *Sociologia e Realidade: pesquisa social no Século XXI* (Brasília: Editora da UnB).

Hobsbawm, Eric 1994 *The Age of Extremes (A History of the word – 1914-1991)* (New York: Pantheon Books).

Ianni, Octavio 1993 *O labirinto latino-americano* (Petrópolis: Vozes).

Ianni, Octavio 1996 *A Era do Globalismo* (Rio de Janeiro: Civilização Brasileira).

Ianni, Octávio 1992 *A Ideia de Brasil Moderno* (São Paulo: Brasiliense).

Ianni, Octávio 1992 *A Sociedade Global* (Rio de Janeiro: Civ. Brasileira).

Ianni, Octavio 2004 *Capitalismo, violência e terrorismo* (Rio de Janeiro: Civilização Brasileira).

Ianni, Octavio 1977 *El Estado capitalista en la época de Cárdenas* (México: ERA).

Ianni, Octavio 2000 *Enigmas da Modernidade – Mundo* (Rio de Janeiro: Civilização Brasileira).

Ianni, Octavio 1968 *O colapso do populismo* (Rio de Janeiro: Civilização Brasileira).

Ianni, Octavio 1989 *Sociologia da Sociologia* (São Paulo: Ática).

Joas, Hans y Knobl, Wolfgang 2009 *Social Theory: Twenty Introductory Lectures* (Cambridge: Cambridge University Press).

Lander, Edgardo 2003 *La colonialidad del saber: eurocentrismo y ciencias sociales, perspectivas latinoamericanas* (Buenos Aires: CLACSO).

Lechner, Norbert 2006 *Obras escogidas* (Santiago de Chile: LOM) Tomo 1.

Lechner, Norbert 2007 *Obras escogidas* (Santiago de Chile: LOM) Tomo 2.

Liedke Filho, Enno 2003 "Sociologia Brasileira: tendências institucionais e epistemológico-teóricas contemporáneas" en *Sociologias* (Porto Alegre). Ano 5, N°9, páginas 216-245, janeiro/junho. En http://www.scielo.br.

Mariátegui, José Carlos 1973 *7 Ensayos de interpretación de la realidad peruana* (Lima: Amauta) 27ª ed.

Marini, Rui Mauro y Millán, Márgara (coords.) 1994 *La Teoría Social Latinoamericana: los orígenes* (México: UNAM) Tomo I.

Marini, Rui Mauro y Millán, Márgara (coords.) 1994 *La Teoría Social Latinoamericana: subdesarrollo y dependencia* (México: UNAM) Tomo II.

Marini, Rui Mauro y Millán, Márgara (coords.) 1995 *La Teoría Social Latinoamericana: la centralidad del marxismo* (México: UNAM) Tomo III.

Marini, Rui Mauro y E Millán, Márgara (coords.) 1996 *La Teoría Social Latinoamericana: cuestiones contemporáneas* (México: UNAM) Tomo IV.

Mejía Navarrete, Julio (ed.) 2012 *América Latina en debate: sociedad, conocimiento e intelectualidad* (Lima: Universidad Ricardo Palma Editorial Universitaria).

Morin, Edgar 1994 *Ciencia con conciencia* (Portugal: Europa-América).

Morin, Edgar 1986 *La Méthode III: La connaissance de La connaissance* (Paris: Seuil).

Oliver Costilha, Lucio (coord.) 1996 *Balance y perspectivas del pensamiento latinoamericano* (México: ALAS / Universidad de Colima).

Quijano, Aníbal 2003 "Colonialidad del poder, eurocentrismo y América Latina" en Lander, Edgardo *La colonialidad del saber: eurocentrismo y ciencias sociales, perspectivas latinoamericanas* (Buenos Aires: CLACSO). Páginas 201-246.

Peilin, Li; Gorshkov, M. K.; Scalon, Celi; Sharma, K. L. (org.) 2013 *Handbook on Social Stratification in the BRIC Countries: Change and Perspective* (Hackensack, USA, World Scientific Publishing Company).

Ritzer, George y Goodman, Douglas J. 2003 *Sociological Theory* (New York: McGraw-Hill).

Roulleau-Berger, Laurence; Yuhua, Guo; Peilin, Li; Shiding, Liu (org.) 2008 *La Nouvelle Sociologie Chinoise* (Paris: CNRS Editions).

Rios Burga, Jaime R. 2001 *La Sociología en San Marco* (Lima: UNMSM).

Romero Salazar, Alexis (ed.) 2001 *La sociología Venezolana hoy* (Venezuela: Asociación Venezolana de Sociología / La Universidad de Zulia).

Sader, Emir (org.) 1998 *Democracia sin exclusiones ni excluidos* (Caracas: Editorial Nueva Sociedad / ALAS / CLACSO / UNESCO).

Sánchez, Ramos y Sousa, Elízaga (coords.) 2004 *América Latina: los desafíos del pensamiento crítico* (México: Siglo XXI).

Santos, Theotonio dos 2004 *Do Terror à Esperança* (São Paulo: Ideias y Letras).

Scalon, Celi; Rasia, José Miguel; Sallas, Ana Luisa Fayet 2012 *Mudanças e desafios sociológicos* (Rio de Janeiro: Editora 7Letras).

Sierra, Jerónimo de y Bernales Alvarado, Manuel 2004 "Democracia, Gobernanza y desarrollo en el MERCOSUR" (Montevideo: UNESCO/CLACSO) Páginas 169-173.

Sonntag, Heinz R. y Briceño-León, Roberto (eds.) 1998 *Pueblo, época y desarrollo: la sociología de América Latina* (Venezuela: Nueva Sociedad).

Sosa Elízaga, Raquel (coord.) 1996 *América Latina y el Caribe: perspectivas de su reconstrucción* (México: UNAM / ALAS).

Sousa Santos, Boaventura 2003 *Conhecimento prudente para uma vida decente* (Porto: Afrontamento).

Sousa Santos, Boaventura 2000 *La crítica de la razón indolente: contra el desaprovechamiento de la experiencia* (São Paulo: Cortez).

Sousa Santos, Boaventura de 2006 *A Gramática do tempo: para uma nova cultura política* (Porto: Afrontamento).

Sousa Santos, Boaventura de y Meneses, Maria P. (org.) 2009 *Epistemologias do Sul* (Porto: Afrontamento).

Stavenhagen, Rodolfo 1973 *Siete tesis equivocadas sobre América Latina: sociología y subdesarrollo* (México: Nuestro Tiempo).

Suárez S. Luís 1992 *Estado, nuevo orden económico y democracia en América Latina* (Caracas: Nueva Sociedad).

Tavares dos Santos, José Vicente y Teixeira, Alex Niche (orgs.) 2012 *Conflitos Sociais e Perspectivas da Paz* (Porto Alegre: TOMO).

Tavares dos Santos, José Vicente (org.) 2009 Mundialização e Sociologia Crítica da América Latina (XXV Congresso da Associação Latino-americana de Sociologia – Porto Alegre, Brasil, 2005) (Porto Alegre: Editora da UFRGS).

Tavares dos Santos, José Vicente (org.) 2009 *Violências, Lutas Sociais e Democracia na América Latina* (XXV Congresso da Associação Latino-americana de Sociologia). (Porto Alegre: Editora da UFRGS).

Tavares dos Santos, José Vicente y Baumgarten, Maíra 2005 "Contribuições da Sociologia na América Latina à imaginação sociológica: análise, crítica e compromisso social" en *Sociologias* (Porto Alegre). Ano 7, N° 14, jul/dez, págs. 178-243. En www.scielo.org/sociologias

Tavares dos Santos, José Vicente; Barreira, César; Baumgartem, Maíra (orgs.) 2003 *Crise Social e multiculturalismo (estudos de sociologia para o Século XXI)* (São Paulo: HUCITEC) 443 páginas.

Tavares dos Santos, José Vicente 1999 *Violências em Tempo de Globalização* (São Paulo: Editora HUCITEC).

Tavares dos Santos, José Vicente (org.) 1985 *As Revoluções Camponesas na América Latina* (São Paulo: UNICAMP / ICONE / CLACSO).

Therborn, Göran 2011 *The World: a beginner´s guide* (Cambridge, Polity).

Therborn, Göran (ed.) 2006 *Inequalities of the World: new theoretical frameworks, multiple empirical approaches* (London: Verso).

Therborn, Göran 2001 "Globalização e desigualdade: questões de conceituação e esclarecimento" en *Sociologias* (Porto Alegre). Vol. 3, N° 6, páginas 122-169, jun/dez.

Torres Rivas, Edelberto 2001 *Acerca del pesimismo en las ciencias sociales* (Guatemala: FLACSO).

Touraine, Alain 1989 *Palavra e sangue: Política e Sociedade na América Latina* (São Paulo: Trajetória Cultural; Campinas: Ed. Univ. Est. Campinas).

Verón, Eliseo 1974 *Imperialismo, lucha de clases y conocimiento (25 años de Sociología en la Argentina)* (Buenos Aires: Tiempo Contemporáneo).

Zea, Leopoldo 1976 (1965) *El pensamiento latinoamericano* (Barcelona: Ariel).

Zeballo, Eliseo y Salinas, Darío y Tavares dos Santos, José. V. 2005 *América Latina: Hacia una Nueva Alternativa de Desarrollo* (Arequipa: Universidad San Agustín).

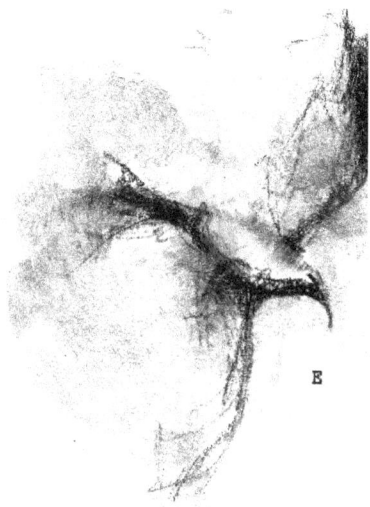

E

"Bien Vivir": entre el "desarrollo" y la descolonialidad del poder[1]

ANÍBAL QUIJANO OBREGÓN

Lo que aquí propongo es abrir una cuestión decisiva de nuestro crucial período histórico: Bien Vivir[2], para ser una realización histórica efectiva, no puede ser sino un complejo de prácticas sociales, orientadas a la producción y a la reproducción democráticas de una sociedad democrática, un otro modo de existencia social, con su propio y específico horizonte histórico

---

[1] Este texto fue publicado en Cuestiones y horizontes: de la dependencia histórico-estructural a la colonialidad/descolonialidad del poder, Buenos Aires: CLACSO, 2014. También fue publicado en Ecuador debate (Quito) N° 84: 77-87, diciembre, 2011. Una primera y breve versión se publicó en el Boletín de OXFAM, mayo, 2010.

[2] "Bien Vivir" y "Buen Vivir", son los términos más difundidos en el debate del nuevo movimiento de la sociedad, sobre todo de la población indigenizada en América Latina, hacia una existencia social diferente de la que nos ha impuesto la colonialidad del poder. "Bien Vivir" es, probablemente, la formulación más antigua en la resistencia "indígena" contra la colonialidad del poder. Fue, notablemente, acuñada en el Virreynato del Perú, por nada menos que Guamán Poma de Ayala, aproximadamente en 1615, en su *Nueva crónica y buen gobierno*. Carolina Ortiz Fernández es la primera en haber llamado la atención sobre ese histórico hecho, en 2009: "Felipe Guamán Poma de Ayala, Clorinda Matto, Trinidad Henríquez y la teoría crítica. Sus legados a la teoría social contemporánea" en YUYAYKUSUN (Lima, Perú: Universidad Ricardo Palma) N° 2 diciembre. Las diferencias pueden no ser lingüísticas solamente, sino, más bien, conceptuales. Será necesario deslindar las alternativas, tanto en el Español latinoamericano, como en las variantes principales del Quechua en América del Sur y en el Aymara. En el Quechua del Norte del Perú y en Ecuador, se dice Allin Kghaway (Bien Vivir) o Allin Kghawana (Buena Manera de Vivir), y en el Quechua del Sur y en Bolivia se suele decir "Sumac Kawsay" y se traduce en Español como "Buen Vivir". Pero "Sumac" significa bonito, lindo, hermoso, en el Norte del Perú y en Ecuador. Así, por ejemplo, "Imma Sumac" ("Qué Hermosa") es el nombre artístico de una famosa cantante peruana. "Sumac Kawsay" se traduciría como "Vivir Bonito". Inclusive, no faltan desavisados eurocentristas que pretenden hacer de Sumac lo mismo que Suma y proponen decir Suma Kawsay.

de sentido, radicalmente alternativo a la colonialidad global del poder y a la colonialidad/modernidad/eurocentrada[3]. Este patrón de poder es hoy aún mundialmente hegemónico, pero también en su momento de más profunda y raigal crisis, desde su constitución hace poco más de quinientos años. En estas condiciones, Bien Vivir, hoy, sólo puede tener sentido como una existencia social alternativa, como una descolonialidad del poder.

---

[3] La teoría de la colonialidad del poder, o colonialidad del poder global, y del eurocentrismo o colonialidad/modernidad/eurocentrada, como su específico horizonte histórico de sentido fue originalmente propuesta en mis textos desde comienzos de la década final del siglo XX. Para los fines del actual debate, puede ser útil mencionar los principales: 1991 "Colonialidad y Modernidad/Racionalidad", originalmente publicado en (Lima: Perú Indígena) Vol. 13, N° 29; 1992 "Americanity as a Concept or the Americas in the Modern World-System", publicado en co-autoría con Immanuel Wallerstein en International Social Science Journal (París, Francia: UNESCO/BLACKWEL) N° 134, Nov. Páginas 549-557; 1993 "América Latina en la Economía Mundial", publicado en *Problemas del desarrollo* (México: Instituto de Investigaciones Económicas-UNAM)Vol. XXIV, N° 95, octubre-diciembre; 1993 "Raza, Etnia y Nación: Cuestiones Abiertas" en *José Carlos Mariátegui y Europa* (Lima, Perú: Ed. Amauta) Páginas 167-188; 1994 "Colonialité du Pouvoir et Démocratie en Amérique Latine" en *Future Antérieur: Amérique Latine, Démocratie et Exclusion* (París, Francia: L'Harmattan); 1998 "Colonialidad, Poder, Cultura y Conocimiento en América Latina" en *Anuario Mariateguiano* (Lima, Perú) Vol. IX, N° 9, páginas 113-122; 1998 "¡Qué Tal Raza!" en *Familia y Cambio Social* (Lima, Perú: CECOSAM); 2000 "Colonialidad del Poder, Eurocentrismo y América Latina" en Edgardo Lander (comp.) *Colonialidad del Saber, Eurocentrismo y Ciencias Sociales* (UNESCO-CLACSO) Páginas 201ss; 2000 "Colonialidad del Poder y Clasificación Social", originalmente en Giovanni Arrighi and Walter L.Goldfrank (eds.) "Festschrift For Immanuel Wallerstein" – *Journal of World Systems Research* (Colorado, USA) Special Issue, Vol. VI, N° 2, fall/winter, páginas 342-388; 2006 "Colonialidad del Poder, Globalización y Democracia", versión revisada en *San Marcos, Segunda Época* (Lima, Perú: Universidad de San Marcos) N° 25, julio, páginas 51-104. Actualmente se desarrolla un debate mundial sobre la teoría.

"Desarrollo", una paradoja eurocéntrica: modernidad sin descolonialidad

"Desarrollo" fue, sobre todo en el debate latinoamericano, el término clave de un discurso político asociado a un elusivo proyecto de desconcentración y redistribución, relativo al control del capital industrial, en la nueva geografía que se configuraba en el capitalismo colonial-moderno global, al término de la Segunda Guerra Mundial.

En un primer momento, ese fue un discurso virtualmente oficial. Sin embargo, pronto dio lugar a complejas y contradictorias cuestiones que produjeron un rico e intenso debate, con reverberación mundial, como clara expresión de la magnitud y de la profundidad de los conflictos de interés político-social implicados en toda esa nueva geografía de poder y en América Latina en particular. Así, fue producida una extensa familia de categorías (principalmente, desarrollo, subdesarrollo, modernización, marginalidad, participación, de un lado, e imperialismo, dependencia, marginalización, revolución, en la vertiente opuesta), que se fue desplegando en estrecha relación con los conflictivos y violentos movimientos de la sociedad, que llevaron sea a procesos inconducentes o a cambios relativamente importantes, pero inacabados, en la distribución de poder[4].

De modo breve, se podría decir que en América Latina el resultado principal fue la remoción del "Estado Oligárquico" y de algunas de sus instancias en la existencia social de la población de estos países. Pero ni su dependencia histórico/estructural en la colonialidad global de poder, ni los modos de explotación y de dominación inherentes a este patrón de poder, fueron erradicados o alterados suficientemente como para dar lugar a una producción y gestión democráticas del

---

[4] Los nombres de Raúl Prebisch, Celso Furtado, Aníbal Pinto, Fernando Henrique Cardoso-Enzo Faletto, Andrew Gunder Frank, Rui Mauro Marini, Theotonio dos Santos, José Nun, entre los muchos que tomaron parte en dicho debate, son probablemente familiares a la generalidad de los lectores. Y hay, por supuesto disponible, a ese respecto, una extensa literatura.

Estado, ni de los recursos de producción, ni de la distribución y apropiación del producto. Tampoco el debate logró, a pesar de su intensidad, liberarse de la hegemonía del eurocentrismo. En otros términos, esos cambios no llevaron al "desarrollo". De otro modo, no podría entenderse por qué el término reaparece siempre, ahora por ejemplo, como fantasma de un inconcluso pasado[5].

La colonialidad global del poder y el fantasma del Estado nación

La hegemonía del eurocentrismo en el debate llevaba en América Latina a plantearse el "desarrollo" en relación al Estado nación. Pero, en el contexto de la colonialidad global del poder, esa perspectiva era históricamente inconducente. Más aún, precisamente cuando después de la Segunda Guerra Mundial, este patrón de poder ingresaba a escala global, en un prolongado período de cambios decisivos que aquí es útil resumir:

1. El capital industrial comenzó a vincularse estructuralmente con la que entonces fue denominada como "revolución científico-tecnológica". Esa relación implicaba, de una parte, la reducción de las necesidades de fuerza de trabajo viva e individual y, en consecuencia, del empleo asalariado como estructuralmente inherente al capital en su nuevo período. El desempleo dejaba de ser un problema coyuntural o cíclico. "Desempleo estructural" fueron los términos posteriormente acuñados entre los economistas convencionales para significar ese proceso.

2. Esas tendencias de cambio de las relaciones entre capital y trabajo implicaron la ampliación del margen de acumulación especulativa, también como tendencia estructural y no

---

5   Cf. Aníbal Quijano 2000 "El Fantasma del Desarrollo en América Latina" en *Revista Venezolana de Economía y Ciencias Sociales* (Caracas, Venezuela: Universidad Central de Venezuela) N°2 Páginas 73-91. Del mismo autor "Os Fantasmas da América Latina" en Adauto Novais (org.) *Oito Visões da América Latina* (São Paulo, Brasil: SENAC), páginas 49-87.

solamente cíclica, y llevaron a la dominación progresiva de la "financiarización estructural". Así se fue configurando un nuevo capital industrial/financiero, que pronto tuvo una relativamente rápida expansión mundial.

3. Un proceso de tecnocratización/instrumentalización de la subjetividad, del imaginario, de todo el horizonte de sentido histórico específico de la colonial/modernidad/eurocentrada. Se trata, en rigor, de un proceso de creciente abandono de las promesas iniciales de la llamada "racionalidad moderna" y, en ese sentido, de un cambio profundo de la perspectiva ético/política de la eurocéntrica versión original de la "colonialidad/modernidad". Ésta no dejó de ser, no obstante su nuevo carácter, atractiva y persuasiva, aunque tornándose cada vez más paradójica y ambivalente, históricamente imposible en definitiva.

4. El desarrollo y la expansión del nuevo capital industrial/financiero, junto con la derrota de los grupos nazi-fascistas de la burguesía mundial, en la disputa por la hegemonía del capitalismo durante la Segunda Guerra Mundial, facilitaron la desintegración del colonialismo europeo en Asia y África, y, al mismo tiempo, la prosperidad de las burguesías, de las capas medias, inclusive de sectores importantes de los trabajadores explotados, de los países euro/americanos.

5. La consolidación del despotismo burocrático (rebautizado de "socialismo realmente existente"), y su rápida expansión dentro y fuera de Europa, ocurrió dentro de ese mismo cauce histórico. Dicho modo de dominación fue siendo afectado, cada vez más profunda e insanablemente, por esa corriente tecnocrática e instrumental de la "racionalidad" colonial/moderna.

6. En ese contexto, la hegemonía de esa versión de la "modernidad" operaba como el más poderoso mecanismo de dominación de la subjetividad, tanto por parte de la burguesía mundial como de la despótica burocracia del llamado "campo socialista". De ese modo, no obstante sus rivalidades, ambos modos de dominación/explotación/conflicto confluyeron en su antagonismo represivo a los nuevos movimientos de la

sociedad, en particular en torno de la ética social respecto del trabajo, del género, de la subjetividad y de la autoridad colectiva.

Sería más difícil explicar de otra manera la exitosa alianza de ambos modos de dominación para derrotar (sea en París, Nueva York, Berlín, Roma, Yakarta, Tlatelolco, o en Shanghái y Praga) a los movimientos, juveniles sobre todo, que entre fines de los sesenta y comienzos de los setenta, luchaban, minoritariamente pero en todo el mundo, entonces ya no solamente contra la explotación del trabajo y contra el colonialismo y el imperialismo, contra las guerras colonial-imperiales (en ese período, Vietnam era el caso emblemático), sino también contra la ética social del productivismo y del consumismo; contra el pragmático autoritarismo burgués y burocrático; contra la dominación de "raza" y de "género"; contra la represión de las formas no convencionales de sexualidad; contra el reduccionismo tecnocrático de la racionalidad instrumental y por una nueva tesitura estética/ética/política. Pugnando, en consecuencia, por un horizonte de sentido histórico radicalmente distinto que el implicado en la colonialidad/modernidad/eurocentrada.

7. Al mismo tiempo, emergía un nuevo patrón de conflicto. En primer término, la deslegitimación de todo sistema de dominación montado sobre el eje "raza"/"género"/"etnicidad". La tendencia comenzó ya desde fines de la Segunda Guerra Mundial, como resultado de la revulsa mundial respecto de las atrocidades del nazismo y del autoritarismo militar japonés. El racismo/sexismo/etnicismo de dichos regímenes despóticos no sólo quedaba, por lo tanto, derrotado en la guerra, sino también y no menos, convertido en referencia deslegitimatoria de la racialización, del patriarcado, del etnicismo y del autoritarismo militarista en las relaciones de poder. Pero fue sobre todo durante la década del sesenta que el gran debate sobre la "raza" y sobre el "genero" pudo cobrar un nuevo y definitivo relieve, anunciando el gran conflicto mundial actual en torno del control de los respectivos ámbitos de práctica social.

8. Por todo eso, no obstante la derrota de los movimientos antiautoritarios y antiburocráticos, y la consecuente imposición de la "globalización" del nuevo capitalismo colonial global, la simiente de un horizonte histórico nuevo pudo sobrevivir entre la nueva heterogeneidad histórico/estructural del imaginario mundial, y germina ahora como uno de los signos mayores de la propuesta de Bien Vivir.

El nuevo periodo histórico: la crisis raigal de la colonialidad global del poder

El desarrollo de aquellas nuevas tendencias históricas del capital industrial-financiero llevó a ese prolongado período de auge y de cambios a culminar con la explosión de una crisis raigal en el patrón de poder como tal, la colonialidad global del poder, en su conjunto y en sus elementos raigales, desde la segunda mitad de 1973.

Con esa crisis, el mundo ha ingresado en un nuevo período histórico, cuyos procesos específicos tienen profundidad, magnitud e implicaciones equivalentes, aunque con un casi inverso signo, a los del período que denominamos como "revolución industrial/burguesa". Los términos "neoliberalismo", "globalización" y "posmodernidad" (que aquí no podrían ser discutidos detenidamente)[6] presentan con razonable eficacia, no obstante todas sus ambivalencias y complejidades, el carácter y las tendencias mayores del nuevo período.

Lo primero consiste, básicamente, en la imposición definitiva del nuevo capital financiero en el control del capitalismo global colonial/moderno. En un sentido preciso, se trata de la imposición mundial de la "desocupación estructural", plenamente tramada con la "financiarización estructural". Lo segundo, en la imposición de esa definida trama sobre todos los países y sobre toda la población humana, inicialmente en América Latina, con la sangrienta dictadura del General Pinochet en Chile, y después por la política de los gobiernos de Margaret Thatcher y Ronald Reagan, en Inglaterra y en Estados Unidos, respectivamente, con el respaldo y/o la sumisión de todos los demás países.

Esa imposición produjo la dispersión social de los trabajadores explotados y la desintegración de sus principales instituciones sociales y políticas (sindicatos, sobre todo); la derrota y desintegración del llamado "campo socialista", y de virtualmente todos los regímenes, movimientos y organizaciones políticas que le estaban vinculados. China y Vietnam, después, optaron por ser miembros del nuevo "capitalismo realmente existente", industrial-financiero y globalizado, bajo un despotismo burocrático reconfigurado como socio de las mayores corporaciones financieras globales y del Bloque Imperial Global[7].

---

6   Mi contribución al debate de esas cuestiones, principalmente en 1988 *Modernidad, Identidad y Utopía en América Latina* (Lima: Ed. Sociedad y Política); 2001 "Colonialidad del Poder, Globalización y Democracia", originalmente en *Tendencias Básicas de Nuestra Era* (Caracas, Venezuela: Instituto de Estudios Internacionales Pedro Gual). 2006, una versión revisada en San Marcos, *Revista de la Universidad de San Marcos* (Lima, Perú) N° 25, julio; 2001 "Entre la Guerra Santa y la Cruzada", originalmente en *América Latina en Movimiento*, (Quito, Ecuador) N° 341, octubre; 2003 "El Trabajo al Final del Siglo XX", originalmente en *Pensée Sociale Critique Pour Le XXIe Siècle, Mélanges en l'honneur de Samir Amin* (Paris, France: L'Harmattan - Col. Forum du Tiers Monde) Páginas 131-149; y 2009 "Paradojas de la Colonialidad/Modernidad/Eurocentrada" en *Hueso Húmero* (Lima, Perú) N° 53, abril, páginas 30-59.

7   Sobre el concepto de Bloque Imperial Global, remito a *Colonialidad del Poder, Globalización y Democracia*, ya citado.

En fin, "posmodernidad" denomina, no del todo inapropiadamente, la imposición definitiva de la tecnocratización/instrumentalización de la hasta entonces conocida como la "racionalidad moderna". Esto es, de la colonialidad/modernidad/eurocentrada.

Estamos, pues, inmersos en un proceso de completa reconfiguración de la colonialidad global del poder, del patrón de poder hegemónico en el planeta. Se trata, en primer término, de la aceleración y profundización de una tendencia de re-concentración del control del poder.

Las tendencias centrales de dicho proceso consisten, en un apretado recuento, en:

1) la re-privatización de los espacios públicos, del Estado en primer término;

2) la reconcentración del control del trabajo, de los recursos de producción y de la producción/distribución;

3) la polarización social extrema y creciente de la población mundial;

4) la exacerbación de la "explotación de la naturaleza";

5) la hiperfetichización del mercado, más que de la mercancía;

6) la manipulación y control de los recursos tecnológicos de comunicación y de transporte para la imposición global de la tecnocratización/instrumentalización de la colonialidad/modernidad;

7) la mercantilización de la subjetividad y de la experiencia de vida de los individuos, principalmente de las mujeres;

8) la exacerbación universal de la dispersión individualista de las personas y de la conducta egoísta travestida de libertad individual, lo que en la práctica equivale a la universalización del "sueño americano", pervertido en la pesadilla de brutal persecución individual de riqueza y de poder contra los demás;

9) la "fundamentalización" de las ideologías religiosas y de sus correspondientes éticas sociales, lo que relegitima el control de los principales ámbitos de la existencia social;

10) el uso creciente de las llamadas "industrias culturales" (sobre todo de imágenes, cine, tv, video, etc.) para la producción industrial de un imaginario de terror y de mistificación de la experiencia, de modo de legitimar la "fundamentalización" de las ideologías y la violencia represiva.

La "explotación de la naturaleza" y la crisis de la colonialidad global del poder

Aunque aquí, de manera apenas alusiva, no sería pertinente dejar de señalar que uno de los elementos fundantes de la colonialidad/modernidad/eurocentrada es el nuevo y radical dualismo cartesiano, que separa la "razón" y la "naturaleza"[8]. De allí, una de las ideas/imágenes más características del eurocentrismo, en cualquiera de sus vertientes: la "explotación de la naturaleza" como algo que no requiere justificación alguna y que se expresa cabalmente en la ética productivista, engendrada junto con la "revolución industrial". No es en absoluto difícil percibir la inherente presencia de la idea de "raza" como parte de la "naturaleza", como explicación y justificación de la explotación de las "razas inferiores".

Es al amparo de esa mistificación metafísica de las relaciones humanas con el resto del universo, que los grupos dominantes del *homo sapiens* en la colonialidad global del poder, en especial desde la "revolución industrial", han llevado a la especie a imponer su hegemonía explotativa sobre las demás especies animales y una conducta predatoria sobre los demás elementos existentes en este planeta. Y, sobre esa base, el capitalismo colonial/global practica una conducta cada vez más feroz y predatoria, que termina poniendo en riesgo no sola-

---

[8]   Un debate más detenido puede ser encontrado en Quijano Obregón, Aníbal 2000 "Colonialidad del Poder y Clasificación Social", originalmente en Giovanni Arrighi and Walter L. Goldfrank (eds.) "Festschrift For Immanuel Wallerstein" – *Journal of World Systems Research* (Colorado, USA) Special Issue, Vol. VI, N° 2, fall/winter, páginas 342-388.

mente la sobrevivencia de la especie entera en el planeta, sino la continuidad y la reproducción de las condiciones de vida, de toda vida, en la Tierra. Bajo su imposición, hoy estamos matándonos entre nosotros y destruyendo nuestro común hogar.

Desde esta perspectiva, el llamado "calentamiento global" del clima en la Tierra, o "crisis climática", lejos de ser un fenómeno "natural", que ocurre en algo que llamamos "naturaleza" y separado de nosotros como miembros de la especie animal *homo sapiens*, es el resultado de la exacerbación de aquella desorientación global de la especie sobre la Tierra, impuesta por las tendencias predatorias del nuevo capitalismo industrial/financiero dentro de la colonialidad global del poder. En otros términos, es una de las expresiones centrales de la crisis raigal de este específico patrón de poder.

La nueva resistencia: hacia la descolonialidad del poder

Desde fines del siglo XX, una proporción creciente de las víctimas de dicho patrón de poder ha comenzado a resistir a esas tendencias, en virtualmente todo el mundo. Los dominadores, los "funcionarios del capital", sea como dueños de las grandes corporaciones financieras o como gobernantes de regímenes despótico-burocráticos, responden con violentas represiones, ahora no sólo dentro de las fronteras convencionales de sus propios países, sino a través o por encima de ellas, desarrollando una tendencia a la recolonización global, usando los más sofisticados recursos tecnológicos, que permiten matar más gente, más rápido, con menos costo.

Dadas esas condiciones, en la crisis de la colonialidad global del poder y, en especial, de la colonialidad/modernidad/eurocentrada, la exacerbación de la conflictividad y de la violencia se ha establecido como una tendencia estructural globalizada.

Tal exacerbación de la conflictividad, de los fundamentalismos, de la violencia, aparejadas a la creciente y extrema polarización social de la población del mundo, va llevando a la resistencia misma a configurar un nuevo patrón de conflicto. La resistencia tiende a desarrollarse como un modo de producción de un nuevo sentido de la existencia social, de la vida misma, precisamente porque la vasta población implicada percibe, con intensidad creciente, que lo que está en juego ahora no es sólo su pobreza, como su sempiterna experiencia, sino, nada menos que su propia sobrevivencia. Tal descubrimiento entraña, necesariamente, que no se puede defender la vida humana en la Tierra sin defender, al mismo tiempo, en el mismo movimiento, las condiciones de la vida misma en esta Tierra.

De ese modo, la defensa de la vida humana, y de las condiciones de vida en el planeta, se va constituyendo en el sentido nuevo de las luchas de resistencia de la inmensa mayoría de la población mundial. Y sin subvertir y desintegrar la colonialidad global del poder y su capitalismo colonial/global, hoy en su más predatorio período, esas luchas no podrían avanzar hacia la producción de un sentido histórico alternativo al de la colonialidad/modernidad/eurocentrada.

Descolonialidad del poder como continua producción democrática de la existencia social

Ese nuevo horizonte de sentido histórico, la defensa de las condiciones de su propia vida y de las demás en este planeta, ya está planteado en las luchas y prácticas sociales alternativas de la especie. En consecuencia, en contra de toda forma de dominación/explotación en la existencia social. Es decir, una descolonialidad del poder como punto de partida, y la autoproducción y reproducción democráticas de la existencia social, como eje continuo de orientación de las prácticas sociales.

Es en este contexto histórico donde hay que ubicar, necesariamente, todo debate y toda elaboración acerca de la propuesta de Bien Vivir. Por consiguiente, se trata, ante todo, de admitirla como una cuestión abierta, no solamente en el debate, sino en la práctica social cotidiana de las poblaciones que decidan urdir y habitar históricamente en esa nueva existencia social posible.

Para desarrollarse y consolidarse, la descolonialidad del poder implicaría prácticas sociales configuradas por:

a) la igualdad social de individuos heterogéneos y diversos, contra la desigualizante clasificación e identificación racial/sexual/social de la población mundial;

b) por consiguiente, las diferencias, ni las identidades, no serían más la fuente o el argumento de la desigualdad social de los individuos;

c) las agrupaciones, pertenencias y/o identidades serían el producto de las decisiones libres y autónomas de individuos libres y autónomos;

d) la reciprocidad entre grupos y/o individuos socialmente iguales, en la organización del trabajo y en la distribución de los productos;

e) la redistribución igualitaria de los recursos y productos, tangibles e intangibles, del mundo, entre la población mundial;

f) la tendencia de asociación comunal de la población mundial, en escala local, regional, o globalmente, como el modo de producción y gestión directas de la autoridad colectiva, y, en ese preciso sentido, como el más eficaz mecanismo de distribución y redistribución de derechos, obligaciones, responsabilidades, recursos, productos, entre los grupos y sus individuos, en cada ámbito de la existencia social, sexo, trabajo, subjetividad, autoridad colectiva y co-responsabilidad en las relaciones con los demás seres vivos y otras entidades del planeta o del universo entero.

Los "indígenas" del "sur global" y la propuesta de Bien Vivir: cuestiones pendientes

No es por accidente histórico que el debate sobre la colonialidad del poder y sobre la colonialidad/modernidad/eurocentrada haya sido producido, en primer término, desde América Latina. Así como no lo es que la propuesta de Bien Vivir provenga, en primer término, del nuevo movimiento de los "indígenas" latinoamericanos.

América Latina es el mundo constituido en *Las Indias Accidentales* (irónica referencia a la divulgada idea de "Indias Occidentales")[9]. Por eso, como el espacio original y el tiempo inaugural de un nuevo mundo histórico y de un nuevo patrón de poder, el de la colonialidad global del poder. Y, asimismo, como el espacio/tiempo original e inaugural de la primera "indigenización" de los sobrevivientes del genocidio colonizador, como la primera población del mundo sometida a la "racialización" de su nueva identidad y de su lugar dominado en el nuevo patrón de poder.

América Latina y la población "indígena" ocupan, pues, un lugar basal, fundante, en la constitución y en la historia de la colonialidad del poder. De allí, su actual lugar y papel en la subversión epistémica/teórica/histórica/estética/ética/política de este patrón de poder en crisis, implicada en las propuestas de descolonialidad global del poder y del Bien Vivir como una existencia social alternativa.

Empero, si bien América, y en particular América Latina, fue la primera nueva identidad histórica de la colonialidad del poder, y sus poblaciones colonizadas los primeros "indígenas" del mundo, desde el siglo XVIII todo el resto del territorio del planeta, con todas sus poblaciones, fue conquistado por Europa Occidental. Y tales poblaciones, la inmensa mayoría de la población mundial, fueron colonizadas, racializadas y, en consecuencia, "indigenizadas". Su actual emergencia no consiste,

---

9   Robert Finley 2003 *Las Indias Accidentales* (España: Ed. Barataria).

pues, en otro "movimiento social" más. Se trata de todo un movimiento de la sociedad, cuyo desarrollo podría llevar a la descolonialidad global del poder, esto es, a otra existencia social, liberada de dominación/explotación/violencia.

La crisis de la colonialidad global del poder y el debate y la lucha por su descolonialidad han mostrado a plena luz que la relación social de dominación/explotación, fundada en torno de la idea de "raza", es un producto de la historia del poder y de ninguna cartesiana "naturaleza". Pero también hacen patente la extrema heterogeneidad histórica de esa población "indigenizada", primero en su historia previa a la colonización europea; segundo, en la que se ha producido por las experiencias bajo la colonialidad del poder, durante casi medio millar de años y, finalmente, por la que está siendo ahora producida en el nuevo movimiento de la sociedad hacia la descolonialidad del poder.

No tendría sentido esperar que esa históricamente heterogénea población, que compone la abrumadoramente inmensa mayoría de la población del mundo, haya producido o cobijado un imaginario histórico homogéneo, uni-versal, como alternativa a la colonialidad global del poder. Eso no podría ser concebible, inclusive tomando en cuenta exclusivamente América Latina, o América en su conjunto.

De hecho, todas esas poblaciones, sin excepción, provienen de experiencias históricas de poder. Hasta donde sabemos, el poder parece haber sido, en toda la historia conocida, no solamente un fenómeno de todas las existencias sociales de larga duración, sino, más aún, la principal motivación de la conducta histórica colectiva de la especie. Tales experiencias de poder sin duda son distintas entre sí y respecto de la colonialidad del poder, no obstante posibles comunes experiencias de colonización.

Sin embargo, las poblaciones "indigenizadas" bajo la dominación colonial, primero en "América" bajo Iberia, y más tarde en todo el mundo bajo "Europa Occidental", no sólo han compartido en común, universalmente, las perversas formas de dominación/explotación impuestas con la colonialidad global del poder. También, paradojal pero efectivamente, en la resistencia contra ellas han llegado a compartir comunes aspiraciones históricas contra la dominación, la explotación, la discriminación: la igualdad social de individuos heterogéneos, la libertad de pensamiento y de expresión de todos esos individuos, la redistribución igualitaria de recursos, así como del control igualitario de todos ellos, sobre todos los ámbitos centrales de la existencia social.

Por todo eso, en la "indigenidad" histórica de las poblaciones víctimas de la colonialidad global del poder, no alienta solamente la herencia del pasado, sino todo el aprendizaje de la resistencia histórica de tan largo plazo. Estamos, por eso, caminando en la emergencia de una id-entidad histórica nueva, histórico/estructuralmente heterogénea como todas las demás, pero cuyo desarrollo podría producir una nueva existencia social liberada de dominación/explotación/violencia, lo cual es el corazón mismo de la demanda del Foro Social Mundial: Otro Mundo es Posible.

En otros términos, el nuevo horizonte de sentido histórico emerge con toda su heterogeneidad histórico/estructural. En esa perspectiva, la propuesta de Bien Vivir es, necesariamente, una cuestión histórica abierta[10] que requiere ser continuamente indagada, debatida y practicada.

---

10 Acerca de eso, por ejemplo las recientes entrevistas a dirigentes aymaras en Bolivia, hechas y difundidas en el correo Internet de la CAOI. En febrero de 2010, la revista *América Latina en Movimiento*, de la Agencia Latinoamericana de Información (ALAI), ha dedicado el N° 452, íntegramente a este debate, bajo el título general de *Recuperar el sentido de la vida*. Respecto de las prácticas sociales mismas, hay ya un muy importante movimiento de investigación específica. Ver Esperanza Gómez et al. 2010 *Vivir Bien Frente al Desarrollo. Procesos de planeación participativa en Medellín* (Medellín, Colombia: Universidad de Medellín, Facultad de Ciencias Sociales).

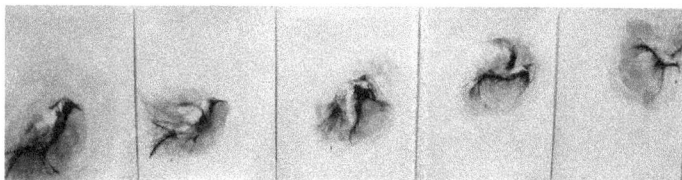

Arriban
volátiles
vencejos de vientos,
abiertas rosas,
tus luchas
vierten
rubíes al terruño
aukan*

A.L.B., 2015

*En lenguaje mapuche: ser o sentirse libre, combatiente

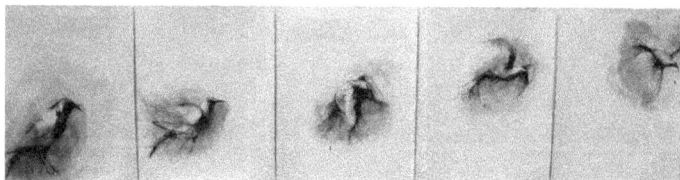

Autores

Eduardo Aquevedo Soto: (fallecido en diciembre de 2014): Sociólogo. Doctor en Ciencias Económicas. Profesor investigador de Sociología, Universidad de Valparaíso, Chile. Fue profesor titular de Sociología y Economía, director del Departamento de Sociología y decano de la Facultad de Ciencias Sociales de la Universidad de Concecpión, Chile.

Marcelo Arnold Cathalifaud: Profesor titular de la Universidad de Chile. Doctor en Ciencias Sociales, antropólogo y magíster en Ciencias Sociales, mención Modernización Social. Ha sido director del Magíster en Antropología y Desarrollo; director académico del Magíster en Análisis Sistémico Aplicado a la Sociedad, del Departamento de Antropología, y coordinador del Área de Teoría Social y Pensamiento Latinoamericano de la Asociación Latinoamérica de Sociología. Decano de la Facultad de Ciencias Sociales (2006-2014) y presidente de la Asociación Latinoamericana de Sociología (2013–2015).

Alberto L. Bialakowsky: Sociólogo UBA. Magíster en Ciencias Sociales FLACSO. Doctor *honoris causa*: Universidad de Valparaíso, Universidad Nacional Mayor de San Marcos y Universidad Nacional de Huánuco. Profesor titular en la Carrera de Sociología e investigador director de Proyectos UBACyT en el Instituto de Investigaciones Gino Germani de la Facultad de Ciencias Sociales de la Universidad de Buenos Aires. Profesor visitante Rhodes University, Grahamstown, Sudáfrica (2014-2016).

Daniel Camacho Monge: Doctor (PhD) en Ciencias Sociales y licenciado en Sociología por la Universidad de Bordeaux, Francia; licenciado en Derecho por la Universidad de Costa Rica.

En la Universidad de Costa Rica, ejerce como catedrático, profesor emérito, director de la Revista de Ciencias Sociales, presidente de la Academia de Eméritas y Eméritos, y ha ejercido como decano de la Facultad de Ciencias Sociales, director del Departamento de Ciencias del Hombre, director del Instituto de Investigaciones Sociales. Asimismo, se ha desempeñado en cargos ejecutivos en otras universidades y comisiones de derechos humanos. Fue candidato presidencial de la coalición de izquierdas Pueblo Unido en 1990.

Gerónimo de Sierra: Sociólogo (Université de Louvain, Bélgica) con estudios de Doctorado en l'École des Hautes Études en Sciences Sociales y Université de Paris X (Francia). Profesor e investigador titular de la Universidad de la República (UDELAR) e investigador activo emérito del Sistema Nacional de Investigadores (Uruguay). Fue vicerrector de la Universidad Latinoamericana para la Integración (UNILA), presidente de la Asociación Latinoamericana de Sociología (ALAS), miembro del Comité Directivo del Consejo Latinoamericano de Ciencias Sociales (CLACSO) y director del Instituto de Ciencias Sociales y del Departamento de Sociología (UDELAR). Ha publicado una gran variedad de artículos en revistas científicas, libros y capítulos.

Theotonio dos Santos: Pesquisador visitante sênior nacional da UERJ. Professor emérito da UFF. Presidente da Rede e Cátedra UNESCO sobre Economia Global e Desenvolvimento Sustentável (www.reggen.org.br). Prêmio Mundial de Economista Marxiano da WAPE (2013). Seus últimos livros são: Do Terror à Esperança: Auge e Declínio do Neoliberalismo, Ed. Ideias & Letras, Aparecida, 2004, e Desenvolvimento e Civilização. Homenagem a Celso Furtado, EdUERJ, Rio de Janeiro, 2015 (no prelo).

Marco A. Gandásegui, hijo (1943): Profesor de Sociología de la Universidad de Panamá e investigador asociado en el Centro de Estudios Latinoamericanos, (CELA), "Justo Arosemena".

Hizo sus estudios superiores en Chile (maestría) y EEUU (doctorado). Es autor de múltiples libros y artículos en revistas especializadas. Es editor de la revista TAREAS. Contribuye regularmente con artículos en medios escritos y audiovisuales panameños e internacionales.

Nora Garita Bonilla: Doctora en sociología, Universidad de París X, Francia. Catedrática de la Universidad de Costa Rica. Directora de Centro de Investigación en Estudios de la Mujer, CIEM, Universidad de Costa Rica. Fue consultora del proyecto Estado de la nación y del PNUD. Fue investigadora del Centro de Matemáticas Aplicadas de la Universidad de Costa Rica. Presidenta de la Asociación Centroamericana de Sociología, ACAS en el período 2010-2012.

Pablo González Casanova: Maestro en Ciencias Históricas (*Magna Cum Laude*) en la Universidad Nacional Autónoma de México, Escuela Nacional de Antropología e Historia y El Colegio de México; doctor de la Universidad de París (Especialidad en Historia y Sociología), (*Mention très honorable*). Es doctor *honoris causa* de varias universidades de Europa, América Latina y México. Actualmente es investigador y profesor emérito de la Universidad de México. Ha sido profesor visitante en universidades europeas. Ocupó varios cargos académico-administrativos en la UNAM. Ha publicado numerosos libros, artículos en diferentes obras, revistas especializadas y en publicaciones periódicas nacionales e internacionales. Adherente del Movimiento Zapatista desde 1994.

Paulo Henrique Martins: Graduado en Derecho por la Universidade Federal de Pernambuco. Maestría y doctor en sociología por la Universidad de París I, Pantheon-Sorbonne. Profesor titular de Sociología de la Universidad Federal de Pernambuco (UFPE). Investigador del Conselho Nacional de Desenvolvimento Científico e Tecnológico (CNPq). Miembro del comité editorial de la Revue du Mouvement Anti-Utilitariste dans les

Sciences Sociales (Revue du MAUSS) (Francia). Coordinador del Núcleo sobre Epistemologías del Sur Global y del Instituto de América Latina de la UFPE.

Jaime Antonio Preciado Coronado: Doctor en Estudios Latinoamericanos. Jefe del Departamento de Estudios Políticos (2010-2016), profesor investigador de la Universidad de Guadalajara y del ITESO, Universidad Jesuita de Guadalajara. Integrante del Sistema Nacional de Investigadores, SNI nivel III. Es coordinador de la Red de Investigación sobre la Integración Latinoamericana y Caribeña (REDIALC). Co-director de la Revista Espiral. Estudios de Estado y Sociedad.

Aníbal Quijano Obregón: Doctor por la Universidad Nacional Mayor de San Marcos de Lima. Doctor *honoris causa* de varias universidades. Emérito de la UNMSM. Ha sido docente e investigador en las universidades de América Latina y en varias de Estados Unidos, Europa y en Japón. Ha recibido diversos reconocimientos. El más reciente es el Life Time Achievement Award, de LASA. Es director de la Cátedra América Latina y la Colonialidad del Poder, en la Universidad Ricardo Palma, en Lima.

Jordán Rosas Valdivia: Doctor en Sociología, doctor en Ciencias de la Educación y magíster en Artes. Fue presidente de la Asociación Latinoamericana de Sociología y decano de la Facultad de Ciencias Histórico Sociales de la Universidad Nacional de San Agustín, Arequipa, Perú, donde actualmente se desempeña.

Luis Suárez Salazar: Graduado en Ciencias Políticas, posgrado en Filosofía, doctor en Ciencias Sociológicas y doctor en Ciencias. Actualmente, es profesor titular a tiempo parcial del Instituto Superior de Relaciones Internacionales "Raúl Roa García" de La Habana, Cuba. Ha publicado más de ciento treinta artículos y ensayos. También ha sido autor, coautor, compilador y editor de cerca de cinco decenas de libros. Algunas de sus obras han recibido premios y menciones de honor.

José Vicente Tavares dos Santos: Sociólogo por la UFRGS, maestro por la Universidad de São Paulo, doctor del Estado por la Universidad de Paris-Nanterre. Director del Instituto Latinoamericano de Estudios Avanzados (ILEA) de la Universidade Federal do Rio Grande do Sul (UFRGS), Porto Alegre, Brasil. Profesor titular de Sociología del Programa de Doctorado en Sociología y del Programa en Políticas Públicas del Instituto de Filosofía y Ciencias Humanas de la UFRGS; investigador senior del Conselho Nacional de Desarrollo Científico y Tecnológico. Coordinador del Grupo de Trabajo "Paradojas de la Seguridad Ciudadana" de CLACSO.

Pablo Uc: Investigador en el Centro de Estudios Superiores de México y Centroamérica (CESMECA-UNICACH) y profesor en la Facultad de Ciencias Sociales de la UNACH, Chiapas, México. Maestro en Ciencias Sociales y Humanísticas, con orientación en Geopolítica indígena latinoamericana. Miembro del Grupo de Trabajo: "Espacialidad Crítica en el pensamiento político-social latinoamericano" del CLACSO y de la REDIALC.

Eduardo Antonio Velásquez Carrera: Economista por la estatal Universidad de San Carlos de Guatemala (USAC), realizó estudios en Downers Grove, Illinois, Estados Unidos de América y Maestría en Teoría Económica, con especialidad en Economía Urbana y Regional en la Facultad de Economía y Administración de la Universidad de São Paulo, República Federativa del Brasil (1989). Es doctor en Sociología (Universidad Pontificia de Salamanca, 2006). Profesor titular X en el Centro de Estudios Urbanos y Regionales –CEUR– de la USAC. Ha publicado una docena de libros, columnista del diario El Periódico de Guatemala.

Este libro se terminó de imprimir en noviembre de 2015 en Imprenta Dorrego (Dorrego 1102, CABA).

www.ingramcontent.com/pod-product-compliance
Lightning Source LLC
Chambersburg PA
CBHW020332270326
41926CB00007B/153